바바라 민토
논리의 기술

Logic in Writing
Thinking
and
Problem Solving

논리적으로 글쓰기, 생각하기
문제 해결하기, 표현하기

바바라 민토
논리의 기술

바바라 민토 지음
최정규 감수
이진원 옮김

THE
MINTO
PYRAMID
PRINCIPLE

더난출판

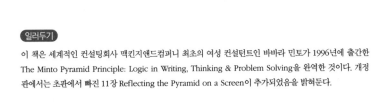

일러두기

이 책은 세계적인 컨설팅회사 맥킨지앤드컴퍼니 최초의 여성 컨설턴트인 바바라 민토가 1996년에 출간한 The Minto Pyramid Principle: Logic in Writing, Thinking & Problem Solving을 완역한 것이다. 개정판에서는 초판에서 빠진 11장 Reflecting the Pyramid on a Screen이 추가되었음을 밝혀둔다.

논리적 문제 해결을 위한 필독서

우리는 매일 갖가지 문제에 직면하고 이것을 해결하는 과정에서 다양한 형태의 의사소통을 경험한다. 특히 비즈니스 세계에서는 복잡한 문제 해결과 의사소통을 요구하는 상황이 빈번히 발생한다. 그런 문제들은 대부분 조직의 이해관계나 사업의 존폐와 직접적으로 관련된 만큼, 상황에 대한 정확한 분석과 판단을 통해 최적의 해결책을 마련해야 한다. 즉 주어진 상황을 냉철하게 분석하여 필요한 사실들을 수집한 후, 수집한 사실들을 토대로 논리적 사고의 프로세스를 거쳐 문제 해결을 위한 제안서를 작성하고, 작성된 제안서의 내용을 명확하면서도 이해하기 쉽게 전달하여 최선의 의사결정을 유도하는 기술이 필요하다.

『바바라 민토 논리의 기술*The Minto Pyramid Principle*』은 바로 이런 비

즈니스 세계의 문제 해결을 위한 논리적 문서 작성과 커뮤니케이션에 필요한 기술을 알려준다. 1973년에 초판이 발간되어 반세기 가까이 전 세계 비즈니스맨의 사랑을 받고 있는 이 책은 조직에 몸담고 있는 사람들이 논리적으로 사고하고, 체계적으로 문제를 해결하며, 효과적으로 커뮤니케이션할 수 있는 원리와 노하우를 알려준다. 이 책이 제시하는 피라미드 구조, 도입부의 흐름, 연역적·귀납적 사고, 논리적 우선순위의 부여, 문제 정의와 구조화 그리고 다양한 유형의 프레젠테이션 기법 등은 지금까지도 전 세계 유수 기업과 조직에서 널리 활용되고 있는, 문제 해결과 커뮤니케이션에 있어 가장 근본적이고도 핵심적인 내용들이다.

이 책은 조직에서 문제 해결을 하고 의사결정을 하는 위치에 있는 사람들, 특히 전략기획 업무를 담당하고 있으며 복잡한 문제 해결을 위해 광범위한 조사 결과를 정리하여 창의적인 결과물을 이끌어내고, 이를 상급자에게 보고하는 위치에 있는 사람들에게 많은 도움이 될 것이다. 컨설팅 업계에 종사하는 모든 사람의 업무 지침서로서도 훌륭한 역할을 수행할 수 있음은 물론이다. 기업이나 정부 부처에서 특정 사안을 해결하기 위해 자주 구성하는 태스크포스팀의 팀원들이 주어진 사안의 문제를 정의하고 해결하여 최종 보고서를 작성하는 데 실무적으로 도움이 될 만한 내용들도 수록되어 있다. 이외에도 다양한 조직에서 문제 해결을 하고 보고서를 작성하는 모든 사람에게 기획력과 프레젠테이션 역량을 높이는 데 밑거름이 되는 책이다.

많은 직장인이 일상 업무에서 '군더더기 없이 깔끔하면서 요점이 분명한 보고서'를 작성하는 문제로 자주 한계에 부딪힌다. 이는 자기 생각을 먼저 논리적으로 정리한 후 명쾌하게 표현하는 방법인 '민토 피라미드 원칙Minto Pyramid Principles'을 제대로 익힌다면 금세 해결될 문제다. 인간은 '위에서 아래로' 논리가 전개되는 구조에 따라 사고하기 때문에, 피라미드 원칙에 따라 글을 쓰면 상대가 글의 내용을 훨씬 쉽게 이해하고 파악할 수 있다. 만일 자신이 평소 논리적으로 사고하고 표현하는 일에 서툴다면, 이 책을 정성 들여 읽고 직접 연습해볼 것을 권한다. 아마 보고서나 기획서를 쓸 때 혹은 프레젠테이션을 할 때 스스로도 깜짝 놀랄 만큼 논리적으로 변한 자신을 발견할 수 있을 것이다.

이 책의 저자인 바바라 민토는 맥킨지 최초의 여성 컨설턴트 출신으로 수십 년 동안 맥킨지 컨설턴트들에게 논리적 사고와 문제 해결의 기술을 교육하는 데 많은 기여를 했다. 그녀가 쓴 이 책은 오늘날 맥킨지 신입사원들의 가장 중요한 지침서이자 필독서로 자리잡았다. 감수자가 컨설팅 업계에 입문한 초창기에 가장 중요한 지침서의 하나로서 여러 차례 읽었던 이 책이 드디어 한국에서도 번역되어 출간된다고 하니 영어가 모국어가 아닌 감수자로서도 반갑기 그지없다. 앞으로는 영어와 씨름하며 이 책을 읽지 않아도 되니 더욱 고맙다. 컨설팅에 참여하는 컨설턴트나 기업과 정부 부처에서 태스크포스팀에 참여하는 고객사의 사람들에게 꼭 권해주고 싶은 책이다.

맥킨지 디렉터

최정규

왜 피라미드 구조로
글을 써야 하는가

나는 1973년에 처음으로 『논리적으로 글쓰기, 논리적으로 생각하기*The Pyramid Principle*』라는 책을 출간했다. 이 책은 프로페셔널한 경영 컨설턴트를 대상으로 어떻게 하면 보고서를 이해하기 쉽게 쓸 수 있는지 설명하고 있다. 실제로 컨설턴트들이 쓴 보고서를 자세히 살펴보면, 이해하기 쉬운 보고서는 모두 생각이 피라미드 구조로 구성되어 있는 반면에 난해한 보고서는 언제나 생각의 구조 그 자체에 문제가 있었다.

피라미드 구조는 생각이 수평적·수직적(위에서 아래로, 아래에서 위로)인 단순한 논리 구조로 연결되어 있으므로 논리적 관련성에 대한 일반적인 규칙을 정할 수 있다. 따라서 글을 쓰기 전에 먼저 생각을 피라미드 형태로 구성한 후 민토 피라미드 원칙에 맞는지 확인해보면 이해하기 쉬운 글을 쓸 수 있다.

지금까지 설명한 사고방식은 내가 세계적 경영 컨설팅회사 맥킨지에서 일할 때 고안해낸 것이다. 1963년 당시 나는 하버드경영대학원을 졸업한 여덟 명의 당찬 여성들 가운데 맥킨지 사상 최초의 여성 컨설턴트로 선발되었다. 맥킨지는 내가 숫자에 약한 반면에 글 쓰는 능력이 뛰어나다는 결론을 내리고 런던사무소로 발령했다. 그곳에서 나는 영어로 보고서를 작성하느라 애를 먹는 유럽 각국의 컨설턴트들을 대상으로 글쓰기를 지도하는 업무를 담당했다.

보고서 작성법에 대해 자료 조사를 하면서 유려하고 명쾌한 문장을 만드는 방법을 소개한 책을 무수히 많이 봤지만, 생각을 어떻게 구성해야 하는지에 대해 설명한 책은 단 한 권도 보지 못했다. 글이란 본래 생각을 전달하는 도구라고 알고 있는 내게 이것은 매우 충격적인 사실이었다.

설사 보고서 작성법을 다룬 책이라고 하더라도 단순히 "논리적으로 글을 써라"라거나 "논리적 아웃라인을 갖춰라"라고 말하는 것이 전부였다. 막연한 상황에서 논리적 아웃라인을 이끌어내려면 어떻게 해야 할까? 나는 이 질문에 대한 답을 직접 찾아보기로 결심했다. 그 결과 찾아낸 것이 바로 민토 피라미드 원칙이었다.

피라미드 원칙은 생각을 이해하기 쉽게 전달하기 위해 작성하는 모든 문서에 적용할 수 있다. 간단한 예를 통해 좀 더 자세히 살펴보자.

일어난 순서대로 쓴 글

존 콜린스는 전화를 걸어 오후 3시 회의에 참석할 수 없다고 말했습니다. 할 존슨은 오늘 회의를 내일로 미뤄도 상관없지만, 오전 10시 30분 이전에는 참석할 수 없다고 합니다. 돈 클리포드는 비서를 통해 프랑크푸르트에서 내일 늦게 돌아온다고 전했습니다. 내일은 회의실이 예약되어 있지만, 목요일에는 비어 있다고 합니다. 목요일 오전 11시가 가장 좋을 것 같은데, 당신은 어떤가요?

- 존 클린스 - 오늘 불가능
- 할 존스 - 내일 오전 10시 30분 이후 가능
- 돈 클리포드 - 목요일 이후 가능

- 내일은 회의실 사용 불가능
- 목요일은 회의실 사용 가능

- 목요일은 어떤가?

피라미드 구조로 쓴 글

오늘 회의를 목요일 오전 11시로 변경해도 괜찮을까요? 이렇게 하면 콜린스와 존슨에게도 좋고, 클리포드도 참석할 수 있습니다. 그리고 이번 주에 회의실이 비어 있는 시간은 그때밖에 없습니다.

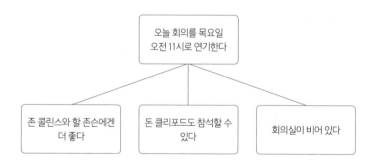

오늘 회의를 목요일 오전 11시로 연기한다

존 콜린스와 할 존슨에겐 더 좋다 | 돈 클리포드도 참석할 수 있다 | 회의실이 비어 있다

1967년 당시 이런 내 생각을 평가해준 사람은 거의 없었다. 그러나 맥킨지는 내가 미처 생각하지 못했던 부분까지 지적하면서 내 생각을 제대로 가다듬을 수 있도록 도와줬다. 이렇게 만들어진 '피라미드 원칙'은 현재 맥킨지의 글쓰기 표준으로 자리잡았으며, 맥킨지의 여러 가지 분석 기술의 기본 개념으로 널리 알려져 있다.

나는 1973년에 맥킨지를 떠난 후 이 개념을 좀 더 광범위하게 알리는 데 주력하고 있다. 현재까지 컨설팅회사와 일반 기업을 포함하여 전 세계 수많은 사람에게 이 개념을 가르쳐왔다. 1981년과 1987년의 두 차례에 걸쳐 이 책의 개정판을 출간했고, 1981년에는 비디오 과정을, 1985년에는 컴퓨터 소프트웨어 프로그램을 개발했다. 1996년에는 새로운 비디오 과정을 완성했다. 이런 적극적인 활동의 결과로 피라미드 원칙은 사실상 컨설팅 업계의 표준으로 자리잡았으며, 피라미드 원칙의 기본 개념은 각종 세미나와 교육 과정을 통해 널리 소개되고 있다.

나는 다년간의 교육 경험과 비디오 과정의 개발 작업에 참여하면서 얻은 노하우를 통해 피라미드 원칙의 개념을 기본으로 하여 다양한 사고방식을 폭넓게 통찰해볼 수 있었다. 더불어 피라미드 원칙의 개념은 단순히 글을 쓸 때 생각을 구성하고 표현하는 데 도움이 될 뿐만 아니라 그 이상의 훨씬 광범위한 기능을 수행할 수 있다는 사실도 알게 되었다. 피라미드 원칙의 개념은 문제를 정의하고 분석하는 프로세스에서부터 적용될 수 있으며, 전체적인 글쓰기 프로세스를 관리하는 지침을 마련하는 데도 유용하다.

이 책의 개정판에는 1987년 이후 작업하면서 경험한, 생각을 제대로 전달하는 여러 가지 기술과 아이디어를 수록했다. 특히 문제를 정의하고 분석하는 방법, 피라미드를 종이와 화면을 통해 시각적으로 나타내는 방법을 다룬 두 개의 부를 추가했다.

그 결과 탄생한 이 책은 크게 네 개의 부로 구성되어 있다.

1부에서는 민토 피라미드 원칙의 기본 원리와 이를 이용하여 피라미드를 구성하는 방법을 설명한다. 이 부분을 읽고 나면 피라미드 원칙을 이용하여 간단한 문서를 작성할 수 있을 것이다.

2부는 생각을 세밀한 부분까지 비판적으로 살펴보는 기술을 다룬다. 자신이 작성한 문서가 생각한 바를 알기 쉽게 전달하도록 구성되어 있는지 점검하는 데 필요한 기술이다. 여기서는 다양한 사례를 소개하고 엄격한 사고 프로세스를 통한 논리적 글쓰기의 중요성을 강조한다.

3부는 컨설턴트 혹은 기획이나 제안에 관한 업무를 담당하는 사람들을 대상으로 복잡한 문제를 분석하여 그 결과를 바탕으로 행동을 제안하는 데 필요한 내용이다. 일반적인 문제 해결의 프로세스에서 사용되는 단계별로 다양한 분석 프레임의 사용법을 설명한다. 이를 통해 생각을 피라미드 구조에 맞도록 효율적으로 구성할 수 있다.

4부는 보고서나 구두로 프레젠테이션을 할 때 피라미드 구조로 구성된 생각을 상대에게 명확하게 전달하는 기술을 설명한다.

책의 말미에는 분석적 문제 해결과 과학적 문제 해결의 차이점을 설명하고, 일반적으로 사용되는 도입부의 유형을 수록했다. 각 장의 끄트머리에는 해당 장의 내용을 한눈에 파악할 수 있도록 핵심만 간단하게 정리해놓았다.

실제로 문서를 작성하거나 프레젠테이션을 할 때 피라미드 원칙을 적용하려면 상당한 훈련이 필요하다. 그러나 글을 쓰기 전에 먼저 의식적으로 생각을 정리해보면 최종적인 초안을 작성하는 데 걸리는 시간과 글의 길이를 단축할 수 있고, 그 결과 짧은 시간 안에 이해하기 쉽고 명료한 글을 쓸 수 있다.

Contents

1부 — 논리적으로 글쓰기

1장 왜 피라미드 구조인가 23

2장 피라미드 내부 구조 살펴보기 41

3장 피라미드 구조는 어떻게 만드는가 54

2부 — 논리적으로 생각하기

3부 —— 논리적으로 문제 해결하기

1부

논리적으로
글쓰기

어떤 분야의 전문가들이 가장 하기 싫어하는 일 가운데 하나가 글쓰기다. 대부분의 사람들은 글쓰기를 부담스러워하면서도 한편으로는 잘 쓰고 싶어 한다. 사람들은 자신이 성장하려면 글 쓰는 기술을 연마해야 한다고 말한다.

연습을 해도 글쓰기 실력이 향상되지 않은 이유는 많은 사람이 문장을 더욱 쉽고 직설적으로 쓰면 좋은 글이 된다고 생각하기 때문이다. 물론 문장이 과도하게 길거나 복잡한 것은 바람직하지 않다. 사용하는 단어가 너무 기술적이거나 추상적이고, 내용이 비논리적이라면 이 역시 좋은 글이 될 수 없다.

그러나 이는 '문체'의 문제로, 이미 정규 교육 과정을 마친 사람이라면 쉽게 바꾸기 힘들다. 문체를 바꾸기 위해서는 엄청난 연습이 필요하다. 그러나 기업이나 정부에서 일하는 대부분의 사람들은 시간을 내서 글 쓰는 연습을 하기가 쉽지 않다. 그 결과 그들은 계속해서 '좀 더 이해하기 쉬운' 글을 써야 한다는 말을 듣게 된다.

사람들이 이해하기 힘든 글을 쓰는 데는 또 다른 이유가 있다. 사실 이것은 문체보다 훨씬 일반적인 문제이면서 고치기도 쉽다. 그것은 글의 '구성', 다시 말해 문장의 좋고 나쁨에 상관없이 문장을 배열하는 순서와 관련이 있다. 글이 명료하지 않다면 그것은 대부분 글을 쓰는 사람, 즉 필자가 자기 생각을 배열한 순서가 글을 읽는 사람, 즉 독자의 사고 프로세스와 일치하지 않기 때문이다.

독자가 가장 이해하기 쉬운 글의 순서는 먼저 주요하고 핵심적인 생각을 나열한 후에 그를 뒷받침하는 구체적이고 세부적인 생각을 제시하는 것이다. 중심이 되는 생각은 세부적인 생각에서 도출되므로, 이상적인 생각의 구조는 항상 피라미드 형태를 이루고 있다. 다시 말해 맨 위에 주요하고 핵심적인 한 가지 생각이 있고, 구체적이고 세부적인 생각의 그룹이 아래서 떠받치는 형태다. 피라미드 내부에서는 각각의 생각이 수평과 수직으로 연결되어 있다. 수직적 관계는 피라미드의 상위 생각이 하위의 여러 생각 그룹을 요약한 것이라는 점에서 성립된다. 또한 수평적 관계는 함께 묶인 생각의 그룹이 서로 논리적 공통점을 가지고 있다는 점에서 성립된다.

위에서 시작해 아래로 전개되는 피라미드 형태로 생각을 정리하면 독자가 보다 쉽게 이해할 수 있다. 독자는 주된 생각에 대한 진술을 먼저 읽고 필자가 왜 그렇게 생각하게 되었는지 질문하게 된다. 이 질문에 대해서는 피라미드의 바로 아래 단계에서 답변한다. 이런 방법으로 당신은 자신이 가지고 있는 모든 생각을 독자에게 전달할 때까지 질의응답 형식으로 대화를 이어간다.

이런 질의응답 형식의 대화는 사용하는 언어의 종류에 관계없이 누구에게나 자연스러운 것이다. 우리는 큰소리로 말하거나 글로 적어보기 전에는 자신이 어떤 생각을 갖고 있는지 정확하게 알 수 없다. 다행스럽게도 생각을 명확하게 하는 데 필요한 구조 역시 파리미드다. 따라서 피라미드 구조에 따라 논리를 전개하면 생각을 명확하게 정리하여 명쾌하고 이해하기 쉬운 글을 쓸 수 있다.

1부에서는 왜 피라미드 구조가 독자에게 쉽게 받아들여지고, 피라미드를 구성하는 각 부분은 어떤 논리적 관계를 형성하는지 설명한다. 피라미드를 이용하여 문서를 작성하는 경우에는 생각을 어떻게 구성해야 하는지도 다룬다. 글의 도입부를 작성하는 방법, 연역적 추론과 귀납적 추론의 차이점, 생각을 간단한 피라미드 구조로 구성하는 방법도 살펴본다. 마지막으로 피라미드 원칙을 통해 피라미드에 포함된 생각이 유효하고 일관적이며 완결성이 있는지 점검하여 명확하지 않은 생각을 찾아내는 방법을 소개한다.

왜

피라미드 구조인가

특정한 주제에 대한 생각을 적어놓은 글을 읽고 이해하려면 복잡한 사고 프로세스를 거쳐야 한다. 작성한 글이 두 페이지 정도의 짤막한 글이라고 하더라도 그 안에는 대략 100개의 문장이 들어 있다. 독자는 이 글을 한 문장씩 읽고 그 의미를 이해한 후 각 문장을 연결하여 전체적인 윤곽을 파악한다. 이때 만일 문장이 위에서 아래로 전개되는 피라미드 형태로 구성되어 있다면 훨씬 쉽게 이해할 수 있을 것이다. 피라미드 형태의 논리 전개는 독자의 머릿속에서 일어나는 사고 메커니즘의 기본 구조를 반영하기 때문이다.

이를 좀 더 구체적으로 설명하면 다음과 같다.

• 우리의 뇌는 이해력을 높일 수 있도록 자동으로 정보를 몇 개의 피

라미드 그룹으로 분류한다.

- 사전에 전달하고자 하는 생각을 피라미드 형태로 구성하면 훨씬 이해하기 쉬운 글을 쓸 수 있다.
- 따라서 모든 문서를 작성할 때 사전에 전달하고자 하는 생각을 피라미드 형태로 구성해야 한다.

이번 장에서는 생각을 피라미드 형태로 구성한다는 것이 어떤 의미인지 알아본다.

▲ 피라미드 형태로 구성하기 ▼

오래전부터 알려진 사실이지만, 우리의 뇌는 일정한 규칙에 따라 자동으로 정보를 정리한다. 가장 먼저 관련이 있는 사물들을 그룹으로 묶어서 인식한다. 즉 정보를 인식할 때 일정한 논리적 유형을 부여하여 정리하는 것이다. 대표적인 예로 그리스인은 별 하나하나의 밝기보다는 여러 개의 별들이 늘어선 모양을 사람과 동물의 형상에 적용하여 별자리를 정했다고 한다.

다음으로 우리의 뇌는 '공통적인 성격', 예를 들면 동일한 특징을 보이거나 동일한 장소에 있는 것 등 일련의 대상을 그룹으로 묶어서 인식한다. 예를 들어 다음 여섯 개의 점을 살펴보자. 얼핏 보면 세 개의 점으로 구성된 두 개의 그룹처럼 보인다. 굳이 이유를 말한다면, 그룹 내의 점과 점 사이의 간격이 다른 그룹 내의 점과의 간격보다 가

깎기 때문이다.

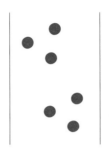

논리적 단위에서 사물은 무한한 가치를 지닌다. 먼저 다음의 좌우
로 쌍을 지어 나열된, 아무런 관련이 없는 단어를 위에서부터 읽어
보자.

호수 ▦ 설탕
장화 ▦ 접시
소녀 ▦ 캥거루
연필 ▦ 가솔린
궁전 ▦ 자전거
철도 ▦ 코끼리
책 ▦ 치약

대비되는 두 단어를 결합하여 구체적 상황을 만들어 관련시켜보자.
예를 들어 "설탕이 호수에서 녹고 있다"라거나 "접시 위에 장화가 놓
여 있다"라는 상상을 해보자. 그리고 오른쪽에 있는 단어를 가린 채로
왼쪽에 있는 단어를 보고 오른쪽에 어떤 단어가 있었는지 생각해보

자. 대부분의 사람들은 어렵지 않게 오른쪽에 적혀 있던 단어를 기억해낼 수 있을 것이다.

다른 사람의 생각을 말로 듣거나 글로 읽어서 받아들일 때도 이런 관련성을 찾는 작업이 머릿속에서 이루어진다. 즉 함께 표현된 생각을 그룹으로 인식하여 논리적 유형을 부여한다. 이 논리적 유형은 항상 피라미드 구조를 취한다. 왜냐하면 피라미드 구조는 '뇌의 요구'를 충족하기 때문이다. 여기서 뇌의 요구란 다음의 두 가지를 말한다.

- 마법의 숫자 7에서 멈춘다.
- 관련성의 논리를 명확하게 밝힌다.

마법의 숫자 7

사람이 한번에 받아들일 수 있는 항목에는 한계가 있다. 예를 들어 당신이 신문을 사기 위해 집을 나선다고 해보자.

당신은 아내에게 이렇게 묻는다.

"신문 사러 갈 건데, 뭐 필요한 거 있어요?"

"TV에서 포도 광고를 보니 갑자기 포도가 먹고 싶은데 사다 줄래요?"

코트를 입으려고 옷장으로 걸어가는데 아내가 계속해서 말한다.

"그리고 우유도 좀 사와요."

옷장에서 코트를 꺼내는 순간 아내가 부엌으로 걸어가면서 말한다.

"아, 감자가 남아 있는지 볼게요. 참 계란도 다 떨어졌네. 저런, 감자도 없어요."

코트를 입고 현관으로 걸어간다.

"당근하고 오렌지도 사와요."

문을 연다.

"버터도요!"

계단을 내려가는 순간

"사과도요."

차를 타는 순간

"그리고 사워크림도요."

"그게 다예요?"

"네, 여보. 고마워요."

자, 당신은 부인이 부탁한 아홉 가지 물건 중 몇 가지나 기억해낼 수 있겠는가? 아마 대부분의 남자들은 신문과 포도만 사올 것이다. 이는 '마법의 숫자 7' 때문이다. 마법의 숫자 7이란 말은 조지 밀러George Miller가 「마법의 숫자 7, +/-2 *The Psychology of Communication*」라는 논문에서 처음으로 사용했다. 밀러에 따르면, 인간의 뇌가 짧은 시간 동안 한번에 기억할 수 있는 항목은 일곱 개 이하라고 한다. 물론 사람에 따라 아홉 개까지 기억하는 사람도 있고, 나처럼 다섯 개밖에 기억하지 못하는 사람도 있을 것이다. 가장 일반적인 수치는 세 개이지만, 세 개보다는 한 개가 훨씬 기억하기 쉬울 것이다.

항목의 수가 네다섯 개를 넘어서면 뇌는 그것들을 어떤 논리적 범주에 따라 분류하여 기억한다. 위의 경우에는 부인이 사오라고 말한 물건들을 슈퍼마켓의 진열대 위치에 따라 분류할 수 있다. 이 방법이 기억하는 데 얼마나 효과가 있는지 시험해보자.

먼저 다음의 물품 목록을 읽고 슈퍼마켓의 진열대 위치에 따라 분류해보자. 그런 다음 눈을 감고 분류된 물건들을 떠올려보자. 아마도 물건을 모두 기억할 수 있을 것이다.

포도	오렌지
우유	버터
감자	사과
계란	사워크림
당근	

기억하는 과정을 그림으로 그려보면, 아홉 개의 물건을 논리적으로 분류하여 세 개의 피라미드를 만들 수 있다.

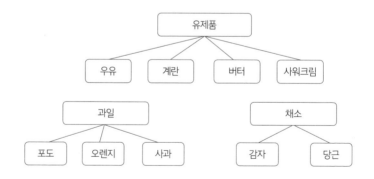

관련성의 논리

당연한 사실이지만, 막연한 이유로 생각을 그루핑grouping해서는 안 된다. 각 항목이 어떤 관계에 따라 그루핑이 되었는지 머릿속에서 구체적으로 형상화해야 한다. 그루핑은 단순히 아홉 개의 물건을 네 개, 세 개, 두 개의 그룹으로 묶는 것을 의미하지 않는다. 당신이 원하는 것은 아홉 개의 물건은 그대로 있고, 아홉 개를 넘어 세 개로 이동하는 일이다.

이렇게 하면 아홉 개의 물건을 모두 기억할 필요 없이 세 개의 항목만 기억해도 된다. 하위 계층에 있는 아홉 개의 물건을 분류하여 구성된 한 단계 높은 계층의 세 가지 항목을 생각하면 되는 것이다. 그 결과 상위 계층에 있는 항목을 통해 하위 계층에 있는 물건의 이름을 쉽게 연상할 수 있다. 특히 그룹 내의 물건은 앞에서 나온 호수와 설탕처럼 억지로 연결한 것이 아니므로 훨씬 기억하기 쉽다.

사고하고, 기억하고, 문제 해결을 하는 등의 모든 지적인 프로세스는 이런 그루핑과 요약의 사고 프로세스를 수반한다. 그런 면에서 머릿속에 있는 정보는 관련성을 가진 여러 개의 피라미드로 구성된 거대한 복합체라고 할 수 있다. 글쓰기는 이런 뇌에 무언가를 전달하는 행위다. 따라서 글을 쓸 때는 자신이 전달하고자 하는 내용을 상대의 뇌 피라미드 구조에 맞게 잘 정리해야 한다.

여기서 의사소통의 본질적인 문제가 발생한다. 당신은 상대에게 전달하고자 하는 여러 가지 대상이 어떻게 그루핑이 되었는지 잘 알고 있다. 이것을 상대에게 제대로 전달하기 위해서는 상대도 당신과 동일하게 그루핑을 해 받아들여야 한다. 그러나 앞에서 나온 부인의 예에서 보았듯, 당신은 그 대상을 한 번에 하나씩밖에 전달할 수 없다. 따라서 정확하고 효율적으로 전달하기 위해서는 먼저 그것이 어떻게 그루핑이 되었는지 전체적인 구조를 알려준 후에 각각의 대상을 전달해야 한다. 이것이 바로 위에서 아래로 생각을 배열하는 피라미드 방식이다.

▲ 위에서 아래로 배열하기 ▼

생각을 글로 표현하는 순서를 정하는 것은 이해하기 쉬운 글을 쓰는 데 있어 가장 중요한 요소 중 하나다. 이해하기 쉬운 글은 먼저 전체를 요약한 생각을 서술한 다음 개별적인 생각을 하나씩 설명한다. 이것은 아무리 강조해도 지나치지 않다.

독자나 청중은 여러 개의 문장을 읽어도 한 번에 한 가지 개념밖에 받아들이지 못한다. 따라서 한꺼번에 여러 개의 생각을 제시하면 논리적으로 같은 부류에 속하는 것으로 받아들인다. 그렇다면 사전에 여러 생각 간의 관련성을 말해주지 않고 한 번에 하나씩만 차례로 말해준다면 어떻게 될까? 독자는 나름대로 그 생각들의 관련성을 찾아내어 그루핑을 한 후 그룹들 간의 관계를 통해 내용을 이해할 것이다.

하지만 사람은 저마다 자라온 배경과 이해력의 정도가 달라서 독자가 자신과 동일하게 그루핑을 하기를 기대하기는 어렵다. 실제로 다양한 생각들 사이에 어떤 관계가 있는지 전혀 이해하지 못하는 경우도 있다. 설령 독자가 당신과 동일한 사고방식을 가지고 있다 하더라도, 사전에 무엇을 말할 것인지 알려주지 않는다면 그들은 내용을 이해하기 위해 부단히 노력해야 한다. 글로 표현되지 않은 부분을 스스로 생각해내야 하기 때문이다.

핵심을 먼저 말한 뒤 부수적인 사항을 거론하는 형태, 즉 '위에서 아래로' 논리가 전개되지 않은 글이 독자를 얼마나 혼란스럽게 만드는지 예시를 통해 알아보자. 내가 술집에서 당신 자리에 합석해 특별한 이유 없이 다음과 같이 말했다고 하자.

지난주에 취리히에 갔어요. 알다시피 취리히는 정말 보수적인 도시죠. 그곳의 한 야외식당에서 점심을 먹었어요. 그런데 놀랍게도 15분도 채 안 되는 시간 동안 턱수염이나 콧수염을 가진 사람을 족히 15명은 본 것 같아요.

나는 간단한 정보를 주었고, 당신은 무의식적으로 내가 정보를 준 이유가 무엇인지 생각할 것이다. 즉 방금 내가 한 말을 앞으로 내가 할 말의 일부분이라고 여기고, 그 저의가 무엇인지 생각하면서 나머지 말을 들을 준비를 할 것이다. 이렇게 내가 무슨 말을 할 것인가에만 신경을 쓰다 보면 대화에 집중하지 못하고 산만해지게 된다. 내가 앞서 한 말과 지금 하는 말 사이의 관련성만을 찾게 되는 것이다. 그래서 "취리히의 보수적인 성향이 약해지고 있다는 말이구나" 혹은 "취리히와 다른 도시를 비교하고 있구나" 심지어는 "그녀는 남성의 수염에 관심이 많구나"라고 생각할지도 모른다. 어떻게 추측하든 머릿속의 생각에 기초하여 다음 정보를 기다릴 것이다. 당신의 멍한 표정을 보며 나는 다시 말문을 연다.

사실 뉴욕에서는 어느 사무실에서나 구레나룻이나 콧수염이 풍성한 사람을 만날 수 있죠.

자, 나는 지금 무슨 이야기를 하는 것일까? 단순히 도시를 비교한다기보다는 도시에 있는 사무실을 비교하는 것처럼 보인다. 턱수염과 콧수염뿐만 아니라 얼굴에 난 온갖 종류의 털을 모두 이야기하고 있는 것도 같다. 당신은 "저 여자는 새로운 유행이 마음에 들지 않나 보군. 그렇지 않으면 다양한 사무실의 유형을 비교하고 있는지도 몰라. 어쩌면 컨설턴트라는 직업의 자유로움에 깜짝 놀란 것인지도 몰라"라고 생각할지도 모른다. 어쨌거나 혼자 중얼거리고 있는 당신을 보면서 나는 계속 말한다.

물론 런던에서는 10년 전부터 얼굴에 털이 난 사람을 자주 볼 수 있었죠.

당신은 이제야 "아, 이제 무슨 말을 하는지 알겠다. 런던이 다른 도시보다 훨씬 진보적이라는 말이구나"라고 생각한다. 그러고는 내게 자기 생각을 말할 것이다. 매우 논리적이지만, 안타깝게도 내가 하고자 한 말은 그것이 아니다. 나는 다음과 같은 말을 하려고 했다.

비즈니스 세계에서 수염이 자연스럽게 받아들여지는 것에 정말 놀랐

어요. 취리히에서도 뉴욕에서도 그리고 런던에서도….

어떤가? 내가 이런 식으로 사전에 전달하고자 하는 생각의 전체적인 맥락을 명확하게 제시했더라면 당신은 처음부터 내 생각과 의도를 쉽게 이해할 수 있었을 것이다. 독자나 청중은 자연의 섭리에 따라 항상 자신의 눈과 귀로 받아들이는 사항을 연결할 수 있는 체계를 찾는다. 자기 생각을 의도한 바대로 전달하기 위해서는 사전에 독자에게 의도를 알려주어 이해하는 구조를 통일시켜야 한다. 그렇지 않으면 각각의 사항들 간의 관련성을 잘못 이해하거나, 최악의 경우에는 전혀 이해하지 못할 수도 있다. 그렇게 되면 필자나 독자 모두 시간만 낭비하게 된다.

독자가 아무리 똑똑한 사람이라고 해도 사용할 수 있는 정신적 에너지의 양에는 한계가 있다. 말의 의미를 이해하는 데는 일정한 양의 에너지가 필요하고, 생각과 생각 사이의 관련성을 찾는 데도 에너지가 필요하다. 그러고도 남는 에너지가 있다면 전체적인 맥락을 이해하는 데 사용한다.

이 경우 독자가 쉽게 이해할 수 있도록 필자가 생각을 구체적으로 표현해준다면, 독자는 의미를 이해하고 생각과 생각 사이의 관련성을 찾는 데 들이는 에너지를 절약할 수 있다. 이에 반해 독자가 열심히 문장을 앞뒤로 따져봐야만 필자가 전달하고자 하는 생각의 관련성을 찾을 수 있는 글은 바람직하지 않을 뿐만 아니라 독자도 기피한다.

정리하자면, 독자는 으레 핵심이 먼저 나온 후에 부수적인 내용이 나오는 형태, 즉 위에서 아래로 논리가 전개되는 생각을 기억한다. 따라서 글을 쓸 때 생각을 위에서 아래로 서술하면 독자는 훨씬 쉽게 이해할 수 있다. 이해하기 쉬운 글은 논리가 일관성 있게 위에서 아래로 전개되는 피라미드 형태로 구성되어 있다.

▲
아래에서 위로 생각하기
▼

정보를 그루핑을 하고 요약하여 위에서 아래로 논리가 전개되는 피라미드 형태로 표현하는 방식은 일반적으로 문서를 작성하는 방식과 정반대라고 생각할 수도 있다. 〈도표 1〉을 통해 이를 살펴보자. 〈도표 1〉에서 각 상자는 전달하고자 하는 메시지를 나타낸다. 맨 아래 단계에 문장이 있고, 그 위 단계에 문장을 논리적으로 그루핑을 한 단락

도표 1 글은 하나의 생각을 중심으로 한 피라미드 형태로 구성되어야 한다

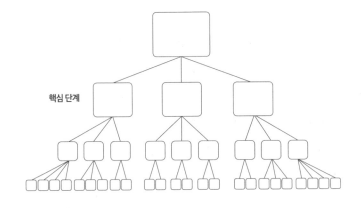

이 만들어진다. 그 위에 단락을 그루핑을 한 장이 오고, 장을 그루핑을 하면 글이 완성된다. 맨 위에는 글을 통해 전달하고자 하는 한 가지 생각이 위치한다.

실제로 글을 쓰는 작업에서는 이처럼 아래에서 위로 올라가는 형태로 생각을 정리한다고 할 수 있다. 피라미드의 맨 아래 단계에는 전달하고자 하는 메시지가 포함된 문장이 그루핑되어 단락을 형성한다. 예를 들어 여섯 개 문장을 그루핑을 해 하나의 단락이 형성되었다고 해보자. 여섯 개의 문장을 그루핑을 한 이유는 문장들 사이에 논리적으로 공통된 하나의 관계가 있기 때문이다. 그런 관계를 토대로 여러 개의 문장을 하나의 단락으로 정리하고, 전달하고자 하는 메시지를 하나의 요약문으로 표현할 수 있다. 그러나 재무와 관련된 다섯 개의 문장과 테니스와 관련된 한 개의 문장을 함께 묶을 수는 없다. 이들 문장 사이의 관련성을 하나의 요약문으로 표현하기가 어렵기 때문이다.

요약문이 기술되면 문장에서 한 단계 위인 단락으로 올라갈 수 있다. 여섯 개의 문장 그룹이 아니라 하나의 포인트인 단락으로 인식할 수 있다. 이처럼 효율적인 방법을 사용해 이번에는 세 개의 단락을 묶어 하나의 메시지를 담고 있는 장의 그룹을 만든다. 다른 단락은 제외하고 이 세 개의 단락을 하나의 장으로 묶는 이유는 세 개의 단락에 논리적으로 공통된 관계가 있기 때문이다. 이런 관계를 토대로 단락에 포함된 세 가지 생각을 하나로 정리하여 장에서 전달하고자 하는 내용을 하나의 메시지로 표현한다.

문장을 그루핑을 해 단락을 만들고 단락을 그루핑을 해 장을 만든 것과 마찬가지로, 장을 묶어서 문서를 완성한다. 문서에 세 개의 장(장은 단락을 정리하고, 단락은 문장을 정리한다)이 있으면 세 개의 장을 정리하여 하나의 전체 메시지를 표현한다. 더 이상 연결할 관련성이 없을 때까지 그루핑을 하고 요약하는 작업을 계속하다 보면, 항상 단 하나의 생각을 향해 나아가는 피라미드 구조가 만들어진다. 이것이 바로 당신이 진정으로 전달하고자 하는 핵심 포인트이며, 그 아래 존재하는 모든 메시지는 핵심 포인트의 당위성을 설명한다. 이 경우 전제 조건은 핵심 포인트 아래 존재하는 메시지가 적절하게 구성되는 것이다.

전달하고자 하는 메시지가 정확하게 피라미드 형태로 구성되어 있는지 확인해보면 글이 적절하게 짜여 있는지 알 수 있다. 이를 위해서는 글을 쓰기 전에 다음의 세 가지 규칙을 점검해야 한다.

규칙 1: 어떤 계층에 있는 메시지든 하위 계층의 메시지를 요약해야
한다
규칙 2: 그룹 내의 메시지는 항상 동일한 종류여야 한다
규칙 3: 그룹 내의 메시지는 항상 논리적 순서로 배열되어야 한다

이 세 가지 규칙을 왜 지켜야 하는지 그 이유를 하나씩 살펴보자.

규칙 1: 어떤 계층에 있는 메시지든 하위 계층의 메시지를 요약해야 한다

생각을 말로 표현하거나 글로 쓸 때 가장 중요한 것은 하위 그룹의 메시지에서 새로운 메시지를 도출하는 일이다. 앞에서 살펴본 것처

럼 단락 메시지는 단락을 이루는 문장 그룹을 요약한 것이고, 장 메시지는 장을 이루는 단락 그룹을 요약한 것이다. 그룹 내의 문장이나 단락에서 하나의 메시지를 도출하려면 메시지가 적절하게 그루핑이 되어야 한다는 전제 조건이 충족되어야 한다. 이런 이유로 규칙 2와 규칙 3이 필요하다.

규칙 2: 그룹 내의 메시지는 항상 동일한 종류여야 한다

메시지를 그루핑을 해 한 단계 상위 계층의 메시지를 도출하려면 그룹 내의 메시지가 논리적으로 동일한 종류여야 한다. 예를 들어 사과와 배는 그보다 한 단계 상위 계층인 '과일'이라는 말로 묶어도 논리적으로 어색하지 않으며, 테이블과 의자도 '가구'라고 인식할 수 있다. 그렇다면 사과와 의자를 동일한 그룹으로 분류하려면 어떻게 해야 할까? 사과와 의자는 한 단계 상위 계층의 개념인 과일이나 가구 등으로 분류하기 힘들어서, 훨씬 더 상위 계층의 개념인 '사물'이나 '무생물'로 인식해야 한다. 그러나 사물이나 무생물은 너무 포괄적인 개념이기 때문에 논리적 그루핑이라고 말하기 어렵다.

그루핑의 논리, 즉 어떤 관련성에 따라 그루핑을 했는가를 통해 생각을 표현하는 것이므로 그룹 내의 생각은 논리적으로 동일한 범주에 포함되어야 한다. 즉 한 그룹 내의 첫 번째 메시지가 행동의 원인에 관한 것이라면, 그 그룹 내의 다른 메시지들도 모두 행동의 원인에 관한 것이어야 한다. 또 그룹 내의 첫 번째 메시지가 절차를 구성하는 첫 번째 단계에 관한 것이라면, 그룹 내의 다른 메시지들도 모두 동일한 절차의 첫 번째 단계에 관한 것이어야 한다.

메시지가 제대로 그루핑이 되었는지 여부를 점검하는 가장 간단한 방법은 그룹 내의 메시지들을 동일한 사항을 나타내는 하나의 복수명사로 묶을 수 있는지 확인하는 것이다. 쉽게 말해서 한 그룹 내의 메시지들을 모두 몇 개의 제안, 이유, 문제 혹은 변경해야 할 사항 등으로 표현할 수 있어야 한다. 메시지들을 어떤 종류별로 그루핑을 해야 한다는 원칙은 없다. 다만 그룹 내의 메시지들은 모두 동일한 종류여야 하고, 동일한 복수명사로 표현될 수 있어야 한다(생각이 제대로 그루핑이 되었는지 여부를 확인하는 방법은 2부의 6장과 7장에서 자세하게 설명한다).

규칙 3: 그룹 내의 메시지는 항상 논리적 순서로 배열되어야 한다

왜 두 번째 메시지는 반드시 두 번째에 와야 하고 첫 번째나 세 번째에 오면 안 되는가? 그 이유는 메시지가 명확한 규칙에 따라 배열되기 때문이다. 메시지의 배열법에 대해서는 6장에서 자세히 다루지만, 기본적으로는 다음의 네 가지 방법이 있다.

- 연역적 순서(대전제, 소전제, 결론)
- 시간적 순서(첫 번째, 두 번째, 세 번째)
- 구조적 순서(보스턴, 뉴욕, 워싱턴 등)
- 비교적 순서(첫 번째 중요한 점, 두 번째 중요한 점 등)

어떤 순서에 따라 배열하는가는 어떤 분석 프로세스를 통해 그루핑을 했는가에 따라 결정된다. 만일 연역적 추론에 따라 그루핑을 했다면 메시지는 삼단논법으로 전개될 것이다. 인과관계에 따라 그루핑을 했다면 시간적 순서로 전개될 것이다. 구조별로 그루핑을 했다면 구조적 순서가 되고, 유형별로 그루핑을 했다면 비교적 순서가 될 것이다. 연역적 추론, 인과관계, 전체를 부분으로 나누기, 유형별로 나누기 등의 네 가지 작업이 뇌가 수행할 수 있는 분석 활동의 전부이므로, 이외의 다른 방법으로는 글의 순서를 정할 수 없다.

이해하기 쉬운 글쓰기의 핵심은 글을 쓰기 전에 먼저 전달하고자 하는 메시지를 피라미드 형태로 배열하고, 앞서 살펴본 세 가지 규칙을 충족하는지 확인하는 것이다. 세 가지 규칙 중 하나에라도 어긋난다면 그것은 사고방식에 문제가 있거나, 메시지가 제대로 다듬어지지 않았거나, 메시지 간의 관련성이 부족하다는 의미. 이 경우에는 독자에게 메시지가 충분히 전달되지 않으므로, 세 가지 규칙을 충족시킬 때까지 생각을 잘 다듬고 배열해야 한다. 그렇지 않으면 최악의 경우 나중에 가서 다시 써야 할지도 모른다.

Summary

피라미드 원칙

- 어떤 계층에 있는 메시지든 하위 계층의 메시지를 요약해야 한다.

- 그룹 내의 메시지는 논리적으로 동일한 종류여야 한다.

- 그룹 내의 메시지는 항상 논리적 순서로 배열되어야 한다.

피라미드
내부 구조
살펴보기

1장에서 설명했듯, 잘 쓰인 글은 각각의 생각이 짜임새 있게 연결되어 전체로 확장되면 피라미드 구조를 이룬다. 피라미드 구조는 위에서 아래로 논리가 전개되는 방식으로 메시지를 전달한다.

피라미드 구조의 특성상 글을 쓰기 전에 자신이 무엇을 말하고자 하는지 명확하게 알고 있으면 비교적 쉽게 적절한 피라미드를 만들 수 있다. 그러나 글을 쓰기 전에 자신이 무엇을 말하고자 하는지 명확하게 알고 있는 사람은 거의 없다. 사실 그 이상을 기대하는 것도 무리다. 입으로 말하거나 글로 써서 생각을 구체화하기 전에 그것을 정확하게 아는 것은 대단히 어려운 일이다. 설사 입으로 말하거나 글로 쓴다 하더라도 자신이 말하고자 하는 내용을 단번에 완벽하게 표현할 수도 없다.

단순히 종이만 있으면 생각을 피라미드 구조로 배열할 수 있다고 생각한다면 오산이다. 먼저 자기 생각이 무엇인지 아는 단계부터 시작해야 한다. 피라미드 원칙은 자신이 가진 생각을 쉽게 파악할 수 있도록 도와주는 다음과 같은 내부 구조를 가지고 있다.

- 핵심 포인트와 보조 포인트 간의 수직적 관계
- 보조 포인트 간의 수평적 관계
- 도입부의 흐름

이번 장에서는 이런 피라미드의 내부 구조에 대해 살펴보자. 3장에서는 피라미드의 내부 구조를 이용하여 말하고자 하는 내용을 파악하고, 분류하고, 배열하려면 어떻게 해야 하는지 알아보자. 요약하자면 2장과 3장에서는 독자에게 메시지를 명확하게 전달하기 위해 먼저 자기 머릿속을 정리하는 방법을 소개한다.

▲

수직적 관계

▼

세상에는 아무리 명백한 사실이라 하더라도 사람들의 머릿속에 자리잡기까지 오랜 시간이 필요한 것이 있다. 독서를 할 때 일어나는 뇌 활동이 그 대표적인 예다. 일반적인 문서는 위에서 아래로 한 문장씩, 즉 일차원적으로 쓰여 있다. 그러나 일차원적으로 이루어진 수직적 배열에서는 전달하고자 하는 메시지들이 다양한 단계의 상하위 개념을 담고 있다는 단순한 사실이 간과될 수 있다. 핵심 포인트를 뒷받침해주는 여러 가지 메시지는 항상 수직과 수평의 양쪽으로 다른 메시지들과 관련되어 있기 때문이다.

수직적 관계는 독자의 흥미를 유발하는 데 매우 효과적이다. 따라서 수직적 관계를 통해 질의응답 형식으로 대화가 진행되면, 독자는 메시지에 논리적으로 대응할 수 있으므로 글에 흥미를 갖게 된다. 각 피라미드 상자에 하나씩 들어 있는 메시지는 독자에게 질문을 유발하는 진술이 된다. 왜냐하면 당신은 독자가 모르는 무언가를 전달하기 때문이다. 일반적으로 사람들은 이미 알고 있는 것을 또 이해하기 위해 글을 읽지는 않는다. 어떤 글이든 글을 쓰는 주된 목적은 독자가 모르는 무언가를 말해주는 데 있다.

독자가 모르는 무언가를 설명하면 그 사람의 머릿속에는 자동으로 '왜?' 혹은 '어떻게?' 혹은 '무슨 말이지?' 등의 논리적 의문이 생긴다. 이 경우 당신은 순서상으로 한 단계 하위 계층으로 내려가서 수평적 범주에서 질문에 답변해야 한다. 그러나 그 답변을 읽어도 여전히 독자에게는 모르는 내용이 있을지도 모른다. 그렇게 되면 독자는 한층 더 의문을 가지게 되고, 당신은 보다 하위 계층으로 내려가서 질문에 답변해야 한다.

당신은 독자가 더 이상 논리적 질문을 하지 않을 때까지(마지막 단계에 가서 독자가 반드시 당신의 생각에 동의할 필요는 없지만, 당신이 말하고자 하는 내용을 명확하게 이해할 필요는 있다. 이것이 당신이 바라는 최선의 상태다) 계속해서 답변해야 한다. 당신은 이렇게 핵심 단계에서부터 피라미드 정상의 핵심 포인트로 인해 생긴 최초의 질문에 대해 순차적으로 답변을 해나가야 하는 것이다.

따라서 독자의 관심을 유지하기 위해서는 당신이 답할 준비가 되기 전에 그들의 머릿속에 어떤 의문도 생기지 않도록 삼가야 한다. 또한 독자가 질문하기 전에 당신이 미리 답변을 하는 것도 피해야 한다. 예를 들어 글의 핵심 포인트를 말하기 전에 '가정'이라는 장을 배열한다면, 독자에게 질문할 기회를 주지 않고 당신이 곧바로 질문에 답하는 것처럼 보일 수 있다. 그렇게 되면 본문의 어딘가에서 동일한 정보가 질의응답으로 반복되거나, 독자가 글을 읽다가 앞으로 돌아가서 다시 읽어야 한다.

피라미드 구조는 마법에 가까울 만큼 독자에게 필요한 정보만 정확히 제공한다. 두 가지 예를 들어보자. 첫째로 〈도표 2〉는 유머가 풍부한 영국의 소설가이자 평론가 길버트 키스 체스터턴Gilbert Keith Chesterton이 쓴 글을 발췌한 것이다. 이 글을 읽으면 고생스럽게 내용의 관련성을 찾지 않아도 질의응답 기술을 통해 얼마든지 독자의 흥미를 유발할 수 있음을 알 수 있다.

체스터턴은 먼저 "돼지는 애완동물로 키워야 한다"라고 말했다. 사람들이 그 이유를 묻자 다음과 같이 답했다. "두 가지 이유가 있다. 첫째는 돼지가 아름답기 때문이고, 둘째는 돼지가 다양하게 번식하기 때문이다."

독자: 왜 돼지가 아름답다고 생각하는가?

체스터턴: 놀랄 만큼 통통하고, 너무나 영국적이기 때문이다.

독자: 어째서 통통한 것이 아름다운가?

체스터턴: 사람들에게 언제나 사랑스러운 곡선을 보여주고, 기르는 사

람에게 겸손한 마음씨를 갖게 해주기 때문이다.

이 글을 읽으면 체스터턴의 주장에 동의하지는 않더라도 최소한 그가 무엇을 말하고자 하는지 알 수 있다. 그가 왜 그런 주장을 했는지 그 이유가 명확하게 밝혀졌으므로 더 이상 질문을 하지 않아도 된다. 따라서 그의 다음 주장인 "돼지는 영국적이기 때문에 아름답다"라는 문장으로 넘어갈 수 있다.

도표 2 피라미드 구조는 질의응답 형식의 대화로 이루어진다

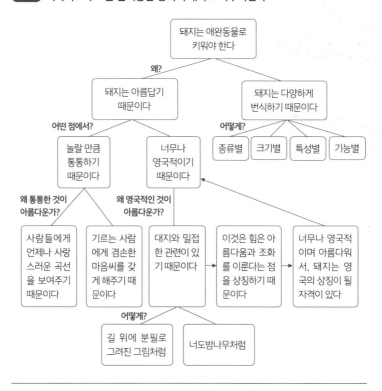

독자: 왜 돼지가 영국적이기 때문에 아름다운가?

체스터턴: 돼지는 대지와 밀접한 관련이 있다. 이런 논리적 관련성은 힘이 아름다움과 조화를 이룬다는 점을 상징적으로 나타낸다. 또한 너무나 영국적이며 아름다워서, 돼지는 영국의 상징이 될 자격이 있다.

여기서도 체스터턴의 의견에 동의하기는 어렵지만, 적어도 그가 왜 그렇게 말했는지는 명확하게 알 수 있다. 특정한 포인트에서 제기된 질문에 대해 하위 계층에서 충실하게 답변하고 있기 때문이다. 마지막 부분에 나오는 번식의 다양성에 대한 이야기도 마찬가지로 명료하게 이해된다.

도표3 모든 문서는 질의응답 형식의 대화를 반영해야 한다

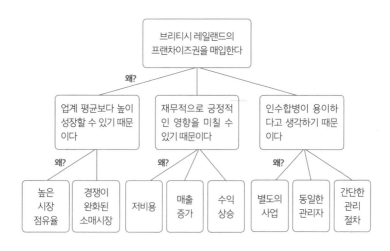

비즈니스 문서에도 이와 같은 기술을 적용할 수 있다. 〈도표 3〉은 영국의 국영 자동차회사 브리티시 레일랜드British Leyland의 프랜차이즈권 매입을 제안하는 20쪽 분량의 문서의 논리 구조를 나타내고 있다. 먼저 프랜차이즈권을 매입하면 좋은 이유 세 가지를 제시한 후, 각각의 이유에 대해 독자의 머릿속에 떠오르는 질문을 예상하여 피라미드 한 단계로 답변하고 있다. 프랜차이즈권을 매입하는 이유가 명확하게 정리되어 있어, 독자는 필자의 생각에 동의할 것인지 쉽게 판단하여 곧바로 그와 관련된 논리적 질문을 떠올릴 수 있다.

정리하자면, 피라미드 구조의 가장 큰 장점은 메시지의 수직적 관계를 살펴보면 자연스럽게 생각을 정리할 수 있다는 것이다. 여기서 중요한 것은 당신의 메시지를 통해 유발된 독자의 질문은 한 단계 하위 계층에서 수평적으로 답변되어야 한다는 점이다.

▲

수평적 관계

▼

한 단계 하위 계층에서 무엇을 말할 것인지 결정할 때, 당신은 상위 계층에서 제기된 질문에 단순히 답변하는 것이 아니라 반드시 논리적으로 답변해야 한다는 점을 명심해야 한다. 다시 말해 귀납적 추론이나 연역적 추론 중 한 가지를 선택하여 논리적으로 답변해야 하며, 두 가지 방법을 동시에 사용할 수는 없다. 생각을 그루핑을 할 때 사용할 수 있는 방법은 이 두 가지가 전부다.

연역적 그루핑은 단계별로 논리가 전개된다. 가장 먼저 일반적인 상황에 대해 진술하고, 다음으로 앞에서 진술한 말의 주부나 술부에 대해 구체적으로 진술하고, 마지막으로 앞의 두 가지 진술을 매개로 하여 무엇을 이끌어낼 수 있는지 설명한다. 따라서 연역적 그루핑은 다음과 같이 전개된다고 할 수 있다.

> 모든 인간은 죽는다.
> 소크라테스는 인간이다.
> 그러므로 소크라테스는 죽는다.

연역적 그루핑에서 한 단계 상위 계층으로 올라가려면 최종 포인트를 중심으로 주장을 요약해야 한다. 위의 경우에는 "소크라테스는 인간이기 때문에 죽는다"가 된다. 반면에 귀납적 그루핑은 동일한 단계의 메시지를 나타내는 항목을 하나로 묶는다. 예를 들어 찬성하는 이유, 반대하는 이유, 단계, 문제점 등이 있다.

> 프랑스 군대의 탱크가 폴란드 국경에 배치되었다.
> 독일 군대의 탱크가 폴란드 국경에 배치되었다.
> 러시아 군대의 탱크가 폴란드 국경에 배치되었다.

여기서 한 단계 상위 계층으로 이동하려면 세 가지 포인트의 공통점이 무엇인지 파악하여 한 가지 결론을 추론해내야 한다. 위의 경우 세 가지 포인트의 공통점은 "여러 나라들이 폴란드를 상대로 전투 준비를 하고 있다"가 된다. 즉 "폴란드는 곧 여러 나라로부터 침략당할 것 같다"라고 추론할 수 있다.

연역적으로 글을 쓰려면 제2포인트에서 제1포인트의 주부나 술부에 대해 언급하고, 제3포인트에서 앞의 두 포인트로부터 '그러므로'로 시작되는 결론을 도출해내는 형태로 논리가 전개되어야 한다. 반면에 귀납적으로 글을 쓰려면 그룹 내의 생각은 논리적으로 동일해야 하고, 동일한 내용을 나타내는 항목으로 구성되어야 한다. 이를 토대로 피라미드 내의 어떤 메시지에서도 다른 모든 메시지를 도출할 수 있다. 따라서 어디서부터 피라미드를 만들기 시작하든 하나의 메시지를 시작점으로 하여 위, 아래, 수평 방향으로 메시지를 추가할 수 있다.

피라미드를 만들기 전에 알아두어야 할 것은 피라미드의 핵심 메시지는 독자의 모든 질문에 답변해야 한다는 점이다. 이것은 도입부의 흐름을 추적하면 파악할 수 있다.

▲
도입부의 흐름
▼

앞에서 피라미드 구조에서는 독자와 질의응답 형식의 대화를 진행하며 글이 전개됨을 살펴봤다. 이 경우 도입부에서 독자와 관련이 없는 내용을 담고 있다면 질의응답 형식의 대화로 글이 전개되더라도 독자의 흥미를 유발할 수 없다. 유일한 방법은 독자의 마음속에 이미 존재하는 것으로 확인한 질문에 직접적으로 답하는 진술로 도입부를 시작하는 것이다.

앞에서 우리는 독자가 모르는 무언가를 전달해주기 위해 글을 쓴다고 했다. 그러나 독자는 필요할 때만 자신이 모르는 무언가를 알고 싶어 하고, 알 필요가 없으면 어떤 의문도 갖지 않는다. 따라서 이미 독자의 마음속에 존재하는 질문이나, 그가 주변에서 일어나는 사건을 관찰하면 자연스럽게 떠올릴 수 있는 질문에 답하는 글을 쓰면 흥미를 유발할 수 있다. 도입부에서는 질문이 발생한 배경을 추적하여 질문을 정의해준다.

질문의 배경을 파악하기 위해 일련의 사건을 추적하려면 고전적인 스토리 전개의 구조를 따라야 한다. 먼저 '상황'이 벌어지는 시간과 장소를 정한다. 이 상황 속에서 무언가가 일어나는데 이를 '전개'라고 한다. 전개에 따라 독자가 '질문'을 하면(혹은 질문을 할 예정이다), 본문에서 질문에 '답변'을 한다. 상황-전개-질문-답변으로 이어지는 이런 고전적인 스토리 구조를 통해 당신은 독자와 '동일한 장소'에 서서 자기 생각에 따라 독자를 이끌어갈 수 있다. 그리고 글의 핵심 포인트를 명확하게 밝히고 전달하고자 하는 메시지가 적절한지 여부를 파악할 수 있다.

다음은 비즈니스 문서에서 자주 볼 수 있는 도입부의 예다.

본 문서는 다음의 과제를 추가로 검토하고 논의하는 데 필요한 의견을 수집하기 위해 작성되었다.
1. 이사회의 구성과 규모
2. 이사회와 경영전략회의의 역할, 각각의 구체적인 책임과 상호관계에 대한 개념

3. 사외이사의 효과적인 참여 유도

4. 이사 선임과 임기에 관한 기본 원칙

5. 이사회와 경영전략회의의 운영과 관련한 회사의 발전 방안

이것을 스토리 형식으로 배열하면 글의 목적과 메시지를 보다 쉽게 이해할 수 있다.

10월에 단행된 조직 개편에 따라 두 개 사업부에 대한 일상적인 경영 권한과 책임이 모두 사업부장에게 위임되었다. 이로 인해 이사회는 고유한 임무인 회사의 정책과 전략의 수립에 관한 광범위한 사항만을 전담하게 되었다.

그러나 이제까지 이사회는 단기적인 경영상의 문제에 대처하느라 장기적인 전략 과제에 효과적으로 집중하지 못했다. 따라서 이사회는 장기적인 전략 개발을 위한 의식 전환에 필요한 변화를 모색해야 한다. 그중에서도 특히 다음과 같은 대처가 필요하다.

- 일상적인 경영 업무에 대한 책임을 경영전략회의에 위임한다.
- 사외이사를 초빙하여 이사진을 보강한다.
- 회의의 기본 방침과 절차를 명확하게 정하여 내부 경영 시스템으로 구축한다.

글의 도입부는 전달하고자 하는 메시지에 대해 독자가 이미 알고 있거나 혹은 알고 있다고 생각되는 내용을 스토리 형식으로 구성하여 독자가 이미 가지고 있는 질문을 상기시킨다. 이를 통해 독자는 글

의 본문에서 자신의 질문에 대한 답을 얻게 될 것이라고 기대하게 된다. '상황'이 설정되고 그 안에서 '전개'가 이루어지고, 이를 통해 '질문'이 생기고 본문에서 질문에 '답변'을 하는 형태로 스토리가 전개된다. 제시된 답변(피라미드 정상의 핵심 포인트)에 대해 독자가 새로운 질문을 떠올리면 당신은 한 단계 하위 계층으로 내려가서 질문에 답변한다.

수직적 질의응답 형식의 대화, 수평적 연역적 추론과 귀납적 추론 그리고 스토리 형식의 도입부 구성, 이 세 가지 기본 구조를 이용하면 생각을 명확하게 정리하여 피라미드 구조를 만들 수 있다. 수직적 관계를 통해서는 말하고자 하는 생각의 타당성을 주장하기 위해 한 단계 하위 계층에서 그루핑된 생각(즉 질문에 대한 답변)이 어떤 메시지를 전달하는지 파악할 수 있다. 수평적 관계를 통해서는 그루핑된 메시지가 논리적으로 적합한지(적절한 귀납적, 연역적 추론인지) 판단할 수 있다. 가장 중요한 문제인 독자의 최초 질문을 통해서는, 글 전체에서 전달하고자 하는 메시지가 정말로 독자를 끌어들이는지(이 글이 독자의 질문에 답변하기 위해 존재하는지) 여부를 확인할 수 있다.

3장에서는 이런 피라미드 내부 구조를 실제로 활용하는 방법을 다룬다.

Summary

피라미드 내부의 관련성

- 피라미드 내의 메시지는 독자로부터 질문을 유도할 수 있도록 기술한다.

- 메시지는 수직적으로 관련되어 질의응답 형식으로 독자와 대화를 이끌어 간다.

- 메시지는 수평적으로 관련되어 연역적, 귀납적 추론을 통해 독자의 질문에 답변한다. 그러나 이 두 가지 방법을 동시에 적용할 수는 없다.

- 도입부에서는 독자로 하여금 질문을 유발하게 하는 메시지를 기술한다.

- 도입부는 본문에서 답변할 수 있도록 질문을 유발하는 구조로 전개되어야 한다.

03

피라미드 구조는
어떻게 만드는가

글을 쓸 때 직면하는 가장 일반적인 문제는 무엇에 대해 쓰고 싶은지 대략적으로는 알고 있지만, 구체적으로 무엇을 말하고자 하는지 혹은 어떤 방식으로 전달해야 하는지 정확하게 파악하지 못하는 것이다. 하지만 전달하고자 하는 메시지가 무엇이든 결국에는 피라미드 형태로 구성되어야 한다는 점을 알고 있다면, 이런 불안감을 떨쳐버릴 수 있다.

글을 쓸 때 우리는 최종적으로 어떤 형식이 되어야 하는지 실제로는 잘 알고 있다. 우선 주부와 술부로 구성된 하나의 문장이 피라미드의 정상에 위치하고, 그 문장의 주제가 글 전체의 주제가 된다. 피라미드 정상에 위치한 문장은 독자의 질문에 답변해야 한다는 점도 알고 있다. 그 배경에는 (독자가 알고 있는) 상황이 있고, 그 상황이 (마찬가지로 독자가 알고 있는 대로) 전개되면서, 질문을 유발하고, 질문에 답변하기 위해 글을 써야 한다는 점 역시 알고 있다. 이 밖에도 글로 전달하고자 하는 몇 가지 포인트를 개략적으로 알고 있을지도 모른다.

이 정도면 충분하다. 이런 지식을 이용하여 위에서 아래로 내려가거나, 아래에서 위로 올라가는 형태의 피라미드 구조를 만들 수 있다. 일반적으로 전자가 후자보다 쉽다고 알려져 있으므로 이 방법부터 시도해보자.

▲

위에서 아래로 내려가는 접근법

▼

위에서 아래로 내려가는 접근법이 더 쉽다고 말하는 이유는 쉽게 확신할 수 있는 사항부터 생각하는 인간의 특성 때문이다. 글의 주제와 이와 관련된 독자의 지식처럼 말이다. 도입부에서는 이처럼 쉽게 확신할 수 있는 사항을 독자에게 상기시키는 단계부터 시작해야 한다. 이때 막연하게 도입부를 써 내려가기보다는 스토리 전개의 구조를 통해 머릿속에 있는 적절한 포인트를 하나씩 끄집어내야 한다. 이를 위해서는 〈도표 4〉에서 제시하는 순서에 따라야 한다.

1단계: 네모난 상자를 하나 그린다

피라미드 정상에 네모난 상자를 하나 그린 후 전달하고자 하는 주제를 알고 있다면 써넣는다. 만일 주제를 모른다면 2단계로 넘어간다.

피라미드의 구성 요소는 상호 보완 관계다

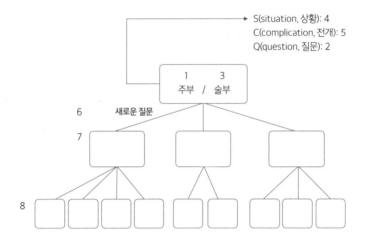

S(situation, 상황): 4
C(complication, 전개): 5
Q(question, 질문): 2

1 3
주부 / 술부

6 새로운 질문

7

8

피라미드 정상의 상자를 채운다

1. 전달하고자 하는 주제가 무엇인가?
2. 주제에 대한 독자의 어떤 질문에 답변하는가?
3. 답변은 무엇인가?

답변을 도입부에 대응시킨다

4. 어떤 상황인가?
5. 어떻게 전개가 이루어졌는가?
2. 답변은 독자의 질문에 부합하는가?

핵심 단계를 찾는다

6. 답변을 통해 생긴 새로운 질문은 무엇인가?
7. 연역적으로 답변하는가, 귀납적으로 답변하는가?
7. 귀납적으로 답변한다면 어떤 용어로 대상을 그루핑을 할 수 있는가?

답변을 뒷받침하는 포인트를 구성한다

8. 이 단계에서 질의응답 과정을 반복한다

2단계: 질문을 결정한다

독자를 상상해본다. 누구를 대상으로 글을 쓰고 있으며, 글의 주제가 독자의 어떤 질문에 답변하기를 바라는가? 독자의 질문을 알고 있다면 써넣고 아직 문제가 명확하지 않다면 4단계로 넘어간다.

3단계: 답변을 적는다

답변을 알고 있다면 써넣고, 만일 답변을 모른다면 답변할 수 있다고 메모해둔다.

4단계: 상황을 명확하게 파악한다

이 시점에서 독자의 질문과 그 답변을 어느 정도 명확하게 파악하고 있는지 점검해본다. 상황이 주제에 부합하는지 따져본 후 상황에 대해 논란의 여지가 없는 부분, 즉 독자가 쉽게 납득할 수 있는 사항부터 기술한다. 이것은 독자가 이미 알고 있거나 과거 사례 혹은 쉽게 확인하여 공감할 수 있는 것 중 하나가 된다.

5단계: 전개를 기술한다

독자를 설정하고 질의응답을 해본다. 독자가 머리를 끄덕이며 당신의 의견에 동의한 후 어떻게 말할 것인지 상상해본다. 독자가 "그래요, 저도 잘 알고 있어요. 그래서요?"라고 묻는다면, 어떤 상황이 벌어져서 혹은 왜 독자가 위와 같이 말했는지 생각해본다. 무엇이 잘못되었거나, 문제가 발생했거나, 논리적 모순이 있을 수도 있다. 도대체 어떤 상황이 벌어져서 질문이 생겨난 것인가?

6단계: 질문과 답변을 다시 확인한다

전개의 진술은 즉각적으로 독자에게 당신이 이미 써놓은 질문을 유발해야 한다. 그렇지 못한 경우에는 질문을 유발할 수 있도록 표현을 바꾸거나 혹은 전개의 설정 그 자체나 질문이 잘못되었는지 확인해야 한다.

이런 과정을 거쳐 독자의 어떤 질문에 답변해야 하는지 명확하게 파악할 수 있다. 질문을 명확하게 알고 있으면 그 밖의 다른 일들은 비교적 쉽게 풀린다. 위에서 설명한 기술을 이용하여 〈도표 5〉의 문서를 고쳐보고 어떻게 생각을 발전시켜야 하는지 알아보자. 〈도표 5〉는 미국의 대형 음료회사의 경리과에서 작성한 문서다. 이 회사에서는 배달하는 사람이 고객에게 제품을 배송한 후 코드번호, 날짜, 수량을 기재한 배송전표를 경리과에 보낸다. 배송전표는 청구 시스템의 기본이 되며 다음과 같은 절차에 따라 처리된다.

5주간의 절차

배송전표 처리 → 청구서 발송 → 수표 수령 → 대금 결제

이 회사의 고객인 대형 햄버거회사(이 회사를 '빅치프'라고 부르기로 하자)는 물건을 대량으로 매입함에 따라 경리 업무상의 편의를 위해 그날그날의 상세한 청구 상황을 기록하고자 한다. 물건을 납품받을 때마다 배송전표를 받아서 컴퓨터에 기록한 후, 총액을 집계하여 한 달에 한 번씩 음료회사의 본사에 컴퓨터 파일과 수표를 보내는 작업에 동의하는지 묻는 것이다. 즉 빅치프는 다음과 같이 운영되는 시스

도표 5 각 포인트가 독자의 질문에 답변하지 못한다

수신: 로버트 살몽   날짜 :
발신: 존 잭슨
안건: 빅치프

당사는 빅치프(고유번호 8306)라는 회사의 N/A(national account) 배송전표와 관련하여 컴퓨터 파일을 이용하여 NA 시스템을 처리할 수 있는지 검토해달라는 요청을 받았다. 이런 절차는 사전 지급을 전제로 당사와 빅치프 간에 공동으로 이루어져야 한다고 생각한다.
지금까지 조사한 결과를 바탕으로 다음과 같은 결론을 내렸다.

1. 당사가 외부로부터 받은 N/A 자료는 다음과 같은 정형화된 형식으로 구성된다.

   a. 고유번호   b. 판매점 번호   c. 전표 번호
   d. 각 전표의 금액   e. 각 전표의 배송일

   빅치프가 고유번호와 판매점 번호를 가지고 있지 않을 경우에는 당사가 고객 마스터 파일에서 추출하여 알려준다. 이것을 빅치프의 시스템에 입력하면 간단하게 전표자료가 처리된다.

2. 빅치프는 정보추출프로그램을 만든 후 외상매입금 파일을 열어 거기에 있는 모든 전표 정보를 추출한다. 정보추출프로그램을 통해 만들어진 파일은 N/A 서브 시스템인 APNND의 현금수령보고서에 적합한 형식으로 추출된다. 이 자료를 디스크에 저장하여 정산 차원에서 당사로 송부하고, 수표와 컴퓨터 파일 상의 상세정보 일람표를 N/A 금고에 보낸다.
   당사의 자료 처리 부서는 컴퓨터 파일을 받아 정해진 절차에 따라 정산 처리한다. 최종 송부된 수표의 금액이 컴퓨터 파일 상의 정보와 일치하면 정산이 완료된다.

3. 정산이 완료된 디스크는 N/A 시스템을 통해 처리된다. 이때 전표번호와 N/A 최신 기록 파일을 조합해 내셔널 시럽 어카운트(National Syrup Account)의 청구 일람표를 작성한다.

템을 제안한다.

하루 동안의 절차

컴퓨터 파일과 수표 수령 → 대금 결제

빅치프가 이처럼 대금결제시스템을 변경할 수 있는지 묻자, 음료회사의 경리과장은 "새로운 시스템은 이렇게 작동될 것이다"라는 메모를 남기고 직접적인 답변은 하지 않았다.

당신이 경리과장이라고 가정하고 〈도표 4〉에서 설명한 기술을 적용하여 위의 상황을 정리해보자.

1. 네모난 상자를 그린 후 '주제가 무엇인가?'라고 자문해본다. (빅치프의 대금결제시스템 변경 요구, 〈도표 4〉 참조.)
2. 주제에 대한 독자의 어떤 질문에 답변하고 있는가? (이것은 좋은 생각인가?)
3. 답변은 무엇인가? (좋은 생각이다.)
4. 여기서 위의 질문과 답변이 적절한지 도입부를 참조하여 확인해본다. 먼저 상황이 주제에 부합하는지 살펴본다. 상황의 첫 번째 문장에서는 주제에 대해 진술해야 한다. 주제에 대해 논란의 여지가 없는 것, 독자가 의문을 갖지 않고 받아들일 수 있는 것은 무엇인가? (빅치프가 대금결제시스템 변경을 요구했다.) 실제로 도입부를 쓸 때는 대금결제시스템 변경의 본질적인 요인을 설명해야 한다. 그러나 이 작업의 목적은 자신의 사고방식이 적절한지 확인하는 데 있으므로

단락의 핵심 내용을 명확하게 정리하는 것으로 충분하다.

5. 이제 독자의 입장에 서서 그들이 뭐라고 말할 것인지 상상해보자. "그래요, 저도 잘 알고 있어요. 그래서요?"라는 독자의 질문을 통해 전개에서 무엇을 써야 하는지 파악한다. (이런 대금결제시스템 변경이 타당한 것인지 묻는다.)

질문은 분명하다. (이런 대금결제시스템 변경이 타당한가?) 이것은 처음에 질문으로 설정했던 내용과 유사하므로, 질문과 답변이 일치한다는 사실을 알 수 있다. 따라서 전달하고자 하는 포인트가 독자에게 중요하다는 점이 확실해졌다.

6. 일단 대금결제시스템을 변경하는 것이 타당하다고 가정하고 한 단계 하위 계층으로 내려가, 타당하다는 주장과 관련해 독자에게 어떤 새로운 질문이 생길 것인지 생각해보자. (왜?)

7. '왜?'에 대한 답변은 항상 이유가 된다. 따라서 핵심 단계상에 배열된 포인트는 모두 이유가 되어야 한다. 이유는 무엇인가?

- 이런 대금결제시스템 변경을 통해 우리는 필요한 여러 가지 정보를 얻을 수 있다.
- 이런 대금결제시스템 변경은 우리의 현금흐름을 개선해준다.
- 이런 대금결제시스템 변경은 우리의 업무 부담을 줄여준다.

8. 우선 이상의 포인트가 정확하다는 사실을 확인해야 한다. 그런 다음 핵심 단계 포인트가 정확하다는 사실을 설득하려면 어떻게 설명해야 하는지 생각해보고 한 단계 하위 계층으로 내려가 실제로 설명해보자. 현실에서는 이와 같은 짧은 문서는 머릿속으로만 생각해도 글로 쓸 수 있을 뿐만 아니라 아이디어도 쉽게 얻을 수 있다.

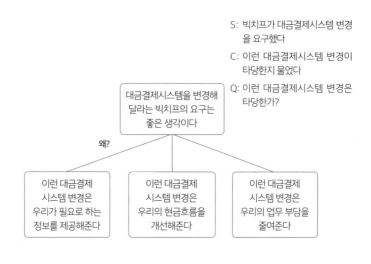

도표 6 각 포인트가 독자의 질문에 답변한다

S: 빅치프가 대금결제시스템 변경을 요구했다

C: 이런 대금결제시스템 변경이 타당한지 물었다

Q: 이런 대금결제시스템 변경은 타당한가?

대금결제시스템을 변경해 달라는 빅치프의 요구는 좋은 생각이다

왜?

이런 대금결제 시스템 변경은 우리가 필요로 하는 정보를 제공해준다

이런 대금결제 시스템 변경은 우리의 현금흐름을 개선해준다

이런 대금결제 시스템 변경은 우리의 업무 부담을 줄여준다

이와 같은 과정을 통해 당신은 〈도표 6〉의 경우처럼 독자의 질문과 관련된 정보만을 머릿속에서 끄집어낸다. 즉 자기 생각을 완전하게 독자의 질문에 대응시킨다. 첫 번째 문서는 독자의 질문에 대한 부분적인 답변밖에 되지 못했지만, 이처럼 위에서 아래로 내려가는 접근법에 따라 생각을 정리하면 독자가 전체 메시지를 훨씬 쉽게 이해할 수 있다.

▲
아래에서 위로 올라가는 접근법
▼

한편 자기 생각을 제대로 파악하지 못해 피라미드의 정상을 완성할 수 없는 경우도 많다. 쓰고자 하는 글의 주제가 무엇인지 확실하게 결정하지 못했거나, 질문이 명확하지 않은 경우가 이에 해당된다. 독자가 무엇을 알고, 무엇을 알지 못하는지 정확하게 파악하지 못한 경우도 있다. 그런 경우에는 핵심 단계로 내려가서 단순하게 생각하는 것이 좋다. 핵심 단계 포인트 가운데 하나라도 생각해낼 수 있다면 좋겠지만 그렇지 못한 경우도 있을 것이다. 그렇다고 해서 실망할 필요는 없다. 다음에서 설명하는 절차에 따라 아래에서 위로 생각을 정리하면 되기 때문이다.

- 말하고자 하는 포인트를 모두 적는다.
- 포인트 사이에 어떤 관계가 있는지 파악한다.
- 이를 통해 결론을 도출한다.

이 기술을 이용하여 실제로 어떻게 고쳐 써야 하는지 살펴보자. 〈도표 7〉은 첫 프로젝트에 참가한 젊은 컨설턴트가 2주일 후에 상사에게 보고하기 위해 쓴 문서다. 이 컨설턴트의 고객은 영국의 인쇄회사다. 나는 이 문서에 적혀 있는 내용 이외에 다른 정보를 가지고 있지 않으므로, 이 문서의 내용이 옳은지 여부는 판단하지 않고 문서 자체에 담겨 있는 내용만 다루도록 하겠다. 우리가 해야 할 일은 이 문서가 전달하고자 하는 내용을 명확하게 밝히는 것이다.

To: 날짜:
From: 안건: TTW 프로젝트

다음은 지난 2주간의 업무 결과를 요약한 내용이다.

알다시피 신간의 인쇄 공정에서 조판 비용은 가장 중요한 비용 요인으로 양장본의 40퍼센트, 페이퍼백의 50~55퍼센트를 차지한다.
조판 비용을 세분화하면 다음과 같다.

기계 조판	30~50퍼센트
교정	17~25퍼센트
초교 및 재교	10~16퍼센트
페이지 짜기	10~20퍼센트
판 앉히기	10~15퍼센트

PAR 표준과 비교해볼 때 TTW는 조판의 생산성이 비교적 낮은 편이다. 이와 관련하여 현재 몇 가지 구체적인 사례에 대해 조판 견적 담당자에게 견적을 의뢰했다. 조판 작업은 높은 품질을 유지하기 위해 업무 비중에 관계없이 모든 제품에 동일한 공정을 적용한다. 이것이 단순 작업의 경쟁력이 떨어지는 이유 중 하나다.

에일즈버리에서는 많은 사람이 자사의 조판 비용이 어느 정도 수준인지에 관심을 갖고 있다. 나는 이 문제에 대해 로이 월터, 브라이언 톰슨, 조지 케네디와 이야기를 나누었다. 케네디는 ①특정한 업무에서 불필요한 조판 공정이 없는가, ②생산성이 낮은 원인이 무엇인가(왜 PAR 표준에 못 미치는가?)를 밝혀내기 위해 실험을 할 의사가 있다고 말했다.

현재 조판 작업은 지나치게 일이 많은 상태이며, 대부분의 작업이 납기가 지연되고 있다. 특히 수작업으로 이루어지는 조판 업무의 경우에는 심각한 일손 부족에 직면해 있다. TTW는 같은 지역 내의 다른 인쇄업체에 비해 임금이 낮아서 조판공의 채용과 유지에 어려움을 겪고 있다.

현재 노조 측에서 새로운 문제를 제기하고 있으며, 두 명의 조판공이 회사를 그만뒀다. 조판부는 정원에 비해 인원이 턱없이 부족하여, 시간외근무수당이 50퍼센트 이상 예산을 초과하고 있다.

결론

1. 다음과 같은 방법을 통해 조판 비용을 대폭 줄일 수 있다고 생각한다.
   a. 불필요한 공정을 단순화한다.
   b. 조판 시스템을 바꿔 생산성을 높인다.

2. 위의 a항을 실천에 옮기기 위해서는 특정한 업무에 대해 몇 가지 실험을 한 후 이를 전체 공정으로 확대하여 검사 시기와 횟수가 품질에 미치는 영향과 그에 대한 소비자의 반응을 조사해야 한다. 이를 통해 조판 공정이 합리화되면 전체 조판 비용의 10퍼센트를 줄일 수 있다.
   위의 b항을 실행하기 위해서는 세부적인 공정 조사가 필요하다. TTW는 세팅과 수작업 조판에서 PAR 표준보다 20~50센트 정도 효율성이 떨어지는데, 이에 대해서는 개선의 여지가 있는 것으로 보인다.

3. TTW와 다른 회사인 베어드, 퍼넬, 워터로우를 비교해보면 이 문제에 대한 해결책을 얻을 수 있을지도 모른다. 조지 케네디와 로이 월터는 비교 작업을 수행하는 데 큰 관심을 갖고 있다. 그러나 그들은 비교 작업에 관심은 있으나 의미가 없을 수도 있다고 생각한다.

4. 조판 비용 전반에 대한 에일즈버리 내의 의견은 각기 다르다. 게리 캘버트는 절대적으로 높다고 생각하고, 조지 케네디는 높다고 말할 수 있는 명확한 증거가 없다고 주장한다. 로이 월터는 잘 모르겠다는 입장이다. 그들은 모두 조판 비용을 조사해봐야 한다는 의견을 가지고 있다.

1단계: 포인트를 적는다

<u>문제점</u>	<u>대안</u>
1. 조판 작업의 낮은 생산성	1. 불필요한 공정을 단순화한다.
2. 모든 작업에 동일한 공정 적용	2. 조판 시스템을 바꿔 생산성을 높인다.

3. 단순 업무의 가격 경쟁력 부재

4. 납기 지연

5. 저임금

6. 인력 부족

7. 과중한 시간외근무

8. 세팅 및 수작업 조판의 PAR 표준 미달

먼저 젊은 컨설턴트가 제안한 내용을 살펴보자. 언제나 그렇지만 상황에 대한 의견보다 행동에 대한 의견이 옳은지 여부를 판단해야 한다(7장 참조). 공정 단순화와 조판 시스템의 변경 사이에는 어떤 관계가 있는가? 아무런 관계도 없다. 결국 두 가지 조치는 같은 의미이기 때문에 분석해도 아무것도 얻을 수 없다.

그렇다면 문제점을 살펴보자. 여기에는 인과관계가 있다는 사실을 알 수 있는데 이를 도표로 나타내보자.

2단계: 인과관계를 도표로 그려본다

문제점에는 두 가지 서로 다른 이유가 존재하는데 이로 인해 주장

하는 데 필요한 몇 가지 포인트가 생략되어 있다는 사실을 알 수 있다. 이제 어떻게 해서든지 결론을 내려보자. 생산성이 낮고 시간외근무가 많아서 비용이 높다거나, 혹은 비용을 줄이기 위해서는 공정을 단순화하고 임금을 인상해야 한다는 것, 둘 중 한 가지를 이 컨설턴트는 말하고 있다.

3단계: 결론을 내린다

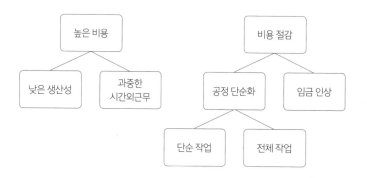

결론을 내리기 위해 도입부를 살펴보자. 본래의 순서에 따르면 독자가 이미 알고 있는 것은 무엇인가? 독자가 명확하게 알고 있는 것으로는 비용이 중요하다는 것, TTW는 단순 작업의 가격 경쟁력이 떨어진다는 것, TTW의 전체 비용 수준에 대해 알고 있는 사람이 없다는 것 등이 있다. 이 경우 대부분의 사람들은 다음과 같이 생각할 것이다.

1. 주제: 조판 작업 비용
2. 질문: 비용이 너무 높은가?

3. 대답: 그렇다.

4. 상황: 조판 작업 비용은 전체 비용 요인 가운데 가장 중요한 요소다.

5. 전개: 비율 면에서 보면 비용이 높은지 알 수 없지만, 경쟁력이 낮다
   는 면에서 보면 그렇게 말할 수도 있다.

   질문(2): 조판 비용을 줄일 수 있는가?

   대답(3): 그렇다.

6. 새로운 질문: 어떻게 줄일 것인가?

7. 핵심 단계: 조판 공정에서 불필요한 공정을 없애고, 임금을 경쟁력
   있는 수준으로 높인다.

〈도표 8〉은 이런 사실을 알기 쉽도록 앞의 문서를 수정한 것이다. 이 젊은 컨설턴트의 의견에 동의하지 않을지도 모르지만, 최소한 그가 전달하고자 하는 내용은 명확하게 알 수 있다. 따라서 이 문서에 동의할 것인가의 여부와, 무엇을 질문할 것인가를 쉽게 파악할 수 있다.

도입부에 핵심 단계 포인트가 요약되어 있다는 점을 보여주기 위해 문서의 전문을 수정해서 게재한다. 독자는 새로운 문서를 읽고 30초 만에 전체 메시지를 이해할 수 있다. 나머지 글은 도입부를 설명하거나 부연하는 내용이다. 따라서 나중에 중요한 내용이 나와서 독자가 놀라는 일은 없을 것이다. 시간이 없는 사람은 도입부 이외의 부분은 간단히 훑어봐도 된다. 독자가 30초 이상 읽어도 요지를 파악할 수 없다면 그 글은 다시 써야 한다.

문서의 핵심 포인트를 강조하기 위해 붙인 제목을 통해서도 핵심 내용을 신속하게 파악할 수 있다. 장문을 쓸 때는 제목을 붙이는 것이 효

도표 8 명백한 결론이 있는 문서

To:　　　　　　　　　　　날짜:
From:　　　　　　　　　　안건: TTW 프로젝트

지난 2주일간 에일즈버리에서 조판실의 비용을 조사했다. 알다시피 조판 비용은 양장본의 40퍼센트, 페이퍼백의 50~55퍼센트를 차지하고 있다. TTW의 경우 이 비용이 과도하게 높은지 여부를 판단할 수는 없지만, 적어도 단순한 업무에 있어서는 가격 경쟁력이 떨어지는 것으로 간주된다.

우리의 1차 조사 결과 다음과 같은 방법을 통해 조판 비용을 대폭 줄일 수 있다고 생각한다.
　　a. 조판 공정 가운데 불필요한 공정을 없앤다.
　　b. 임금을 경쟁력 있는 수준으로 높인다.

불필요한 공정 제거

TTW의 경우 세팅과 수작업 조판의 효율이 PAR 표준보다 20~50퍼센트 정도 낮다. 조판 공정을 살펴보면 높은 품질을 유지하기 위해, 성서이건 스릴러 소설이건 할 것 없이 모든 작업에 기본적으로 동일한 공정을 적용하고 있다. 이 점이 가격 경쟁력이 떨어지는 이유 중 하나다.

이런 결과에 대해 로이 월터, 브라이언 톰슨, 조지 케네디와 논의했다. 케네디는 ①특히 단순 작업에서 조판 공정을 줄일 수 있는가, ②(세팅과 수작업 조판 작업의 효율이) PAR 표준에 못 미치는 이유가 무엇인가, 라는 두 가지 의문에 대한 답을 얻기 위해 적극적으로 실험을 할 의사가 있다.

다음 주부터 우리는 몇 가지 단순한 작업에 대한 조사를 전체 공정 차원에서 실시할 예정이다. 그때 검사 시기와 횟수가 품질에 미치는 영향과 그에 대한 소비자의 반응을 조사해서 테스트할 예정이다. 이를 통해 조판 공정이 합리화되면 전체 조판 비용의 10퍼센트를 줄일 수 있다. 우리는 PAR 표준과의 격차를 줄이기 위한 세부적인 공정 조사도 함께 실시할 예정이다.

임금 인상

TTW는 같은 지역 내의 다른 인쇄업체에 비해 임금이 낮아서 조판공의 채용과 유지에 어려움을 겪고 있다. 두 명의 조판공이 회사를 그만두는 바람에 조판부는 정원에 비해 인원이 부족한 상태다. 그 결과 대부분의 작업이 납기가 지연되고, 시간외수당은 50퍼센트 이상 예산을 초과하고 있다.

현재 노조 측에서 새로운 문제를 제기하고 있고, 회사는 부득이하게 임금을 올려주어야 할 처지다. 임금을 올려주면 TTW는 충분한 인력을 고용하고 시간외수당을 줄일 수 있다.

과적이다. 제목을 붙이는 방법은 뒤에서 자세히 설명하겠지만(10장 참조), 단순히 분류를 나타내기보다는 메시지의 핵심이 포함되어야 한다. '조사 결과'나 '결론' 등과 같은 소제목은 절대로 붙여서는 안 된다. 이런 유형의 제목은 글의 내용을 파악하는 데 아무런 도움이 되지 않는다.

마지막으로 문장의 형식에 대해 한마디 덧붙이자면 TTW에 대한 원래 문서와 고쳐 쓴 문서를 비교해보면 사용하는 단어나 문장 자체는 별 차이가 없다. 고쳐 쓴 문서가 더욱 이해하기 쉬운 이유는 독자의 생각을 피라미드 구조로 배열했기 때문이지 문장 형식을 바꿨기 때문이 아니다.

▲
초보자를 위한 충고
▼

세 가지 피라미드 원칙을 지키면 피라미드 내의 어떤 메시지에서 시작하더라도 다른 모든 메시지를 찾아낼 수 있다. 그러나 기본적으로는 위에서 아래로 내려가거나 혹은 아래에서 위로 올라가는 접근법 가운데 하나를 선택해야 한다.

지금까지 피라미드를 어떻게 만드는가를 최대한 일반적인 형식으로 설명했는데, 사람마다 이해하는 방식이 다르므로 여러 가지 의문이 생길 수 있을 것이다. 다음은 피라미드 원칙을 처음 접하는 사람들이 자주 묻는 질문에 대한 답변을 정리해놓은 것이다.

글을 쓰기 전에 먼저 생각을 정리하라

생각은 일단 글로 표현해놓으면 마치 황금 조각이 완성된 것처럼 아름답고 근사하게 보여 이를 수정해야 할 경우 대단한 용기가 필요하다. 따라서 글을 쓸 때 '일단 써놓고 보자. 그러면 글의 구조를 쉽게 파악할 수 있을 거야'라고 생각하는 것은 금물이다. 일단 활자로 표기된 글을 보면 실제로는 내용이 갈피를 잡을 수 없더라도 애착이 생기기 때문이다.

도입부를 쓸 때는 상황 설명에서부터 시작하라

'상황 – 전개 – 질문 – 답변'의 구조에 따라 도입부에서 다루어야 할 여러 가지 요소가 파악되면, 실제로 글을 쓸 때는 이런 구성 요소를 효과적으로 활용하여 적절한 순서로 배치함으로써 원하는 효과를 얻을 수 있다. 구성 요소를 배치하는 방법에 따라 글의 어조가 달라진다. 글마다 서로 다른 고유한 어조를 유지해야 하지만, 도입부를 구상할 때는 항상 상황에서부터 시작해야 한다. 상황에서부터 시작해야 정확한 전개와 질문을 통해 자기 생각을 전개해나갈 수 있다.

도입부를 구상하는 절차를 생략하지 마라

글을 쓰려고 하는데 곧바로 머릿속에서 핵심 포인트가 떠올라서 그 다음 질문이 분명해지는 경우가 있다. 이 경우 사람들은 곧바로 핵심 단계로 가서 핵심 포인트에서 제기된 새로운 질문부터 답변하곤 한다. 그러나 이런 유혹에 빠져서는 안 된다. 도입부를 구상하는 절차를 생략하면 도입부의 상황과 전개에 들어가야 할 정보와 본문에 들어가야 할 정보가 뒤섞이게 된다. 그 결과 본문이 복잡하고 장황하게 전개되어 결국에는 더 이상 손을 댈 수 없게 된다. 따라서 먼저 도입부를 구상하여 도입부에서 다루어야 하는 정보를 가려낸 후 전달하고자 하는 메시지 내용에 집중해야 한다.

과거의 사건은 항상 도입부에 적어라

글의 본문에서는 독자에게 단순히 사실을 전달하기 위해 과거에 어떤 일이 일어났는지를 기술해서는 안 된다. 본문에는 '생각', 다시 말해서 독자로 하여금 질문을 던지도록 만드는 새로운 메시지만 담아야 하며, 그 생각은 서로 논리적으로 관련되어 있어야 한다. 본문에서 과거의 사건을 다룰 경우 분석을 통해 인과관계를 명확하게 밝힐 수 있어야 한다. 단순히 과거의 사건을 기술하는 것은 논리적 사고라고 할 수 없으므로 생각과 메시지에 해당되지 않는다. 따라서 그런 사건은 도입부에서 언급해야 한다.

도입부에는 독자가 사실이라고 인정하는 내용만 담아라

도입부에서는 독자가 이미 알고 있는 내용만 전달해야 한다. 때로 독자가 어떤 내용을 알고 있는지 모르거나 혹은 독자가 그 내용을 분명 알지 못한다고 확신할 수 있는 경우도 있다. 이런 경우에는 제삼자에게 내용을 확인받아야 한다. 만일 제삼자에 의해 쉽게 확인되고 옳다고 인정된다면 독자도 그것을 받아들이는 데 어떤 의문도 가지지 않는다고 간주할 수 있다.

독자가 모르는 내용은 독자의 질문을 왜곡할 수 있으므로 도입부에 포함해서는 안 된다. 반대로 독자가 이미 알고 있는 내용을 본문의 피라미드 구조 내에서 질의응답으로 기술해서도 안 된다. 독자가 알고 있는 내용을 본문의 피라미드 구조 내에서 다루는 것은 본래 도입부에서 다루어야 할 중요한 정보를 누락시켰음을 인정하는 것과 다름없다. 만일 그런 정보가 도입부에 적절하게 들어갔다면 독자는 완전히 다른 질문을 하게 될 것이다.

선택할 수 있다면 핵심 단계에서는 연역법보다 귀납법을 사용하라

이 점에 대해서는 5장에서 보다 자세히 설명하겠다. 핵심 단계에서는 귀납적 설명보다 연역적 설명이 독자에게 부담 없이 쉽게 이해될 수 있다. 일반적으로 사람들은 자신이 생각한 경로와 동일한 순서로 상대에게 설명하는데, 대부분 연역적 논리에 따라 그렇게 한다. 하지만 연역적으로 생각한 것은 반드시 연역적으로 설명해야 한다고 할 수는 없으며, 연역적 논리를 귀납적으로 설명할 수도 있다.

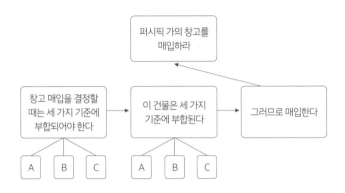

예를 들어 창고 매입을 제안하기 위해 위와 같이 연역적 논리에 따라 그 이유를 설명한다고 하자. 여기서 세 번째 포인트는 독자에게 질문을 유발하지 않는다. 가장 먼저 맨 위의 포인트를 서술하고 그다음에 핵심 단계의 포인트를 서술하는 순서로 글을 구성하면 세 번째 포인트는 필요하지 않다. 그리고 이 경우 글이 지나치게 복잡해지므로 귀납적으로 구성하는 것이 메시지를 전달하는 데 보다 효율적이다.

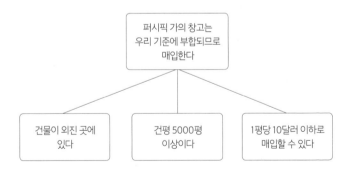

Summary

위에서 아래로 내려가는 접근법으로 피라미드 구조 만들기

- 주제를 파악한다.
- 질문을 결정한다.
- 답변을 기술한다.
- 상황과 전개로 질문이 유도되는지 점검한다.
- 답변이 타당한지 점검한다.
- 핵심 단계를 작성한다.

아래에서 위로 올라가는 접근법으로 피라미드 구조 만들기

- 말하고자 하는 포인트를 적는다.
- 포인트 간의 상관관계를 파악한다.
- 결론을 이끌어낸다.
- 도입부를 도출해내기 위해 사건의 배경을 파악한다.

04

도입부는
어떻게
구성하는가

글의 도입부에서는 독자가 이미 알고 있는 내용을 요약해주고 본문에서 답변해야 하는 질문이 무엇인지 명확하게 밝혀야, 글 전체에서 말하고자 하는 내용을 쉽게 설명할 수 있다. 이를 위해 도입부는 항상 스토리 형식을 따라야 한다. 먼저 독자에게 낯익은 '상황'을 설정하여 '전개'가 이루어지면, 독자가 '질문'을 하고 본문에서 질문에 '답변'하는 형식이다. 스토리 형식은 독자가 이미 알고 있는 내용을 정리해주는 유용한 도구다. 스토리 형식에 따른 도입부 작성법을 완벽하게 습득한다면 간단한 문서는 짧은 시간 안에 작성할 수 있다. 도입부의 몇 가지 유형을 알면 그 효과가 더욱 증대될 것이다.

스토리 형식

글의 첫머리에 나오는 도입부는 전달하고자 하는 메시지에서 빠져나와 외부에서 피라미드의 정상을 감싸고 있는 '원'이라고 할 수 있다(《도표 9》 참조). 도입부는 항상 독자가 이미 알고 있는 내용을 스토리 형식으로 전달해야 한다. 상황을 기술하고, 그 안에서 이루어지는 전개를 기술하고, 그로 인해 생기는 질문을 기술한다. 그리고 이 질문에 대한 답변은 본문에서 기술한다. 그렇다면 왜 도입부는 항상 스토리 형식을 취해야 할까? 왜 독자가 이미 알고 있는 내용을 기술해야 하

도표 9 도입부는 스토리 형식을 따른다

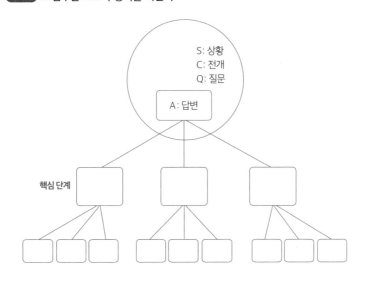

는 걸까? 지금부터 그 이유를 살펴보자.

왜 스토리 형식인가

잘 생각해보면 사람들은 자신이 좋아하는 베스트셀러나 연애소설은 기꺼이 읽지만 다른 사람이 쓴 글은 그다지 읽고 싶어 하지 않는다. 독자의 머릿속은 글의 주제와는 아무런 상관없는 생각들로 가득차 있다. 오히려 그들은 글의 주제보다는 그런 잡념에 사로잡혀 있을지도 모른다. 특히 글이 흥미로운지 아닌지가 검증되지 않은 경우 글에 집중하기 위해서는 엄청난 노력이 필요하다. 그들은 글 속에 매우 매력적인 요소가 있을 때만 집중하려고 노력한다.

설령 독자가 무엇에 관한 글인지 궁금하게 여기고 흥미를 갖더라도, 잡념을 쫓아버리고 당신이 전달하고자 하는 내용에 집중하려면 역시 많은 노력을 기울여야 한다. 한두 페이지를 읽었음에도 머릿속에 한마디도 남지 않았던 기억이 누구에게나 있을 것이다. 이는 잡념을 떨치지 못했기 때문이다.

따라서 독자가 내용에 집중할 수 있도록 유인하는 장치를 제공해야 한다. 아주 간단한 방법으로는 결말 부분을 궁금하게 만드는 이야기를 들려주고 유인하는 것이 있다. 예를 들어 내가 당신에게 다음과 같이 말했다고 하자.

"두 명의 아일랜드 사람이 한밤중에 낯선 도시의 다리 위에서 만나…."

이 글을 읽기 전에 당신은 무언가를 생각하고 있었지만 지금 이 순간 당신은 내 이야기에 관심을 갖게 되었을 것이다. 나는 우선 당신의 생각을 특정한 시간과 장소에 고정시켰다. 다음으로 두 명의 아일랜드 사람이 무슨 말을 했는지 또 무엇을 했는지에 관심을 갖도록 유인했다. 이를 통해 결말 부분에 이르러 처음에 가졌던 궁금증을 풀어줄 때까지 독자의 생각을 효과적으로 지배할 수 있다.

이것이 바로 도입부의 역할이다. 도입부에서는 독자에게 주제와 관련된 이야기를 해주고 주제에 대한 흥미를 유발해야 한다. 좋은 이야기에는 모두 시작과 중간과 끝이 있다. 즉 상황을 설정하고, 전개를 분명하게 하고, 해결책을 제안한다. 이 해결책은 글의 주된 메시지가 된다. 왜냐하면 사람들은 항상 문제를 해결하거나 혹은 독자의 머릿속에 있는 질문에 답변하기 위해 글을 쓰기 때문이다.

도입부에 나오는 이야기는 독자에게도 좋은 이야기가 되어야 한다. 아이가 있다면 알겠지만, 아이에게 가장 듣고 싶은 이야기가 무엇인지 물으면 자신이 잘 알고 있는 이야기 중 한 가지를 말한다. 마찬가지로 독자에게 좋은 이야기를 해주려면, 그 사람이 잘 알고 있거나 혹은 충분한 정보를 얻으면 이해할 수 있다고 생각되는 이야기를 들려주어야 한다.

심리학적으로 말하면, 이 방법은 본문에서 독자와 의견을 달리할지도 모르는 내용을 전달하기 전에 공감할 만한 내용부터 말해주면서 접근하는 것이다. 독자는 공감할 수 있는 포인트부터 읽어나가면 당신의 생각에 더욱 유연하게 대처할 수 있고 이를 통해 세세한 부분에 사로잡혀 한 발자국도 앞으로 나아갈 수 없는 사태를 막을 수 있다.

상황을 기술할 때는 어디서부터 시작하는가

상황을 기술할 때는 먼저 주제에 대한 논의부터 시작해야 한다. 주제에 관해서 독자가 공감할 만한 내용, 다시 말해서 독자가 이미 알고 있거나 혹은 알고 있다고 간주할 만한 내용부터 기술한다. 만일 주제에 대한 내용부터 논의하고 싶지 않다면, 당신이 생각하는 주제가 적당하지 않거나 혹은 잘못된 부분에서 논의를 시작하고 있는 것이라 할 수 있다.

편지나 메모처럼 상대가 정해진 경우에는 매우 간단하게 상황을 기술할 수 있다. 주제를 충분히 드러내고 논란의 여지가 없는 포인트부터 기술하면 된다. 주제를 충분히 드러낸다는 것은 지금 전달하는 이야기만으로도 그 의미가 명확하게 파악되어, 자세한 설명을 덧붙일 필요가 없다는 의미다. 논란의 여지가 없다는 것은 독자가 스스로 당신이 전달하는 메시지를 이해하고 공감한다는 의미다. 그러나 불특정 다수를 대상으로 보고서나 잡지 기사, 책을 쓰는 경우 상황의 기술을 통해 독자에게 질문을 상기시키기보다는 글 속에 질문을 넣어주어야 한다. 이 경우 독자가 어느 정도 정보를 가지고 있다고 간주하고 일반적으로 받아들여지는 지식부터 기술해야 한다.

경험에 비추어볼 때《비즈니스위크》나《포천》과 같은 저명한 잡지에 게재된 정보는 독자들 사이에서 쉽게 사실로 받아들여진다고 할 수 있다. 그런 정보를 스토리 형식이나 혹은 지금까지 아무도 생각하지 못한 새로운 형식으로 잘 정리하여 제시하면 독자로 하여금 당신이 의도하는 질문을 하도록 유도할 수 있을 것이다.

상황을 기술하는 첫 문장은 독자를 특정한 장소와 시간으로 이끌어 다음 이야기를 전개할 토대를 만들어주어야 한다. 다음은 상황을 기술하는 첫 문장의 전형적인 예다.

- 전기 장비 생산업체인 에네르고인베스트는 모스타르 공장에서 생산하는 알루미늄을 체코에 수출하는 것을 검토하고 있다. (메모)
- 모든 공공 의료 서비스 기관은 끊임없이 자금 부족 문제에 시달리고 있다. 아일랜드 의료 서비스 공사 역시 예외가 아니다. (보고서)
- 고고학적으로 검증 가능한 기록에 따르면, 인류가 탄생해 250만 년 동안 남긴 유물은 매우 실용적인 식기였다. (잡지 기사)
- 다른 사람들과 마찬가지로 오늘날 비즈니스 사회에서 관리자는 자신이 만든 문화의 산물이다. (책)

이런 예문을 읽고 독자는 대부분 고개를 끄덕이면서, "그래, 맞는 말이야. 그래서 어쨌다는 거야?"라고 반응할 것이다. 이와 같은 반응은 다음의 전개 단계로 나아가는 계기가 된다.

전개란 무엇인가

도입부의 전개는 전달하고자 하는 스토리 속에서 긴장감을 유발하여 독자에게 질문을 던지도록 만드는 역할을 한다. 처음에 주제에 관해 확인된 사실을 토대로 스토리를 만들어나가면서 다음에 어떤 일이 일어났는지 말해주면, 이것이 독자의 질문으로 발전된다. 여기서 "다음에 어떤 일이 일어났는가?"는 〈도표 10〉에 제시된 네 가지 유형으

대부분의 문서는 네 가지 질문 중 하나에 답변한다

상황 (주제에 관해 확인된 사실)	전개 (그다음에 일어나서 질문을 유도한 사항)	질문
해야 할 일이 있다	그 일을 방해하는 무언가가 일어난다	어떻게 해야 하는가?
문제가 있다	해결책을 알고 있다	해결책을 실행하려면 어떻게 해야 하는가?
문제가 있다	해결책이 제시되었다	올바른 해결책인가?
행동을 취했다	그 행동이 효과가 없었다	왜 효과가 없는가?

로 분류된다.

〈도표 11〉은 〈도표 10〉에서 설명한 유형에 대한 실제 사례를 제시한 것이다. 여기에 수록된 예문은 지난 30년 동안 전 세계의 경영자들로부터 폭넓은 사랑을 받아온 헨리 스트래지Henry Strage의 경영에 관한 명언집 『성공으로 가는 경영학Milestones in Management』에서 발췌한 것이다. 예문을 읽어보면 스토리에 생명을 불어넣기 위해 갖은 노력을 기울였지만 결국에는 모든 글이 S(situation, 상황) – C(complication, 전개) – Q(question, 질문) – A(answer, 답변)의 구조를 기본으로 한다는 사실을 알 수 있다.

도표 11 도입부는 스토리 형식을 반영한다

투자 위험의 분석

경영자가 내려야 하는 판단 가운데 가장 어려운 것은 어떤 프로젝트에 투자할지를 결정하는 것이다. 여기서 어렵다는 부분은 가정에 근거하여 투자 수익을 계산하는 것이 아니라 가정 그 자체와 가정이 미치는 영향을 판단하는 데 있다.

각각의 가정에는 불확실성이 내재하며, 불확실성이 높은 경우도 많다. 이런 불확실성이 쌓이면 더욱 엄청난 불확실성이 생기게 되고, 이로 인해 실질적으로 위험한 상황이 발생할 수 있다. 그러나 지금까지 알려진 위험을 측정하는 도구와 기술은 대부분 경영자에게 도움이 되지 않는다.

경영자들에게 좀 더 현실적인 위험측정법을 가르쳐주면 예리한 투자 결정을 할 수 있을 것이다. 경영자들이 다양한 투자 수익의 수준에 따라 위험의 크기를 판단할 수 있다면, 회사의 목적에 맞는 최선의 방법을 선택할 수 있을 것이다.

데이비드 헤르츠(David B. Hertz), 《하버드비즈니스리뷰》, 1964년 1~2월과 1979년 9~10월

S: 복수의 투자 기회 가운데 선택해야 한다.
C: 불확실성의 위험을 측정하는 방법을 모른다.
Q: 투자에 따르는 위험을 측정하는 현실적인 방법이 있는가?
A: 있다.

직원들에게 어떻게 동기부여를 할 것인가?

얼마나 많은 기사, 책, 연설, 워크숍이 "직원들이 생각하고 행동하게 하려면 어떻게 해야 하는가?"를 소재로 다루고 있는가? 심리학에서 말하는 동기부여는 대단히 복잡하여 이 문제에 대해 지금까지 밝혀진 부분에 관해서도 그 신뢰성이 의심스럽다. 지식에 대한 억측이 난무하는 가운데 끊임없이 새로운 엉터리 학설이 만들어지고 있다. 게다가 그 많은 학설에는 대부분 학계의 추천까지 첨부되어 있다.

이 기사가 나온 뒤에도 의심스러운 학설이 계속 나오고 있지만 여기에 소개하는 개념은 많은 기업과 기관에서 검증된 것이므로 크게 실망스럽지 않을 것이다. 이 기사로 인해 지식의 비중이 높아졌으면 하는 바람이다.

프레데릭 허츠버그(Frederick Herzberg), 《하버드비즈니스리뷰》, 1968년 1~2월

S: 직원들이 구체적인 행동을 취하도록 만들고 싶다.
C: 심리학적으로 분석한 동기부여 방법을 강구해야 한다.

Q: 이를 위해서는 어떻게 해야 하는가?
A: 이 기사가 제시하는 방법을 적용하라.

근시안적 마케팅

주요 산업은 모두 한때 크게 성장했다. 그러나 현재 크게 성장하고 있는 산업 가운데 몇몇은 쇠퇴 위협을 받고 있다. 과거에 일시적으로 성장했던 산업도 사실상 성장이 멈춘 상태다. 어떤 경우이건 쇠퇴의 위협을 받거나, 성장이 멈춘 이유는 시장이 포화 상태이기 때문이 아니라 경영진의 경영 실패 때문이다.

테오도르 레빗(Theodore Levitt), 《하버드비즈니스리뷰》, 1960년 7~8월, 1975년 9~10월

S: 주요 산업은 성장이 멈추거나 쇠퇴 위협을 받고 있다.
C: 시장이 포화상태이기 때문에 쇠퇴 위협을 받는다고 추측되고 있다.
Q: 올바른 추측인가?
A: 아니다. 경영의 실패 때문이다.

경제적 쇠퇴로 가는 길

지난 몇 년간 미국 기업은 경쟁력의 상실과 함께 경제 전반에 걸쳐 불안감이 증대되었다. 경제학자들과 비즈니스 리더들은 석유수출국기구(OPEC)의 탐욕, 정부의 무능력한 재정 및 통화 정책 그리고 광범위한 규제로 인해 경제가 불건전해지고 자신감을 상실했다고 말한다. 그러나 우리는 그들의 주장만으로는 충분하지 않다고 생각한다.

예를 들어 그들의 주장은 미국의 생산성 증가율이 절대적으로 혹은 유럽과 일본에 비해 상대적으로 줄어드는 이유를 설명하지 못한다. 첨단 산업과 성숙기 산업에서 미국이 선도적인 위치를 빼앗긴 이유도 설명하지 못한다. 정부의 규제, 인플레이션, 통화 정책, 세법, 노동 비용, 노동력 착취, 자본 부족의 우려, 석유 가격의 폭등 등이 미국 기업을 위협하고 있지만 이런 현상은 미국뿐만 아니라 해외 경제에서도 마찬가지로 발생하고 있다.

예를 들어 독일의 경영자는 이런 이유를 납득하지 못할 것이다. 독일은 자국에서 사용하는 석유의 95퍼센트를 수입하고(미국은 50퍼센트를 수입한다), 정부 지출은 국내 총생산(GDP)의 37퍼센트를 차지한다(미국은 30퍼센트다). 경영에 관한 중요한 의사 결정을 내릴 때는 근로자들도 참여한다. 그러나 독일의 실질적인 생산성 증가율은 1970년 이후로 계속해서 상승했으며, 최근에는 미국의 4배에 이르고 있다. 프랑스도 미국과 마찬가지로 상황이 좋지 않지만, 최근의 철강과 섬유 제품의 위기에도 불

구하고 제조업 분야의 생산성 증가율은 미국보다 3배 이상 높다. 현대 산업 국가 가운데 미국과 같은 문제를 겪지 않은 나라는 없다. 그렇다면 왜 미국 기업만 경쟁력을 잃은 것일까?

로버트 헤이즈(Robert Hayes), 윌리엄 애버내시(William Abernathy),

《하버드비즈니스리뷰》, 1980년 7~8월

S: 미국 기업은 뚜렷하게 쇠퇴했다.
C: 프랑스와 독일도 동일한 문제에 직면해 있지만 미국이 가장 심각하다.
Q: 그 이유는 무엇인가?
A: 경영자들이 장기적인 기술 경쟁력 향상에 집중하지 않기 때문이다.

왜 상황 – 전개 – 해결의 순서가 되는가

도입부는 반드시 '상황 – 전개 – 해결'의 순서로 배열되어야 한다. 메시지의 배열 순서는 글의 어조에 따라 바뀔 수 있다. 다음은 동일한 내용을 네 가지 순서로 배열한 것인데 배열하는 순서에 따라 어조가 어떻게 달라지는지 살펴보자.

기본 구조

상황: 사업 다각화와 관련된 컨설팅 업무는 지난 5년 동안 40퍼센트 증가했다.

전개: 우리의 컨설팅 활동으로 인해 고객의 이익이 증가했다는 사실을 입증할 수 없다.

질문: 사업 다각화 컨설팅이 고객에게 이익을 안겨준다는 점을 어떻게 입증할 것인가?

답변: 문제를 해결하기 위해 회사 개발 프로젝트를 추진한다.

표준형: 상황-전개-해결

최근 몇 년간 우리 회사는 사업 다각화 컨설팅을 한 대가로 10여 명의 우량 고객들로부터 많은 수익을 거뒀다. 그러나 이곳 런던 사무실에서는 아직까지 대규모 기업 인수, 합병 안건에 대해 우리 회사가 주도적인 역할을 한 예가 단 한 건도 없는 실정이다. 사업 다각화와 관련된 컨설팅 업무가 지난 5년 동안 40퍼센트의 신장률을 나타내고 있는 지금이야말로 회사 개발 프로젝트를 추진하여, 사업 다각화 컨설팅이 고객들에게 막대한 이익을 가져다줄 것이라는 사실을 설득시킬 구체적인 방법을 마련해야 할 때다.

본 문서는 프로젝트를 실행하는 동안 검토해야 할 과제와 테스트해야 할 가설의 개요를 정리해놓은 것이다.

직접형: 해결-상황-전개

회사 개발 프로젝트를 추진할 때 가장 염두에 두어야 할 사항은 고객의 사업 다각화를 지원하는 우리의 컨설팅 능력을 향상하는 것이다. 이곳 런던 사무실만 봐도 지난 5년 동안 인수, 합병 대상 기업을 선정하는 업무가 40퍼센트 이상 늘어났다. 그러나 우리의 노력이 없었다면 이뤄지지 않았을 법한 인수, 합병 사례는 단 한 건도 찾아볼 수 없다.

개념형: 전개-상황-해결

내가 알기로는 런던 사무실에서 우리의 조언이 고객에게 도움이 되었다고 말할 수 있는 대형 사업 다각화와 관련된 컨설팅은 단 한 건도 없다. 지난 5년 동안 이 분야에서 우리의 업무가 40퍼센트 성장했다는 점에 비추어보면 정말 놀라운 일이다. 고객에게 이익을 가져다주지 못하면서 계속해서 높은 컨설팅 비용을 청구하는 것은 도리에 어긋나는 행위로 우리의 명성을 유지하는 데도 도움이 되지 않는다. 따라서 사업 다각화 컨설팅을 고객에게 높은 이익을 가져다주는 주된 분야로 육성하기 위한 회사 개발 프로젝트를 추진할 것을 제안한다.

적극형: 질문 - 상황 - 전개

사업 다각화와 관련된 컨설팅을 우리의 핵심 업무로 유지하려면 어떻게 해야 하는가? 사업 다각화 컨설팅 업무는 현재 사업부 수입의 40퍼센트를 차지하고 있지만, 우리가 주도적인 역할을 했다고 말할 수 있는 경우는 거의 없다. 우리 업무의 부가가치를 높일 수 있는 구체적인 수단을 강구하지 않으면 이 분야에서 힘을 잃게 될 우려가 높다.

이런 관점에서 볼 때 조속히 회사 개발 프로젝트를 추진해야 한다. 이를 통해 이 분야에서 우리의 능력을 향상하기 위한 구체적인 작업을 시작하고, 고객에게 높은 이익을 제공할 수 있는 체제를 구축해야 한다.

핵심 단계란 무엇인가

피라미드의 핵심 단계는 핵심 포인트에서 발생한 새로운 질문에 답변하고 글의 내용을 명확하게 해주는 역할을 한다. 그러므로 길이가 긴 글은 〈도표 12〉처럼 핵심 단계 포인트를 페이지의 중간에 기재한

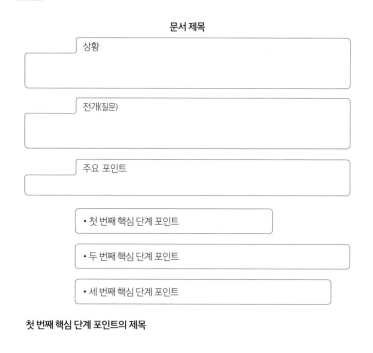

도표 12 처음에 핵심 단계의 포인트를 배열한다

문서 제목

상황

전개(질문)

주요 포인트

• 첫 번째 핵심 단계 포인트

• 두 번째 핵심 단계 포인트

• 세 번째 핵심 단계 포인트

첫 번째 핵심 단계 포인트의 제목

다음, 첫 번째 포인트를 나타내는 제목을 붙이고 글을 써나가는 것이 좋다(10장 참조).

이처럼 핵심 단계 포인트를 배열하면, 독자는 글을 읽기 시작한 지 30초 만에 당신이 말하고자 하는 생각의 전체 개요를 이해할 수 있다. 그다음에 나오는 내용은 모두 핵심 단계 포인트를 설명하거나 뒷받침하는 역할을 한다. 따라서 이 단계에서 독자는 계속해서 읽어 내려가야 하는지 혹은 당신이 제시하는 결론을 받아들일 준비를 해야 하는지 판단할 수 있다. 어떤 경우든 독자는 앞으로 어떤 내용이 나올 것인지 예측할 수 있으므로 즐겁게 글을 읽을 수 있다.

각 장이 한두 개의 단락만으로 구성된 짧은 글에서는 핵심 단계 포인트를 배열한 후에 핵심 단계 포인트와 동일하게 제목을 붙여서는 안 된다. 그런 경우 핵심 단계 포인트를 단락의 핵심 문장으로 사용하고 밑줄을 그어서 눈에 잘 띄게 해주는 것이 좋다.

핵심 단계 포인트에서는 메시지가 드러나야 한다. 예를 들어 다음의 도입부에서는 메시지가 전혀 드러나지 않는다.

이 문서는 수익 향상의 가능성과 실현 방법론에 관한 프로젝트팀의 접근법을 다루고 있으며, 다음과 같은 여섯 개의 장으로 구성되어 있다.

- 배경
- 프로젝트팀의 접근 원칙
- 프로젝트의 대상
- 프로젝트의 구성
- 프로젝트의 혜택과 구체적인 결과
- 프로젝트 성공을 위한 필요 조건

이 문서는 아무런 의미 없는 포인트만 나열하고 있을 뿐이며, 독자에게 문서의 메시지가 전혀 전달되지 않고 있다. 진지하게 생각하고 싶지 않은 단어들만 열거해 독자가 시간을 낭비하게 하고 이해를 지연시킨다.

'배경'이나 '도입'을 별도의 장으로 분리해서는 안 된다. 왜냐하면 배경에서 말하고자 하는 포인트는 다음에 나올 장의 포인트와 차원이 다르기 때문이다. 단순히 항목의 주제만 나열하는 것도 피해야 한다. 항목 뒤에 숨어 있는 진짜 메시지에 대한 명확한 논리적 근거를 제시하지 못할 수 있기 때문이다.

위의 예를 살펴보면 각 장의 포인트가 뒤섞여 있다는 점을 알 수 있다. 예를 들어 '프로젝트의 혜택과 구체적인 결과'는 '프로젝트팀의 접근 원칙'에서 논의되어야 하고, '프로젝트 성공을 위한 필요 조건'은 '프로젝트의 구성'에 포함되어야 한다. 범주가 아니라 메시지에 관해 써야 한다.

도입부의 길이

도입부의 길이는 어느 정도여야 할까? 질문을 바꿔 사람의 다리는 얼마나 길어야 하는가? 땅에 닿을 정도면 된다. 마찬가지로 도입부는 독자를 당신의 생각으로 인도하기 전에 그가 당신과 같은 장소에 서 있다는 점을 확신시켜줄 만큼만 길면 된다.

일반적으로 도입부의 길이는 〈도표 12〉에서 제시한 것처럼 두세 단락 정도가 적당하다. 상황 설명과 전개는 각각 세 단락 내지 네 단락까지 괜찮지만 그 이상이어서는 안 된다. 독자가 이미 알고 있는 내용을 상기시키기 위해 세 단락 이상 기술할 필요는 없다. 도입부에 그림을 넣어 설명하는 것은 분명한 내용을 장황하게 풀어 쓰는 것과 마찬가지다.

반면에 도입부를 "1월 15일 보낸 메일에서 당신은 조판 과정의 고비용에 대해 문제를 제기했습니다"처럼 한 문장으로 짧게 표현하는 것은 괜찮다. 통상적인 왕래로 인해 독자와 가깝게 지낼수록 도입부의 길이는 짧아지지만, 독자에게 질문을 상기시킬 만큼의 길이는 되어야 한다.

따라서 도입부의 길이는 그다음에 제시되는 문장의 길이와 밀접한 관련이 있다고 할 수 없다. 오히려 도입부의 길이는 독자의 요구와 관련이 있다. 독자가 글의 핵심 포인트에서 무엇이 중요한지 충분히 이해하고, 당신이 전달하고자 하는 내용에 관심을 갖게 하려면 무엇을 알려주어야 하는지를 생각해야 하는 것이다.

좋은 도입부를 쓰는 것은 생각만큼 쉽지 않다. 다른 어떤 부분보다 도입부를 제대로 쓰지 못하는 경우가 많다. 그러나 예문을 많이 읽어보면 어떤 도입부가 좋은지 감을 잡을 수 있는 것처럼, 글을 쓸 때도 감을 잡을 수 있을 때까지 계속해서 연습해야 한다.

편지의 예

제임스 스터바는 그의 논문 「일본 비즈니스맨: 엔은 칼보다 강하다 *Japanese businessmen: The yen is mightier than the sword* 」에서 "소니는 트랜지스터의 상업화에 주도적인 역할을 하여 높은 평판을 얻은 반면에, 정작 트랜지스터를 개발한 벨연구소는 미 국방부에 판매하는 것 이외에는 아무것도 얻지 못했다"라고 말했다.

스터바의 말은 사실이 아니며 객관적인 예로서도 적당하지 않다. 벨연구소는 트랜지스터를 발명하기 전에 이미 어떻게 활용할지 확실하게 알고 있었다.

신문 사설의 예

닉슨 정부가 TV 방송사들을 중상모략하자 TV 방송사들도 중상모략으로 반격했다. 그 결과 중립적인 입장에 있는 사람들은 이 나라의 자유가 위협받고 있다고 생각했다. 사실 문제는 우리가 TV 매체를 통해 어떤 사회를 만들고자 하는가에 있다. 즉 정부의 간섭을 받지 않는 자유방임적인 사회를 원하느냐, 아니면 엘리트주의를 받아들인 관리형 사회를 원하느냐의 문제다.

잡지 기사의 예

브랜드 매니저는 많은 일류 기업들의 성공 원동력이 되고 있다. 실제로 이름이 널리 알려진 브랜드를 살펴보면, 오늘날과 같은 치열한 경쟁 사회에서 시장의 리더로서 수익성이 높은 제품을 육성하는 데 가장 큰 공헌을 한 것은 브랜드 매니저 제도임을 알 수 있다. 다양한 제품을 생산하는 대기업에서 브랜드 매니저는 자신의 브랜드를 최고로 육성하기 위해 최선을 다한다. 이런 자세는 하나의 브랜드에 의존하여 성장하는 중소기업의 최고경영자의 그것과 흡사하다.

따라서 75퍼센트의 기업이 브랜드 매니저 제도를 채택하고 있다는 최근의 조사 결과는 그다지 놀랄 만한 것이 아니다. 정말로 놀랄 만한 일은 이런 조사 결과에도 불구하고, 최근 들어 브랜드 매니저와 브랜드 매니저 제도에 대한 불만이 급증하고 있다는 사실이다.

이런 불만의 증가는 브랜드 매니저라는 개념이 쓸모없음을 의미하는 것일까? 분명 그렇지 않다. 최근의 많은 성공 사례를 보더라도, 브랜드 매니저 제도는 건전한 개념으로 활용되어 본받을 만하고 많은 면에서 없어서는 안 되는 제도임이 증명되었다. 하나의 브랜드에 대한 모든 책임을 지는 경영자적 시각에서 브랜드를 운영한다는 개념 자체가 매우 건전하기 때문에 실제 활용의 폭이 넓은 것이다. 브랜드 매니저 제도가 제대로 운영되지 않는다면 그 이유는 한 가지다. 경영자가 건전한 경영 수단이라는 이 제도의 특성을 이해하지 못해 제대로 활용하지 않았기 때문이다.

사내 메모의 예

알다시피 업무 관리 부서에서는 운영 매뉴얼을 작성하여 매뉴얼대로 실제 업무가 이루어지고 있는지 점검한다. 운영 과정이 일부 변경되거나 새로운 과정이 도입되면 반드시 매뉴얼을 갱신한다. 가장 최신의 운영 과정이 매뉴얼에 정확하게 반영되려면, 과정을 변경할 때마다 다음의 접근법에 따라 매뉴얼을 갱신해야 한다.

보고서의 예

콘티넨털라이프는 오랫동안 생명보험업계의 리더로 인정받고 있다. 자산 규모 5위인 이 회사는 치열한 경쟁 속에서도 과거 10년간 동종 업계에서 다른 회사에 비해 월등히 높은 이익을 올리면서 지속적으로 성장하고 있다. 그런데 시장 환경이 급격하게 변화함에 따라 지금까지 이 회사가 누려왔던 지위가 막대한 타격을 입게 되었다. 고객의 관심이 단체 보험에서 일반적인 개인 보험으로 이동함에 따라 보험금 지급 방법도 이에 맞게 바뀌고 있어서, 치열한 경쟁이 광범위한 분야로 확대되고 있다.

경영진은 현재의 현장 영업 조직이 만성적인 운영상의 문제로 어려움을 겪고 있으며, 이에 대한 개선이 시급하다는 점을 명확하게 인식하고 있다. 본사의 조직 관리상의 문제가 현장의 문제 해결을 방해하는 요인이 되는 것도 충분히 이해하고 있다. 즉 본사의 조직 구조와 관리 절차를 강화하지 않으면 현장의 문제는 아무것도 해결되지 않는다는 사실을 분명하게 이해하고 있다. 이 보고서는 이런 문제를 해결하기 위한 구체적인 방법을 제안한다.

책의 예

2세기의 로마제국은 지구상에서 가장 광대한 대륙을 차지하고 인류 역사에서 가장 발달된 문명을 자랑한 시기로 알려져 있다. 광대한 제국의 영토는 오래전부터 전해 내려온 정신과 규율의 보호를 받았다. 관대하면서도 강력한 로마제국의 법률과 풍습은 점차 지방세력의 연대를 강화했다. 주민들은 부와 사치를 즐겼으며, 자유분방한 로마제국의 정치체제는 제국의 위엄에 의해 유지되었다. 국가의 주권은 로마제국의 원로원이 가졌고, 정부의 모든 행정권은 역대 황제들에게 위임했다.

이렇듯 평화로운 시대는 네르바, 트라야누스, 하드리아누스, 안토니누스, 아우렐리우스의 다섯 황제의 덕과 능력에 의해 80년 이상 계속되었다. 이 책에서는 먼저 두 개의 장에 걸쳐서 로마제국이 번성한 요인을 살펴보고, 아우렐리우스의 죽음 이후부터 지금까지 전 세계인에게 감동을 불러일으키는, 영원히 잊히지 않는 로마제국의 쇠퇴와 멸망의 역사를 자세하게 살펴보겠다.

출판 기획의 예

주간 시평

프랑스 상황

모든 면에서 신문기자 및 비열한 정치가의 실수와
편견에서 벗어나다

1704년 2월 19일 토요일

본지는 대단히 유익한 의도를 가지고 창간되었다. 독
자들의 격려 속에 유럽 각국의 사정을 명쾌한 시각으
로 전달하고, 여러 가지 불확실한 설명을 배제하고 길
거리 삼류 문인의 하찮은 생각까지 담을 것이다.
삼류 문인들은 위대한 승리와 기적적인 승리담 그리
고 여러 가지 이야기를 통해 항상 우리를 즐겁게 해준
다. 사람들이 사물에 대한 잘못된 인식과 달콤한 속임
수에 빠져 난센스와 모순을 믿는 불합리한 상황에 대
해 다양한 이야기를 해줌으로써 매일 사람들을 즐겁
게 해줄 것이다.

핵심 단계에도 도입부가 필요한가

본문의 도입부와 마찬가지로 핵심 단계 포인트에도 도입부가 필
요하다. 핵심 단계의 도입부는 본문의 도입부에 비해 짧은 '상황 – 전
개 – 질문' 프로세스를 거친다. 스토리 형식으로 구성하여 독자에게
당신과 동일한 장소에 있다는 확신을 심어주고, 핵심 단계 포인트에
대해 독자에게 질문을 유도한다. 예를 들어 '1990년대의 경영 기법'
이라는 주제로 쓴 다음 글의 구조를 살펴보자(〈도표 13〉 참조).

S: 전사적품질경영(TQM)은 1980년대에 새로운 경영기법
으로 많은 기업으로부터 큰 인기를 끌었다. TQM은 제
품과 서비스의 비용을 줄이고 품질을 향상해, 경쟁우위
를 확보하고 이윤을 높이기 위해 도입되었다.

C: 많은 대기업은 어떤 형태로든 TQM을 도입했지만 기대
했던 것만큼 성과를 거두지 못했다. 그러나 업계 리더들
은 아직까지도 시장점유율을 유지하거나 증가시켜서
높은 수익을 올리고 있다.

Q: 왜 그럴까? 업계 리더들은 무엇을 잘하고 있는가?

> 업계 리더들은 TQM 기법에 벤치마킹과
> 활동기준원가계산(ABC) 기법을 혼합해
> 서 적용하고 있다

> 벤치마킹 기법을 적용
> 해 제품과 서비스 제공
> 프로세스의 효율성을
> 측정하고 있다

> ABC 기법을 적용해 제
> 품과 서비스별로 실제
> 소요된 비용을 산출하
> 고 있다

> 가장 효과적으로 사업
> 을 차별화할 수 있는 프
> 로세스에 TQM 기법을
> 집중적으로 적용하고
> 있다

원래 도입부는 다음과 같은 형식으로 구성되어 있다.

상황: 도구 X를 사용하면 Y라는 이점이 있다고 말한다.

전개: 모두 도구 X를 사용하고 있지만 다른 회사에서만 Y라는 이점을
얻고 있다.

질문: 왜 다른 회사는 Y라는 이점을 얻는가?

답변: X와 함께 A와 B를 사용하고 있기 때문이다.

답변은 "그런 도구들(X, A, B)을 사용하면 어떻게 Y(경쟁우위, 고수익)를 얻을 수 있는가?"라는 새로운 질문을 직접 유도하고 있다. 이 질문에 대해서는 핵심 단계 포인트에서 다음과 같이 답변한다.

업계 리더들은

- 벤치마킹을 통해 제품과 서비스 제공 프로세스의 효율성을 측정하고 있다.
- ABC 기법을 적용해 제품과 서비스별로 실제 소요된 비용을 산출하고 있다.
- TQM 기법을 가장 효과적으로 사업을 차별화할 수 있는 프로세스에 집중적으로 적용하고 있다.

이를 통해 핵심 단계 포인트와 관련 "그것은 실제로 어떻게 실행되고 있는가?"라는 새로운 질문이 생긴다. 이 질문에 대해서는 '조치'라는 하위 단계의 포인트에서 답변한다. 이때 핵심 단계 포인트를 기술하고 단순히 이에 대한 답변을 나열하는 방식을 사용해서는 안 된다. 핵심 단계 포인트의 본질을 나타내는 제목을 붙여서 논리 전개의 시작을 명확하게 밝힌 다음 포인트의 내용을 소개해야 한다. 따라서 다음은 그다지 좋은 답변이라고 말할 수 없다.

벤치마킹

업계 리더들은 벤치마킹을 통해 제품과 서비스 제공 프로세스의 효율성을 측정하고 있다. 구체적으로

- 주요 프로세스의 효율성을 측정한다.
- 프로세스 실행 상황을 경쟁사와 비교한다.
- 차이가 나는 이유를 파악한다.

위의 예에서는 먼저 내용이 드러나도록 제목을 바꿔야 한다. 본문으로 들어가기 전에 주제(벤치마킹)를 다시 한번 언급해 독자에게 질문을 유도하고, 마지막에 가서 질문에 답변해주는 형태를 고려해본다. 예를 들면 다음과 같다.

프로세스 효율화를 위한 벤치마킹

상황: TQM 기법을 도입하여 대출 심사 과정을 이틀에서 두 시간으로 단축했다고 한다.

전개: 이처럼 시간이 대폭 단축되었다는 것은 충분한 경쟁우위를 확보했다는 뜻이다.

질문: 확실한 경쟁우위를 확보하고 있는가?

답변: 경쟁사와 비교해보기 전까지는 알 수 없다.

다른 핵심 단계 포인트의 도입부도 이와 같은 유형을 따른다.

실제 비용의 결정

상황: 벤치마킹을 통해 자사의 프로세스가 최고가 되었으며 경쟁사들이 자사를 벤치마킹하게 되었다.

전개: 제품과 서비스를 제공하고 얻은 수입이 실제로 소요된 비용보

다 많다면 충분히 자랑할 만하다.

질문: 이 프로세스를 실시할 만한 가치가 있는가는 어떻게 결정할 것인가?

답변: 기능보다는 실제 활동을 기준으로 비용을 파악하여 분석한다(활동기준원가계산).

TQM 기법의 적용

상황: 벤치마킹을 통해 자사의 프로세스를 측정하고, ABC 회계기법을 도입했다. 경쟁사에 비해 자사 프로세스의 약점이 무엇인지 파악하고, 어떤 제품과 서비스로 인해 비용이 많이 소요되거나 고수익이 창출되는지도 알았다.

전개: 프로세스의 개선을 시작해야 할 시기다.

질문: 이 분야에 TQM 기법을 적용해야 하는가?

답변: 그렇다. TQM 기법을 현재 시점에서 가장 큰 효과를 얻을 수 있는 프로세스에 집중적으로 적용해야 한다.

처음에 제시한 예와 다른 점은 읽어 내려가는 동안 독자의 생각이 어디에 미치고 있는지 염두에 두고 있다는 것이다. 본문의 도입부에서는 글의 주제(현대 경영 기술)에 대해 독자가 이미 알고 있는 내용을 상기시켜준다. 첫 번째 핵심 단계 포인트에서는 이번 핵심 단계 포인트의 주제가 전체 포인트와 어떤 관계가 있는지 상기시켜준다. 그 외의 핵심 단계 포인트에서는 각 핵심 단계 포인트가 설명하는 주제가 앞의 포인트에서 논의한 주제와 어떻게 관련되어 있는지 설명해준다.

즉 바로 앞에서 무엇을 전달했는지 확인하여 다음 단계에서 전달해야할 내용을 명확하게 밝힌다. 그런 다음 독자의 질문을 기다렸다가 답변한다.

도입부를 잘 쓰는 요령을 정리하면 세 가지다. 첫째, 도입부는 정보를 전달하기보다는 상기시켜야 한다. 도입부에는 내용의 타당성을 설득하는 내용이 포함되어서는 안 된다. 그림이나 표는 금물이다. 둘째, 도입부에는 항상 스토리의 세 가지 요소가 포함되어야 한다. 스토리의 세 가지 요소는 '상황 – 전개 – 해결'이다. 긴 문서일 경우 앞으로 어떤 내용이 나오는지 간략하게 소개하는 것도 좋다. 스토리의 세 가지 요소를 순서대로 배치할 필요는 없지만 반드시 포함되어야 하고 스토리 형식으로 전개되어야 한다. 마지막으로 도입부의 길이는 독자의 요구와 문서의 주제에 따라 다르다. 도입부에는 독자의 이해를 돕는 데 필요한 여러 가지 내용을 포함할 수 있다. 예를 들어 문제의 유래와 배경, 당신이 관여한 상황, 지금까지 진행된 조사 결과, 용어 정의, 동의 표명 등이 들어갈 수 있다. 이런 내용은 모두 스토리 형식으로 전개되어야 한다.

지금까지 살펴본 예문을 통해 독자의 첫 번째 질문은 글 전체의 중심축 역할을 하며, 글 속에 단 하나만 존재한다는 사실을 알 수 있다. 만일 독자의 질문이 두 개라면 두 개의 질문은 반드시 서로 관련해야 한다. 예를 들어 "우리는 이 시장에 진출해야 하는가? 만일 진출해야 한다면 어떻게 해야 하는가?"라는 질문은 "어떻게 하면 이 시장에 진출할 수 있는가?"와 같다. 물론 첫 번째 질문에 대한 답변이 부정이라면 "만일 진출해야 한다면 어떻게 해야 하는가?"라는 질문은 생기지 않는다. 만일 첫 번째 질문에 대한 답변이 긍정이라면 그 질문을 피라미드의 정상에 배치하고, 다음 질문은 핵심 단계에서 답변한다.

때로 도입부를 통해 생각해봐도 쉽게 질문을 결정할 수 없는 경우도 있다. 이런 경우 먼저 본문에서 다루고자 하는 소재를 살펴보고 독자에게 전달하고자 하는 포인트가 있는지 확인한다. 만일 독자에게 전달하고자 하는 포인트가 있다면 독자가 그것을 알아야 한다고 생각하기 때문이다. 왜 독자가 그것을 알아야 하는가? 그 포인트가 질문에 답해준다고 생각하기 때문이다. 왜 그 질문이 제기된 것인가? 독자가 처한 상황 때문이다. 이런 방법으로 역으로 추적해보면 자신이 설정한 질문이 적절한가에 대한 논리적 근거를 확인하고 설득력 있는 도입부를 만들 수 있다.

▲
일반 문서의 도입부 유형
▼

경험이 쌓여 도입부부터 다양한 문서의 작성까지 종합적으로 생각할 수 있게 되면, 독자의 질문에는 몇 가지 유형이 있다는 사실을 알 수 있다. 결론부터 말하자면, 일반적으로 문서는 다음의 네 가지 질문 중 하나에 답변한다.

- 우리는 무엇을 해야 하는가?
- 우리는 그것을 어떻게 해야 하는가? (혹은 어떻게 할 것인가? 혹은 어떻

게 했는가?)

- 우리는 그것을 해야 하는가?
- 왜 그런 일이 일어났는가?

실제 글은 대부분 "무엇을 해야 하는가?"에 대해 쓴다. "왜 그런 일이 일어났는가?"에 대해 설명하는 글은 분석의 초기 단계에서 파악한 내용을 보고하는 경우를 제외하고는 거의 없다. 가장 일반적인 도입부의 유형이 어떤 것인지는 업종과 직종에 따라 다를 것이다. 따라서 여기서는 비즈니스 세계에서 가장 자주 사용되는 도입부의 네 가지 유형을 살펴보도록 하겠다.

- 지시하기(무엇을 해야 하는가? 혹은 어떻게 해야 하는가?)
- 지출 승인 요구하기(그것을 해야 하는가?)
- 해결책 설명하기(어떻게 해야 하는가?)
- 대안 결정하기(무엇을 해야 하는가?)

지시하기

전 세계적으로 가장 일반적인 비즈니스 문서의 유형은 누군가에게 무엇을 하도록 요청하거나 명령하는 '지시' 내용이 담긴 문서일 것이다. 이런 종류의 문서는 도입부에서 독자에게 질문을 유도하기보다는 그들의 머릿속에 질문을 심어주어야 한다. 예를 들어 현장 판매원을 대상으로 판매 체인점의 새로운 진열대 관리법에 대한 교육을 한다고 하자. 효율적으로 교육을 하기 위해서는 지역별로 문제가 되는 판매 체인점에 대한 정보가 필요하다. 이런 경우에는 도입부를 다음과 같이 구성할 수 있다.

상황: 현장 판매원을 대상으로 새로운 진열대 관리법을 가르치고자 한다.

전개: 지역별로 문제 체인점에 대한 정보가 필요하다.

질문: (문제 체인점에 대한 정보를 어떻게 구할 것인가?)

이것을 좀 더 단순하게 표현하면 다음과 같다.

상황: 우리는 X를 하고 싶다.

전개: 당신이 Y를 해주면 좋겠다.

질문: (Y를 어떻게 할 것인가?)

이 경우 질문은 자세히 설명하지 않고 암시적으로 나타내는 것이 좋다. 그렇지만 당신 자신을 위해 글을 쓰기 전에 질문을 자세히 설명해둘 필요가 있다. 그렇지 않으면 질문이 무엇인지 확실하게 파악할 수 없다.

〈도표 14〉에서 질문은 "어떻게 할 것인가?"가 된다. 이런 경우 항상 '행동 조치'에 관한 내용이 답변이 된다. 〈도표 14〉에서는 전개와 답변이 서로 순서가 바뀌었다는 점에 주의해야 한다. 답변은 행동 조치를 실행한 결과이므로 이것이 곧 문제 해결을 의미하기 때문이다.

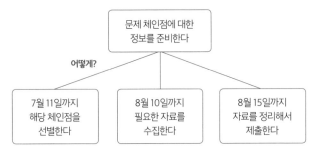

도표 14 지시 문서의 도입부는 독자의 머릿속에 질문을 심어준다

S: 진열대 관리법을 가르치고자 한다.

C: 지역별로 문제 체인점에 대한 정보가 필요하다.

Q: 문제 체인점에 대한 정보를 어떻게 구할 것인가?

문제 체인점에 대한 정보를 준비한다

어떻게?

7월 11일까지 해당 체인점을 선별한다

8월 10일까지 필요한 자료를 수집한다

8월 15일까지 자료를 정리해서 제출한다

또 다른 예를 들어보자. 당신이 지금 업무 매뉴얼을 가지고 있다고 가정하자. 사내의 몇몇 사람들이 매뉴얼의 내용을 보강하거나 수정했는데, 당신은 전 직원이 이 작업에 동참해주기를 바란다.

상황: 우리는 회사에 피해를 주지 않기 위해 반드시 지켜야 하는 행동 규칙이 수록된 매뉴얼을 가지고 있다. 이 매뉴얼은 정기적으로 갱신되어야 한다.

전개: 매뉴얼의 통일성을 유지하기 위해서는 동일한 절차에 따라 갱신해야 한다.

질문: (그 절차는 무엇인가?)

여기서도 질문은 구체적으로 명시되지 않고 암시적이다. 이를 단순하게 표현하면 다음과 같다.

상황: 우리는 X를 한다.

전개: Y 방식으로 해야 한다.

질문: (Y 방식이란 무엇인가?)

지출 승인 요구하기

비즈니스 세계에서 가장 일반적으로 통용되는 또 다른 문서의 유형은 지출 승인을 요구하는 것이다. 이런 종류의 문서에서는 항상 "이 요구를 승인해야 하는가?"가 질문이 되며, 질문은 역시 명시되지 않고 암시되는 경우가 많다.

지출 승인을 요구하는 순서는 대체로 다음과 같다.

상황: 우리에게 문제가 생겼다.

전개: 우리는 해결책을 가지고 있지만, 거기에는 ○○달러가 소요된다.

질문: (나는 이 요구를 승인해야 하는가?)

여기에 살을 붙이면 다음과 같다.

상황: 알다시피 지난 4년 동안 우리 부서의 업무량은 매년 20퍼센트씩 증가했다. 그런데도 본사의 방침에 따라 부서의 인원은 14명으로

유지되었다. 이로 인해 초과 근무와 주말 근무를 계속했는데도 잔업이 늘어나고 있다.

전개: 현재 손도 안 댄 잔업의 양이 22주 분량에 달하며 현장에서 감당할 수 있는 수준을 넘어섰다. 더 이상 영업 시간을 늘릴 방법이 없다. 조사 결과에 따르면, △△ 컴퓨터를 설치하면 잔업이 줄어들고 초과 근무를 하지 않아도 되는 것으로 나타났다. 이 컴퓨터를 도입하려면 ○○달러가 소요된다.

질문: (나는 이 요구를 승인해야 하는가?)

답변: 당신은 이 요구를 신속하게 승인해야 한다.

일반적으로 승인을 요청할 때는 서너 가지의 기본 이유를 든다.

당신은 이 요구를 승인해야 한다. 그 이유는 다음과 같다.

- 문제를 해결할 시간이 많지 않다.
- 이번 조치로 문제가 해결된다. (혹은 다른 선택의 여지가 있다고 해도 이번 조치가 문제 해결을 위한 최선의 방법이다.)
- 필요한 지출은 비용 절감 효과를 통해 충분히 상쇄된다.
- 이외에도 여러 가지 부수적인 효과를 얻을 수 있다.

첫 번째 포인트에서 문제의 상황을 설명하고, 두 번째 포인트에서 해결책을 설명하고, 세 번째 포인트에서 재무 분석을 덧붙인다. 마지막으로 네 번째 포인트에서는 "새로운 서비스 기회가 생길 것이다"와 같은 말을 한다. 이때 항상 사실에 근거해서 말할 필요는 없다. 다시 말해 주된 목적은 아니지만 부수적으로 이런 효과도 얻을 수 있다고 지적하는 것이 좋다.

위의 예는 다음과 같은 피라미드 형태로 구성할 수 있다.

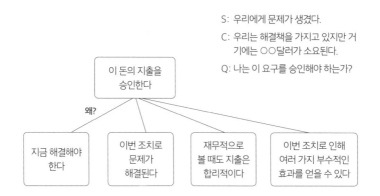

해결책 설명하기

이 방법은 특히 컨설팅 분야에서 자주 사용되며, 문제가 발생한 사람에게 해결책을 알려주기 위해 사용하는 문서의 유형이다. 해결책이 포함된 문서의 핵심 단계는 다음과 같이 '행동 단계'로 구성된다.

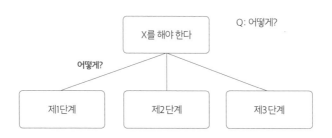

그러나 독자가 한 번도 해본 적이 없는 일을 어떻게 하는지 말해주려는 것인가 혹은 이미 하고 있는 일을 제대로 하는 방법을 말해주려는 것인가에 따라 도입부의 구성은 달라진다. 2장에서 나왔던 이사회의 역할을 다룬 문서는 첫 번째 유형에 해당된다.

상황: X를 실행해야 한다.
전개: 이를 위한 시스템이 구축되지 않았다.
질문: 그 시스템을 어떻게 구축해야 하는가?

이와 대조적인 예를 들어보자. 회사의 시장 예측 시스템에 문제가 발생했는데, 시스템이 제대로 작동할 수 있도록 개선하는 방법을 알려달라는 요청을 받았다고 하자.

상황: 현재 시스템은 X이다.
전개: 시스템이 제대로 작동하지 않는다.
질문: 시스템이 제대로 작동하려면 어떻게 해야 하는가?

이 문제에 대한 해결책은 현재 진행되고 있는 프로세스와 자신이 생각하는 이상적인 프로세스를 그림으로 그려보는 것이다(〈도표 15〉 참조). 첫 번째 그림과 두 번째 그림의 차이가 핵심 단계에서 제시해야 할 조치다.

문서를 작성하기 전에 먼저 두 가지 프로세스를 눈으로 확인할 수 있도록 메모해두거나 그림으로 그려놓은 것이 중요하다. 자신은 경험

프로세스의 차이는 핵심 단계 포인트에서 보여준다

현재 프로세스

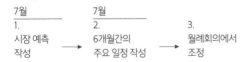

7월
1.
시장 예측
작성
→
7월
2.
6개월간의
주요 일정 작성
→
3.
월례회의에서
조정

제안 프로세스

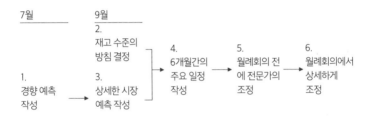

7월
1.
경향 예측
작성
→
9월
2.
재고 수준의
방침 결정
3.
상세한 시장
예측 작성
→
4.
6개월간의
주요 일정
작성
→
5.
월례회의 전
에 전문가의
조정
→
6.
월례회의에서
상세하게
조정

제안 피라미드

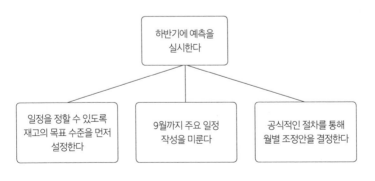

하반기에 예측을
실시한다

일정을 정할 수 있도록
재고의 목표 수준을 먼저
설정한다

9월까지 주요 일정
작성을 미룬다

공식적인 절차를 통해
월별 조정안을 결정한다

이 풍부해서 두 가지 프로세스를 정확하게 파악하고 있다고 생각할지도 모른다. 그러나 두 가지 프로세스를 직접 비교해보지 않으면 중요한 사항을 간과할 수 있다.

나는 컨설팅 분야에서 불완전한 사고를 하는 경우를 너무 많이 봤지만, 이 점을 특히 강조하고자 한다. 실제로 3장에서 나온 빅치프의 예에서도 같은 내용을 말한 바 있다.

대안 결정하기

대개 상사들은 부하직원에게 문제를 분석해서 해결책을 찾아보라고 지시하면서 대안도 몇 가지 제시하라고 말한다. 8장에서 자세히 설명하겠지만, 엄밀히 말하면 문제를 정확하게 파악했다면 해결을 위한 대안은 없다. 최종적으로 제안할 수 있는 것은 문제를 해결하는가, 해결하지 못하는가밖에 없으므로 대안은 존재하지 않는다.

상사가 한 말의 본래 의미는 문제를 완벽하게 해결할 방법을 찾지 못하면 실행 가능한 대안을 몇 가지 생각해보라는 말이다. 따라서 순수하게 대안을 검토해야 하는 문서는 독자가 이미 대안을 알고 있는 상황에 해당한다. 예를 들면 회사 내에서 이미 여러 가지 대안이 의제로 올라오는 경우 등이 있다. 이 경우 도입부는 다음과 같이 구성된다.

상황: 우리는 X를 하고 싶다.
전개: 그것을 할 수 있는 몇 가지 대안을 가지고 있다.
질문: 어떤 대안이 가장 적절한가?

여기에 살을 붙이면 다음과 같다.

상황: 알다시피 저온 상태에서 석유를 채굴할 때는 5-105HP 모터가
　　　가장 효율적이라는 발표가 최근에 나왔다. 이 발표가 발단이 되어
　　　우리 회사의 최대 고객이 현재 사용하고 있는 우리의 10HP 모터
　　　를 경쟁사의 7 3/4HP 모델로 교체할 예정이라고 통지해왔다.
전개: 우리 회사는 세 가지 대안을 가지고 있다.
　　　• 우리 회사의 10HP 모터 가격을 7 1/2HP 모터 가격 수준으로
　　　　내린다.
　　　• 7 1/2HP 모터를 개량하여 7 3/4HP 모터에 대응한다.
　　　• 5-105HP 모델을 특별 생산한다.
질문: 어떤 대안이 가장 적절한가?

대안이 선택되면 그 대안이 타당한 이유를 핵심 단계에서 설명해야
한다. 이 경우 두 가지 방법을 적용할 수 있다. 가장 간단하고 적절한
방법은 판단을 내릴 때 적용한 기준에 따라 핵심 단계를 구성하는 것
이다.

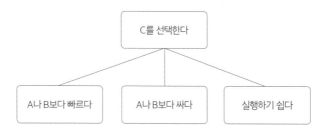

이 문제에서는 A, B, C라는 기준 가운데 C가 A나 B보다 항상 우월하다고 할 수 없다. 이런 경우 각 대안에 대해 개별적으로 기술할 수밖에 없다. 여기서는 C를 선택한 주된 이유와 A와 B가 적당하지 않은 주된 이유를 설명해야 한다.

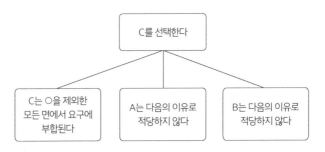

이와 대조적으로 적절한 대안이 하나도 없는 상황에 부닥칠 수도 있다. 사전에 검토해야 할 대안이 명시되지 않아 어떻게 제안을 하든 문제가 해결되지 않을 수도 있다. 이런 상황에도 독자의 질문은 여전히 "어떤 것을 선택해야 하는가?" 혹은 "무엇을 해야 하는가?" 가운데 하나가 된다.

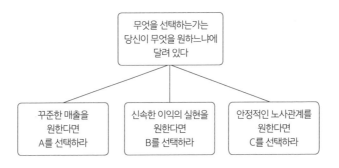

여기서는 '문제 해결의 대안'을 설명하는 것이 아니라 '대안의 목적'에 따라 피라미드 구조를 만든다는 점에 주의해야 한다. 이 두 가지는 크게 다르다.

컨설팅 문서의 도입부 유형

컨설팅 문서는 문서 자체가 길고 주로 어떤 조치를 하도록 유도하기 위해 작성한다는 점에서 일반적인 비즈니스 문서와 다르다. 따라서 메모, 보고서, 프레젠테이션, 제안서 등 어떤 종류의 문서든 일반적으로 컨설턴트는 〈도표 10〉에서 제시한 네 가지 질문 가운데 처음의 세 가지에 대해서만 답변한다. 컨설팅 문서에 대해서는 8장과 9장에서 자세히 설명하므로, 여기서는 가장 일반적인 컨설팅 문서인 '제안서'와 '진행 상황 보고서'에 대해서만 간단하게 언급하기로 한다.

제안서

제안서는 컨설팅의 '생명'이라고 할 수 있어 많은 컨설팅회사들이 장기간 다양한 차원에서 검토한다. 그 결과 대부분의 컨설팅회사들은 다음과 같은 접근법에 따라 제안서를 작성한다.

상황: 당신에게는 해결해야 할 문제가 있다(문제 상황은 한두 문장으로 설명한다).

전개: 그 문제를 해결하기 위해 제삼자를 영입하기로 결정했다.

질문: (우리가 당신이 문제를 해결하기 위해 고용해야 할 제삼자인가?)

위의 질문에 대한 답변은 물론 항상 '그렇다'이지만 일반적으로 답변은 네 가지 유형으로 구성된다.

- 우리는 문제를 이해하고 있다.
- 우리는 문제 해결에 적합한 접근법을 가지고 있다.
- 우리는 이 접근법을 적용해본 충분한 경험이 있다.
- 우리의 가격 조건은 납득할 만하다.

실제로 도입부를 쓸 때는 전개와 질문을 암시적으로 나타내야 한다. 예를 들면 다음과 같다.

> 중고자동차 부품시장에 진입하는 문제와 관련하여 면담 기회를 주셔서 감사드립니다. 의견이 분분해 귀사에 맞는 최선의 진입 접근법이 무엇인지 판단을 내리지 못하고 있는 배경을 충분히 이해하게 되었습니다. 앞으로 귀사가 여러 가지 대안을 검토하여 단기간 내에 시장점유율을 높일 수 있는 전략을 개발하는 데 우리 회사가 어떤 형태로 도움을 줄 수 있는지 이 제안서에 정리해놓았습니다.

이런 유형의 도입부는 신규 고객을 위한 제안서를 작성할 때 주로 사용된다. 컨설턴트는 자신의 전문 지식이 독자에게 확실하게 전달될 수 있도록 문제를 설명하는 데 상당한 주의를 기울인다. 그러나 컨설턴트가 고객을 잘 알고 있거나, 제안서가 단순한 형식으로 구성된 경우에는 도입부에서 직접 문제를 기술하는 것이 독자의 명확한 이해를 도울 수 있다.

상황: 귀사는 문제를 가지고 있다(서너 단락으로 설명한다).
전개: 문제를 해결하기 위해 컨설팅을 원한다.
질문: (우리는 문제를 해결하는 데 어떤 도움을 줄 수 있는가?)

이후에는 컨설턴트가 문제를 해결하기 위해 어떤 접근법을 적용할 것인가를 중심으로 기술한다. 이론적으로 보면 고객이 이 컨설턴트를 고용할 것인지 아닌지를 결정하는 핵심은 접근법 부분이다. 물론 현실은 이론과 다른 경우가 많다. 컨설턴트는 문제를 해결하기 위해 어떻게 접근할 것이고, 왜 그런 접근법을 선택한 것인지 자신의 경험에 비추어 설명해나가야 한다. 이런 경우 가격 조건 등은 별도의 페이지에 적는다.

진행 상황 보고서

컨설팅에서는 최종적으로 보고할 때까지 프로젝트 단계마다 공식적으로 진행 상황을 보고한다. 예를 들어 1단계가 완료되면 항상 다음과 같이 구성된 진행 상황 보고서를 작성해야 한다.

상황: 우리는 X라는 문제와 관련한 작업을 하고 있다.

전개: 우리는 제안서를 통해 분석 1단계의 목적은 Y의 타당성을 판단하는 데 있다고 설명했다. 우리는 지금 그 작업을 마쳤다.

질문: (우리는 무엇을 알아냈는가?)

이렇게 보고하면 고객은 특별한 반응을 보인다. 아마 작업하면서 다루지 못한 예외적인 경우를 자세히 조사해보라고 요청하거나, 지금까지 한 작업을 승인하면서 2단계로 넘어가도 좋다고 허락해줄 것이다. 앞으로의 진행 상황을 보고할 때는 다음과 같은 형식을 따른다.

상황: 이전의 진행 상황 보고에서 당신 회사의 생산 능력 과잉을 문제로 지적했다.

전개: 당신은 경쟁사가 곧 이 업계에서 철수할 예정이므로 장기적으로 문제가 되지 않을 것이라고 말했다. 그리고 자기 생각이 타당한지를 조사해달라고 우리에게 요청했다. 우리는 지금 그 문제에 대한 조사를 끝마쳤다.

질문: (무엇을 알아냈는가?)

답변: 우리는 당신이 역시 생산 능력 과잉이라는 문제를 가지고 있으며 생각했던 것보다 상황이 더 나쁘다는 점을 알아냈다.

이것을 단순하게 표현하면 다음과 같다.

상황: 우리는 당신에게 X를 말했다.

전개: 당신이 우리에게 Y를 조사해달라고 요청해서 조사했다.

질문: (무엇을 찾아냈는가?)

이제 도입부가 왜 중요한지 이해했는가? 좋은 도입부를 쓰기 위해서는 구상하는 데 충분한 시간을 투자하는 것이 중요하다. 좋은 도입부는 단순히 독자의 관심을 불러일으키고 집중하도록 유도하는 것뿐아니라 독자가 상황을 인식하는 데 영향을 미친다.

필자가 사실을 뽑아낸다는 면에서 보면 도입부 자체에도 그 사람의 편견이 포함될 수 있지만, 이는 피할 수 없는 일이다. 그러나 스토리 형식의 기술을 통해 필자의 상황 해석에 진정성을 불어넣을 수 있다. 이 진정성 덕분에 독자는 필자와 동일하게 상황을 해석할 수 있게 된다. 이것은 법정에서 변호사가 판사에게 증거를 제출하기 전에 모두발언을 통해 미리 변론의 '틀'을 제시하는 것과 같은 일이다.

스토리 형식의 기술은 필자의 결론에 필연적인 정당성을 부여해주므로, 독자는 앞으로 나올 필자의 생각에 이의를 제기하지 않게 된다. 또한 전체 스토리를 통해 필자 자신이 독자를 진지한 열의를 갖고 대하고 있으며, 독자가 상황을 명확하게 이해하여 이야기 뒤에 숨은 현실을 파악할 수 있도록 사려 깊게 배려하고 있음을 보여준다.

Summary

도입부 쓰기

- 도입부는 정보를 전달하기보다 환기를 시켜야 한다.

- 도입부에는 상황-전개-질문-답변이 포함되어야 한다.

- 도입부의 길이는 독자가 필요로 하는 정도와 문서의 주제에 따라 달라
  진다.

- 핵심 단계에도 도입부가 필요하다.

연역법과 귀납법은 어떻게 다른가

이해하기 쉬운 글은 주제와 관련된 메시지 사이의 관계를 정확하고 알기 쉽게 표현한다. 주제와 관련된 메시지는 적절하게 연결되면 항상 하나의 주제를 정점으로 여러 개의 추상적 단계로 구성된 피라미드를 형성한다.

피라미드 내의 메시지는 위, 아래, 수평 방향으로 연결되어 있다. 상위 메시지는 하위의 여러 메시지를 요약하며, 하위의 여러 메시지는 상위 메시지를 설명하거나 부연한다. 피라미드 내의 동일한 단계에 있는 메시지는 수평적으로 논리적 순서에 따라 배열한다.

여기서 말하는 논리적 순서는 피라미드가 연역적으로 구성되어 있는가, 귀납적으로 구성되어 있는가에 따라 다르다. 메시지를 논리적으로 연결하는 방법은 이 두 가지 논증법 외에 없다. 따라서 자기 생각을 그루핑을 해 글로 명확하게 표현하기 위해서는 연역법과 귀납법의 차이점과 그 규칙을 알아야 한다.

연역법과 귀납법의 차이를 간단하게 설명하면 〈도표 16〉과 같다.

연역법은 하나의 논리 라인을 따라 전개되고 마지막에 '그러므로'로 시작하는 결론에 이른다. 상위 포인트는 논리 라인의 내용을 요약

도표 16 연역법과 귀납법은 매우 다르다

연역적 추론

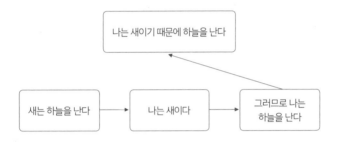

귀납적 추론

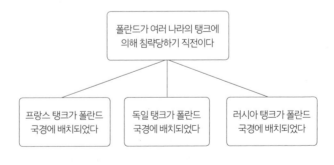

하고 하위에 있는 최종 포인트에 크게 의존한다. 반면에 귀납법은 동일한 종류의 사실이나 생각을 그룹으로 묶어서 그룹 내의 사실이나 생각의 유사성에 대해 의견을 기술한다. 연역법의 각 포인트는 서로 관련된 반면에, 귀납법의 각 포인트는 서로 무관하다.

위의 그림에서 보는 것처럼 두 가지 방법은 매우 다르다. 그러나 일단 두 가지 논증법의 차이를 이해하면 두 가지 방법을 구분하는 것은 물론이고, 자기 생각을 표현하는 데 적합한 방법도 쉽게 선택할 수 있다.

▲ 연역적 추론 ▼

연역적 추론은 귀납적 추론보다 구성하기 쉬워서 머릿속으로 무언가를 생각할 때 일반적으로 사용되는 논리 전개의 유형이다. 특히 문제를 해결할 때 연역적 추론에 따라 논리를 전개한다. 그러나 연역법은 머릿속으로 생각할 때는 유용한 반면에 글을 쓸 때는 논리를 전개하기가 쉽지 않다. 이 점에 대해 좀 더 자세히 살펴보자.

어떤 구조인가

먼저 연역적 추론이 무엇인지부터 알아보자. 일반적으로 연역적 추론은 대전제와 소전제로부터 결론을 이끌어내는 삼단논법의 형태로 전개된다. 논리학에서 통용되는 전문 용어를 사용하면 혼란스러울 수 있으므로 가급적 자제하기로 한다.

연역적 추론은 다음의 세 가지 요건을 충족해야 한다.

- 먼저 세상에 실제로 존재하는 상황을 기술한다.
- 같은 시간에 세상에 실제로 존재하는 연관 상황을 한 가지 더 기술한다. 두 번째 기술은 첫 번째 기술의 주부나 술부 가운데 한 가지를 언급하여 첫 번째 기술과 관련성을 갖는다.
- 동시에 세상에 존재하는 위의 두 가지 상황이 의미하는 바를 기술한다.

〈도표 17〉은 연역적 추론의 예를 나타낸 것이다. 각각의 예는 위의 세 가지 요건을 모두 충족하며, 상위 포인트는 하위의 최종 포인트를 반영하고 하위 그룹의 생각 전체를 요약한다. 따라서 "소크라테스는 사람이기 때문에 죽는다"나 "노동조합은 독점적으로 행동하기 때문에 독점금지법에 따라 관리되어야 한다"나 "생산량을 늘리려면 현재 체제를 변경해야 한다" 등이 된다.

지금까지 살펴본 예는 모두 추론 단계가 포함되어 있지만 때로 어느 한 단계를 건너뛰고 두세 가지의 추론 단계를 하나로 통합할 수도 있다. 추론 단계를 모두 기술하면 글이 길어지고 현학적으로 되기 때문이다. 몇 단계를 건너뛰더라도 독자가 내용을 이해하는 데 지장이 없다면, 여러 개의 추론 단계를 하나로 통합하는 것은 전혀 문제가 되지 않는다.

연역법의 각 포인트는 서로 관련되어 있다

<도표 18>은 두 개의 연역적 추론을 하나로 통합한 예로, 통합하지 않으면 글은 다음과 같은 구성이 된다.

- 우리는 자체 수요를 충당할 만큼 충분한 양의 재생 신문지를 회수하고 있다.

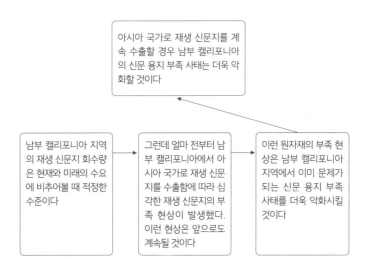

도표 18 연역법은 하나의 논리 라인으로 연결된다

> 아시아 국가로 재생 신문지를 계속 수출할 경우 남부 캘리포니아의 신문 용지 부족 사태는 더욱 악화할 것이다

> 남부 캘리포니아 지역의 재생 신문지 회수량은 현재와 미래의 수요에 비추어볼 때 적정한 수준이다

> 그런데 얼마 전부터 남부 캘리포니아에서 아시아 국가로 재생 신문지를 수출함에 따라 심각한 재생 신문지의 부족 현상이 발생했다. 이런 현상은 앞으로도 계속될 것이다

> 이런 원자재의 부족 현상은 남부 캘리포니아 지역에서 이미 문제가 되는 신문 용지 부족 사태를 더욱 악화시킬 것이다

- 그런데 얼마 전부터 재생 신문지를 수출하기 시작했다.
- 이에 따라 원자재 부족 사태가 발생했다.
- 재생 신문지의 부족은 신문 용지의 부족 사태를 초래한다.
- 우리는 재생 신문지가 부족하다.
- 그러므로 우리는 신문 용지가 부족하다.

이처럼 추론 단계를 모두 기술하면 글이 매우 지루하게 진행된다는 점을 알 수 있다. 이 점이 내가 연역법에 대해 가지고 있는 가장 큰 불만이다. 연역법은 원래 단순 명료한 포인트를 복잡하게 만들기 때문에 글이 지루해지는 것은 당연한 결과다.

언제 사용하는가

이와 같이 연역법은 지루한 접근법이기 때문에 핵심 단계에서는 피해야 한다. 핵심 단계에서는 독자가 쉽게 이해하는 귀납법을 사용하여 논리를 전개해야 한다. 연역법을 사용하여 보고서를 작성하면 독자에게 무엇을 강요하게 되는지 살펴보자. 예컨대 독자에게 어떤 식으로든 변화가 필요하다고 말하고자 할 경우 다음과 같이 논리가 전개될 것이다.

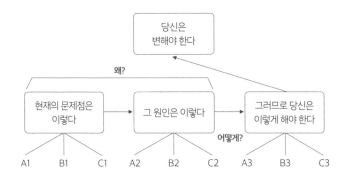

이 논리를 이해하려면 독자는 먼저 문제가 되는 A－B－C의 사항을 기억해둬야 한다. 여기까지는 그다지 어려운 작업이 아니다. 그러나 다음으로 독자는 문제점을 설명한 A1을 문제의 원인을 설명한 A2와 관련해 기억해야 한다. 이렇게 독자가 A1과 A2를 관련해 기억하는 동안 B와 C에 대해서도 A와 동일한 프로세스를 거치도록 유도해야 한다. 마지막으로 다시 한번 동일한 프로세스를 반복한다. 이번에는 문제점을 설명한 A1을 그 원인을 설명한 A2에 연결하고, 그 결과를 앞으로 어떻게 해야 하는가를 설명한 A3에 연결한다. B와 C의 경우에도 마찬가지다.

이처럼 연역법을 사용하면 독자는 무엇을 해야 하는지 알기 위해 매우 많은 시간을 소모해야 할 뿐만 아니라, 알고 싶은 것을 얻게 될 때까지 문제 해결의 프로세스를 여러 번 반복해야 한다. 마치 독자에게 "내가 결론을 얻기 위해 얼마나 많은 고생을 했는지 당신이 알아주었으면 한다"라고 말하는 것과 같다. 그러나 동일한 메시지를 귀납법으로 표현하면 누구나 쉽게 이해할 수 있다.

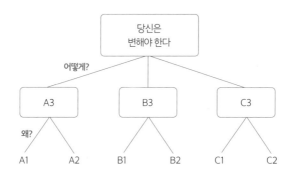

연역법과 반대로 '어떻게?'라는 질문에 먼저 답변하고 나서 '왜?'라는 질문에 답변하는 것으로 순서가 바뀌었으며, 자기 생각을 주제 분야별로 명확하게 그루핑을 하고 있다. 피라미드의 맨 아래 단계에서는 연역적 추론을 전개하여 독자의 질문에 직접 답변한다.

흔히 "연역법이 귀납법보다 강한 논증법 아닌가?"라고 묻는데 전혀 그렇지 않다. 연역법과 귀납법은 성격상 동일하며 단지 기술하는 방법이 다를 뿐이다.

문제 해결 프로세스의 최종 단계에 이르면 자기 생각을 〈도표 19〉

에 제시된 '제안 워크시트'와 같은 형태로 분류한다. 이를 통해 지금까지 조사하여 판명된 사실과 그것을 통해 이끌어낸 결론, 결론 때문에 발생한 제안의 일련의 흐름을 시각적으로 나타낸다.

〈도표 19〉의 워크시트에서 '조사 결과', '결론', '제안'은 매우 광범위한 표현으로 적절한 용어라고 할 수 없다. 실제로 조사 결과와 결론이라는 표현은 내용상 차이가 없으며, 동일한 피라미드 내의 단계 차이를 나타낼 뿐이다. 왜냐하면 조사 결과를 요약하면 항상 결론이 되기 때문이다. 따라서 올바른 방법은 "무엇 무엇이 잘못되었다"라는 것을 설명하는 조사 결과와 결론 그룹이 있고, "무엇 무엇이 그 원인이다"라는 것을 설명하는 또 하나의 조사 결과와 결론 그룹을 만드는 것이다.

이와 같이 결론에 도달하려면 연역법과 귀납법 그리고 가추법 abduction이라는 세 가지 논증법이 필요하다. 가추법은 가설을 세우고 그것을 증명하는 데 필요한 정보를 찾을 때 사용되는 논증법으로, 정보를 찾은 시점에서 귀납법으로 대체된다. 가추법에 대해서는 부록 A의

도표 19 문제 분석은 항상 연역적으로 전개된다

조사 결과	결론	제안
이것이 문제이다	그 원인은 여기에 있다	그에 대해 이렇게 해야 한다
• 생각 A1	• 생각 A2	• 생각 A3
• 생각 B1	• 생각 B2	• 생각 B3
• 생각 C1	• 생각 C2	• 생각 C3

'구조가 없는 상황에서 문제 해결하기'에서 자세히 설명한다.

이제 〈도표 19〉의 워크시트에 기재된 추론을 어떻게 표현할 것인지 결정해야 한다. 연역적으로 표현하고자 한다면 앞의 첫 번째 예와 같이 된다. 귀납적으로 표현하고자 한다면 워크시트 전체를 왼쪽으로 90도 돌려서, 제안을 핵심 단계에 두고 조사 결과와 결론을 핵심 단계의 하위 계층에 그루핑을 한다.

여기서 중요한 것은 순서다. 즉 왜 변해야 하는지 그 이유를 설명한 후에 어떻게 대처해야 하는가를 말해야 하는가, 그렇지 않고 바꿔야 하는 행동을 설명하고 나서 이유를 말해야 하는가를 결정해야 한다. 원칙적으로는 논거보다 행동을 먼저 설명하는 후자를 따라야 한다. 독자는 언제나 논거보다 행동에 관심을 갖기 때문이다.

그렇다면 행동보다 논거가 중요한 경우는 언제인가? 대표적인 예로 피라미드 정상에서 설명한 포인트가 독자가 기대하는 것과 거리가 먼 경우를 들 수 있다. 다음과 같은 상황을 상상해보자.

상황 1

상대: 어떻게 하면 비용을 절감할 수 있는지 알려주세요.

당신: 비용을 절감하는 방법은 매우 간단합니다.

상대: 어떻게 해야 하나요?

당신: A를 하고, B를 하고, C를 하세요.

위의 상황은 귀납적 추론의 피라미드로 나타낼 수 있다.

상황 2

상대: 어떻게 하면 비용을 절감할 수 있는지 알려주세요.

당신: 비용 절감을 포기하고 사업 매각을 검토해야 합니다.

상대: 왜죠? 어떻게요? 확실한가요?

위의 대화는 다음 그림과 같이 연역적 추론으로 나타낼 수 있다.

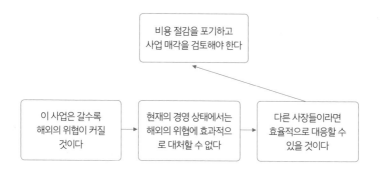

핵심 단계에서 연역적 추론을 사용해야 한다고 단언할 수 있는 경우는 매우 한정되어 있다. 위의 사례 이외에 사전 설명이 없으면 독자가 제안 행동을 이해하지 못하는 경우 등이 있다. 4장에서 언급한

〈도표 11〉의 첫 번째 사례인 '투자 위험의 분석' 기사가 이에 해당한다. 〈도표 11〉의 예에서는 독자가 실제 분석 접근법을 이해하려면 먼저 그 접근법을 실행해야 하는 이유를 알아야 한다.

그러나 비즈니스 문서를 읽는 사람들은 대부분 이 두 가지 경우에 해당하지 않는다. 따라서 일반적으로 피라미드의 핵심 단계는 귀납법으로 구성하는 것이 좋다고 말할 수 있다. 다만 이것은 핵심 단계에 한하며 그 아래 단계에도 해당한다는 말은 아니다.

연역법은 독자가 각 포인트를 명쾌하게 이해할 수 있는 경우에는 매우 효과적이다. 예를 들면 다음과 같다.

그러나 첫 번째 포인트와 두 번째 포인트 사이에 10쪽 이상의 설명이 필요하고, 두 번째 포인트와 세 번째 포인트 사이에도 역시 많은 설명이 필요한 경우에는 연역법이 가진 명쾌함이 사라져버릴 것이다. 따라서 연역적 추론은 가능하면 피라미드 하위 계층에서 사용하는 것이 좋고, 포인트 사이에 들어가는 정보량을 최소한으로 줄여야 한다. 동일한 단락 내의 포인트 단계에서는 연역법을 적용하는 것이 효과적이고 간단명료하다. 그러나 피라미드의 상위 계층에서는 귀납법을 적용하는 것이 보다 쉽게 이해된다.

피라미드의 하위 계층에서 연역적 추론을 적용할 경우에 사용할 수 있는 논리 전개의 유형은 몇 가지로 집약된다. 이른바 삼단논법의 기본 구조를 뛰어넘을 수도 있지만 기억해두는 것이 좋다(〈도표 20〉 참조).

도표 20 연역법에는 여러 가지 유형이 있다

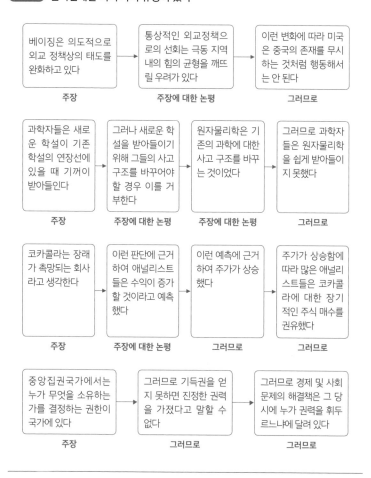

여기서는 두 가지 사항에 주의해야 한다. 첫째는 연역적 추론에서는 포인트를 네 가지 이상 연결해서는 안 되고, 둘째는 '그러므로' 포인트는 두 가지 이상을 연결해서는 안 된다. 실제로 마음만 먹으면 이 두 가지 모두 실행할 수 있지만(프랑스 철학자들은 항상 그렇게 한다), 그렇게 되면 그루핑이 너무 복잡해져서 효과적으로 메시지를 요약하여 전달하기 어렵다. 따라서 연역적 그루핑은 포인트를 네 가지 이내로 제한해야 한다.

▲ 귀납적 추론 ▼

귀납적 추론은 창의적인 뇌 활동을 요구하기 때문에 연역적 추론에 비해 훨씬 어렵다. 귀납적 추론은 여러 가지 상이한 생각, 사건, 사실 사이의 유사한 점을 파악하여 하나의 그룹으로 묶은 다음 유사점이 갖는 의미에 대해 의견을 기술한다. 앞에서 다룬 〈도표 16〉의 폴란드 국경에 배치된 탱크의 예에서는 모든 사건을 폴란드를 상대로 한 전투 행위의 움직임으로 정의하고, 바야흐로 폴란드가 침략당할 것 같다고 추측했다. 그러나 만일 이 사건을 폴란드 동맹국들이 유럽의 다른 나라를 공격하기 위한 준비 행위로 정의했다면 전혀 다른 추측이 나왔을 것이다.

따라서 귀납적 추론에서는 창조적으로 생각하는 힘을 기르기 위해 다음과 같은 두 가지 기술을 습득해야 한다.

- 그루핑을 한 생각을 정의하는 기술
- 그루핑을 한 생각 가운데 적절하지 않은 것을 선별하는 기술

위의 두 가지 기술을 제대로 사용하려면 어떻게 해야 하는가에 대해서는 6장에서 자세히 설명한다. 여기서는 귀납적 추론의 기본 구조를 이해하고 연역적 추론 절차와 어떻게 다른지 살펴보자.

어떤 구조인가

귀납적 추론을 구성하는 데 필요한 핵심 기술은 메시지를 그루핑을 해 한 단어로 표현하는 일이다. 이 단어는 항상 '종류'를 나타내는 복수명사여야 한다. 왜냐하면 사물의 종류는 항상 명사로 표현되고 또 그루핑된 메시지는 항상 동일한 종류의 것들이기 때문이다(예를 들어 '전투 행위를 나타내는 움직임들', '공격 준비 행위들' 등이 있다).

〈도표 21〉의 귀납적 그루핑을 살펴보면, 각 그룹은 '공상적 계획들', '조치들', '문제 분야들'과 같이 동일한 종류를 나타내는 복수명사로 표현된다는 점을 알 수 있다. 위의 사례 가운데 적절하지 않은 메시지는 하나도 없으며, 여러 가지 생각이 동일한 종류를 나타내는 복수명사로 표현되어 있다.

다음으로 해야 할 일은 아래에서 위로 질문하면서 추론을 점검하는 것이다. 예를 들어 라틴어만 사용하는 도시를 건설하고 싶다거나, 지구 중심부에 구멍을 파고 싶은 사람은 현실 감각은 없지만 천재성이 넘친다고 추측할 수 있을까? 가능하다고 생각한다. 적어도 이 글이 쓰인 시기에는 그랬을 수도 있다.

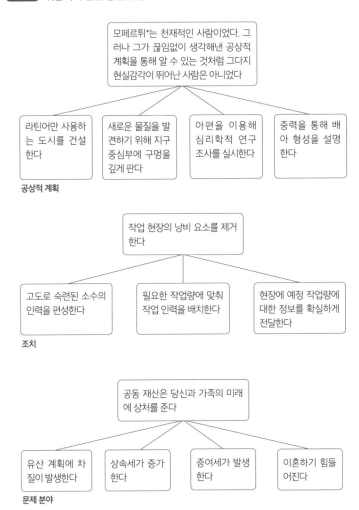

모페르튀*는 천재적인 사람이었다. 그러나 그가 끊임없이 생각해낸 공상적 계획을 통해 알 수 있는 것처럼 그다지 현실감각이 뛰어난 사람은 아니었다

라틴어만 사용하는 도시를 건설한다

새로운 물질을 발견하기 위해 지구 중심부에 구멍을 깊게 판다

아편을 이용해 심리학적 연구 조사를 실시한다

중력을 통해 배아 형성을 설명한다

공상적 계획

작업 현장의 낭비 요소를 제거한다

고도로 숙련된 소수의 인력을 편성한다

필요한 작업량에 맞춰 작업 인력을 배치한다

현장에 예정 작업량에 대한 정보를 확실하게 전달한다

조치

공동 재산은 당신과 가족의 미래에 상처를 준다

유산 계획에 차질이 발생한다

상속세가 증가한다

증여세가 발생한다

이혼하기 힘들어진다

문제 분야

* 모페르튀(Maupertius, Pierre Louise Moreau de: 1698~1759). 프랑스의 수학자이자 천문학자.

이와 대조적으로 〈도표 22〉가 제시하는 두 가지 예를 살펴보자. 현실을 직시하지 않고 내부 비판을 받아들이지 못하는 경영자들은 경영 실패를 자초하고 있다고 말할 수 있는가? 물론 그럴 수 없다. 이것은 적절하지 않은 추론이다.

두 번째 예는 어떤가? 생산성이 낮고, 시간외근무가 많고, 가격 경쟁력이 떨어져도 수익 개선이 가능하다고 추측할 수 있을까? 아마도 가능할 것이다. 그러나 좀 더 생각해보면 수익 개선의 가능성을 시사해주는 포인트를 서너 가지 더 떠올릴 수 있다. 이 경우 "조판실 비용

도표 22 추론은 그루핑의 범주를 벗어나서는 안 된다

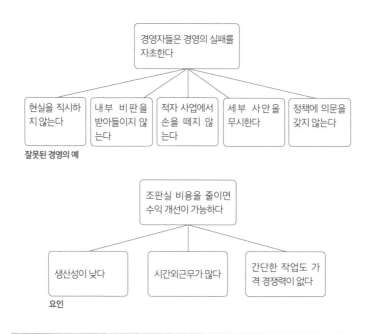

잘못된 경영의 예

요인

을 줄이면 수익 개선이 가능하다"라는 핵심 포인트는 하위의 세 가지 포인트와 직접적으로 연관된 내용을 기술하지 않는다. 즉 원래 하위의 세 가지 포인트를 요약하는 단계보다 훨씬 더 상위 계층에 있어야 할 내용이라고 할 수 있다.

그러나 두 번째 예는 실제로는 연역적 추론인데 귀납적 추론처럼 보이도록 전개한 것이다. 3장에서 설명한 예제를 상기해보자. 논리적으로 살펴보면 낮은 생산성으로 인해 시간외근무가 늘어났고, 이로 인해 가격 경쟁력이 떨어졌다고 할 수 있다(증거가 하나밖에 없는 경우에는 반드시 연역법으로 추론해야 한다). 이 경우 피라미드 정상의 포인트는 "낮은 생산성으로 인해 가격이 높아지고 있다"가 된다.

연역법과 귀납법은 어떻게 다른가

지금까지 설명한 것처럼 연역법과 귀납법은 차이점이 분명하므로 쉽게 구분할 수 있다. 연역적으로 생각할 때는 두 번째 포인트가 항상 첫 번째 포인트의 주부나 술부를 언급해야 한다. 그렇지 않으면 두 번째 포인트를 첫 번째 포인트와 동일한 복수명사로 분류할 수 있는지 확인하여 귀납적으로 그루핑을 해야 한다.

이에 대한 이해를 돕기 위해 어느 논리학 책에서 우연히 본 연역적 추론의 오류의 예를 살펴보자.

모든 공산주의자는 사회의학 지지자다.
일부 정부 관료는 사회의학 지지자다.

그러므로 일부 정부 관료는 공산주의자다.

모든 토끼는 매우 빨리 달린다.
어떤 말은 매우 빨리 달린다.
그러므로 어떤 말은 토끼다.

위의 두 가지 예에서는 두 번째 포인트가 첫 번째 포인트를 언급하고 있지 않으므로, 위의 메시지는 연역적으로 관련되어 있지 않다. 실제로 두 번째 포인트는 첫 번째 포인트에서 설정한 분류에 동일한 유형을 하나 더 추가하는 역할을 할 뿐이다. 어떤 포인트를 동일하게 분류한다는 것은 동일한 종류를 나타내는 복수명사로 정의하는 것, 즉 귀납법으로 처리한다는 의미다.

그럼 한번 시험해보자. 내가 당신에게 다음과 같이 말했다고 하자.

일본 기업은 중국시장의 진출에 박차를 가하고 있다.

다음의 두 가지 포인트 가운데 어느 것이 위의 문장과 귀납법적으로 관련되어 있으며, 어느 것이 연역적으로 관련되어 있는지 생각해보자.

- 미국 기업이 곧 중국시장에 진출할 것이라는 사실은 일본 기업의 중국 진출을 더욱더 자극한다.
- 미국 기업은 중국시장의 진출에 박차를 가하고 있다.

전자가 연역적이고, 후자가 귀납적으로 관련되어 있다. 일반적으로 귀납법은 주부를 일정하게 고정하고 술부를 바꾸거나 혹은 술부를 일정하게 고정하고 주부를 바꾼다. 예를 들면 다음과 같다.

일본 기업은 중국시장의 진출에 박차를 가하고 있다.
미국 기업은 중국시장의 진출에 박차를 가하고 있다.
독일 기업은 중국시장의 진출에 박차를 가하고 있다.
투자 자금이 중국시장에 유입되고 있다.

혹은 다음과 같이 말할 수 있다.

일본 기업은 중국 진출에 박차를 가하고 있다.
일본 기업은 타이완 진출에 박차를 가하고 있다.
일본 기업은 베트남 진출에 박차를 가하고 있다.
일본 기업은 적극적으로 동남아시아에 진출하고 있다.

세 번째 예를 살펴보자.

일본 기업은 중국 진출에 박차를 가하고 있다.
일본 기업은 아이슬란드 진출에 박차를 가하고 있다.
일본 기업은 페루 진출에 박차를 가하고 있다.

세 번째 예에서는 일본 기업이 진출하는 것 외에 중국, 아이슬란드,

페루 사이에는 어떤 공통점이 있는가? 아마 아무것도 없을 것이다. 각각의 사실이 아무런 관련성이 없으므로 이를 통해 좀 더 일반적인 의미를 이끌어낼 수 없다. 다시 말해 위의 사실은 단순히 정보를 제공하고 있을 뿐이다. 자기 생각을 전달하기 위해 작성하는 문서에 단순한 정보가 들어갈 자리는 없다. '단순한 정보'와 '생각'의 차이는 매우 중요하므로 반드시 기억해두어야 한다. 왜냐하면 정보는 객관성을 가지고 있으며 생각을 이끌어내기 위해 객관적인 사실로서 문서에 포함되기 때문이다.

다시 한번 1장을 떠올려보자. 어떤 포인트가 다른 포인트와 함께 피라미드의 상위 포인트를 설명하거나 지지할 때만 문서에 포함한다. 그룹 내의 개념이 적절하게 관련되어 있으면 이를 통해 합리적으로 상위 포인트를 도출할 수 있다. 귀납법(동일한 주부나 술부를 가지고 있다)이나 연역법(두 번째 포인트가 첫 번째 포인트를 언급한다) 모두 마찬가지다.

요약하자면 두 번째 포인트가 첫 번째 포인트를 언급하고 '그러므로'라는 결론이 도출된 경우에는 연역적 관계가 성립한다고 할 수 있다. 귀납적 관계가 성립하는지 판단하는 방법은 문장 자체의 구조를 살펴보면 된다. 주부나 술부에 유사성이 있는지 살펴보고, 그 유사성으로부터 상위 포인트의 추론을 이끌어낼 수 있는지 확인한다. 유사성이 없으면 추론을 이끌어낼 수 없으며 각 포인트는 문서 내에 존재하지 않는다고 말할 수 있다.

재미있는 것은, 귀납적 추론으로 그루핑을 하건 연역적 추론으로 시작하건 간에 당신은 머릿속으로 자동적으로 요약 포인트나 '그러므로'로 시작되는 포인트를 생각한다는 점이다. 이것은 독자의 경우도 마찬가지다. 독자는 머릿속으로 미리 당신이 다음에 말할 포인트가 무엇인지 예상하게 된다. 만일 그 예상이 실제 포인트와 차이가 난다면 독자는 매우 혼란스럽고 불쾌할 것이다. 따라서 글이 어떤 방향으로 진행되는지 독자가 쉽게 파악할 수 있도록 먼저 피라미드 정상의 포인트를 분명하게 밝힌 후 그 아래에서 그루핑을 설명해야 한다.

Summary

논리적으로 추론하기

- 연역법은 일반적인 원리에서 구체적인 사실이나 명제를 이끌어낸다.

- 귀납법은 구체적인 사실에서 일반적인 명제나 법칙을 이끌어낸다.

- 핵심 단계에서는 연역법보다 귀납법이 바람직하다.

2부

논리적으로
생각하기

조금만 연습하면 피라미드 원칙을 이용하여 생각의 구조를 쉽게 만들수 있다. 글의 주제를 정하여 독자의 질문을 파악하고, 상황과 전개를 구상하여 피라미드 정상의 핵심 포인트와 핵심 단계 포인트를 서술한다. 각핵심 단계 포인트를 질의응답 형식의 대화로 전개하면 핵심 단계의 하위피라미드도 쉽게 만들 수 있다. 핵심 단계의 한 단계 하위 계층까지 피라미드가 만들어지면 생각의 구조가 짜인 단계까지 묶어서 조목조목 나열해보는 것이 좋다. 글을 모두 쓴 다음에는 다시 한번 문장 구조를 주의 깊게 관찰해야 한다. 다음은 생각을 조목조목 나열할 때 자주 일어나는 실수를 나열한 것이다.

- 단순히 유사하다는 이유만으로 관련성이 희박한 포인트를 묶어서 나열한다.
- 조목조목 나열한 항목의 첫머리에 "회사에는 다섯 가지 문제가 있다" 등과 같은 아무 의미 없는 문장을 배열한다.

조목조목 나열하는 것은 생각을 개략적으로 그루핑을 할 때 사용하는매우 편리한 도구로서, 자유자재로 활용하려면 요령을 터득해야 한다. 단순히 조목조목 나열하기보다는 조목조목 나열한 그룹이 실제로 논리적관련성을 토대로 그루핑이 되었는지 확인한 후 그 의미를 구체적으로 기술해야 한다.

그루핑된 생각을 비판적으로 바라보는 것은 사고 프로세스의 핵심이

지만, 매우 어려운 부분이기 때문에 종종 생략되기도 한다. 그루핑된 생각을 비판적으로 바라보지 않으면 독자에게 자신이 말하고자 하는 내용을 명확하게 전달할 수 없고 또한 스스로도 자기 생각을 제대로 파악하지 못하게 된다. 가령 문제 해결에 필요한 조치를 고민하는 독자가 다음과 같은 글을 이해하려면 많은 시간이 필요할 것이다.

원문

바이어는 현재의 판매와 재고 집계 시스템에 불만을 품고 있다.

1. 보고 횟수가 부적절하다.

2. 재고 데이터의 신뢰성이 떨어진다.

3. 재고 데이터가 신속하지 못하다.

4. 재고 데이터와 판매 데이터가 일치하지 않는다.

5. 바이어는 좀 더 보기 쉬운 형식으로 된 보고서를 원한다.

6. 바이어는 의미 없는 데이터를 보고서에서 삭제하기를 원한다.

7. 바이어는 예외 항목을 눈에 잘 띄게 표시하기를 원한다.

8. 바이어는 자신이 직접 해야 하는 수작업 계산이 줄어들기를 바란다.

수정문

현재의 월별 판매와 재고 집계 시스템은 전혀 도움이 되지 않는다.

1. 데이터가 신뢰할 만하지 못하다.

2. 보고서 형식이 적절하지 않다.

3. 보고서가 너무 늦게 발행되어 실질적인 조치를 취할 수 없다.

위의 원문을 수정문으로 만드는 것과 같은 기술이 2부의 주제다. 먼저 생각의 그룹을 구성하는 논리 구조를 찾아내어 논리적 순서에 따라 서술한 다음(6장), 복잡하게 얽혀 있는 생각 중에서 본질적인 생각을 찾아내는 것, 즉 귀납법적 요약을 찾아낸다(7장). 이 두 가지를 통틀어서 '실전적 사고 프로세스'라고 한다. 쉽게 습득할 수 있는 프로세스는 아니지만 반드시 알아야 할 기술이므로 확실하게 이해해두어야 한다.

논리적 순서
정하기

1장의 끝부분에서 설명한 민토 피라미드 원칙의 세 번째 규칙은 그룹 내의 생각을 항상 논리적 순서로 배열해야 한다는 것이다. 이 규칙을 이용하면 동일한 그룹에 배치된 생각이 제대로 그루핑이 되었는지 혹은 그 그룹에 배치해야 할 생각이 빠지지 않았는지 쉽게 파악할 수 있다. 예를 들어 '단계'라고 말할 수 있는 여러 개의 생각을 하나로 그룹핑을 했다고 하자. 그러나 그 생각들을 1단계, 2단계, 3단계의 순으로 배열하지 않으면 모두 동일한 프로세스에 속하며 프로세스에 필요한 모든 단계가 망라되어 있다고 확신할 수 없다.

연역적 그루핑에서는 논리 전개의 순서에 따라 글이 구성되기 때문에 논리적 순서를 찾는 일이 거의 문제가 되지 않는다. 그러나 귀납적 그루핑에서는 논리 전개의 순서를 당신이 스스로 결정해야 하므로, 논리 전개의 순서를 정하고 이를 통해 자기 생각을 점검하는 방법을 알아야 한다. 이를 위해서는 메시지가 논리적 관계에 따라 그루핑이 되었는지 여부를 파악할 수 있어야 한다. 다음의 예를 살펴보자.

- 어떤 문제를 해결하기 위한 세 가지 단계
- 어떤 업계에서 성공하기 위한 세 가지 요소
- 어느 회사의 세 가지 문제

이와 같이 그루핑된 이유를 생각해보면 머릿속에서는 이미 어떤 논리적 분석이 이루어졌다는 것을 알 수 있다. 이렇게 그루핑을 하기 위해 머릿속에서 실시한 분석 활동을 논리 전개의 순서에 반영해야 한다. 다행히도 뇌가 할 수 있는 분석 활동은 오직 세 가지뿐이다(〈도표 23〉참조).

결과의 원인을 결정한다

판매 관리자를 해고하거나 수익 책임을 지방에 위임하는 것 등과 같이 독자에게 어떤 행동을 취하라는 내용의 글을 쓸 때가 있다. 이 경우 당신은 그렇게 하면 어떤 특정한 결과가 달성될 것이라고 믿고 있다. 따라서 먼저 달성하고자 하는 결과를 결정하고 난 다음에 이를 위해 필요한 행동을 기술한다.

한편 '문제 해결을 위한 세 가지 단계'처럼 어떤 결과를 달성하기 위해 몇 가지 행동을 함께 취해야 할 경우, 이를 통합하여 '프로세스' 내지 '시스템'이라고 부른다. 즉 일련의 원인이 연대하여 특정한 결

그루핑의 근거에 따라 논리 전개의 순서가 결정된다

어떤 결과의 원인을 결정한다   (순서)
시간의 순서

전체를 부분으로 나눈다   구조의 순서

유사성의 정도에 따라 분류한다   정도의 순서

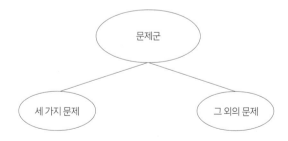

과를 초래했다는 의미다. 프로세스를 완성하거나, 시스템을 실행하는 데 필요한 단계는 한 번에 하나씩만 실행할 수 있다. 따라서 프로세스나 시스템을 나타내는 단계의 그룹은 언제나 '시간의 순서'에 따른다. 물론 일련의 단계를 요약한 내용은 그 단계가 초래하는 결과가 된다.

전체를 부분으로 나눈다

이 기술은 조직도나 산업 구조를 그릴 때 자주 사용된다. 예를 들어 '어떤 산업의 성공 요인'을 결정하는 경우에는 먼저 해당 산업의 구조를 시각적으로 나타낸 후 각 부분에서 성공하기 위해서는 무엇이 필요한지 파악한다. 이렇게 하나로 묶은 서너 개의 성공 요인은 논리적으로 시각화된 것의 각 부분에 대응하도록 배치한다. 이것을 '구조의 순서'라고 한다.

유사성의 정도에 따라 분류한다

"어떤 회사에는 세 가지 문제가 있다"라고 할 때 이는 글자 그대로 문제가 세 가지밖에 없다는 의미가 아니다. 실제로는 많은 문제가 있는데 다른 문제와 비교할 때 특히 주목할 만한 문제를 세 가지 뽑아낸 것뿐이다. 이렇게 뽑아낸 문제는 동일한 종류의 문제로 인식할 수 있는 유사한 특징을 가지고 있다. 예컨대 "이 문제들은 모두 권한 위임을 거절한 결과다" 등의 형태가 된다.

세 가지 문제는 공통적 특징을 가지고 있다는 면에서는 같지만, 그런 특징을 어느 정도 갖고 있는가 하는 부분에서는 모두 다르다(완전히 똑같은 정도로 해당 특징을 가지고 있는 경우에는 이를 통해 문제를 구분할 수 없다). 따라서 공통적 특징을 소유하는 정도의 차이에 따라 이 문제들의 순서를 정할 수 있다. 어떤 공통적 특징을 가지고 있든 그 특징을 가진 정도가 가장 강한 것을 맨 앞에 놓는다. 이것을 '정도의 순서' 혹은 '중요도의 순서'라고 한다.

지금까지 살펴본 세 가지 순서는 개별적으로 혹은 두 개 이상 조합하여 적용할 수 있다. 그러나 어떤 그루핑이든 이 가운데 하나가 반드시 포함되어야 한다. 바꿔 말하면 모든 생각의 그룹은 이 세 가지 분석 틀 가운데 하나를 적용해서 만들어지므로, 논리 전개의 순서는 기본적으로 세 가지 순서 가운데 하나를 따를 수밖에 없다. 만일 명확한 논리 전개의 순서를 찾지 못했다면 그루핑에 문제가 있다는 의미다. 이 경우 분석 틀과 논리적 순서의 관계를 알면 이 문제를 매우 간단하게 해결할 수 있다.

논리적 순서를 정하는 방법과 이를 이용하여 자기 생각을 점검하는 방법을 자세히 살펴보자.

▲ 시간의 순서 ▼

시간의 순서에 따른 논리 전개는 누구나 쉽게 이해할 수 있으며 비즈니스 문서에서 가장 일반적으로 사용되는 형태다. 시간의 순서에 따라 그루핑을 하는 것은 특정한 결과를 달성하는 데 필요한 단계를 '1단계, 2단계, 3단계'라는 식으로 실행하는 순서대로 기술한다는 의미다.

이처럼 그루핑된 생각은 ①실제 행동 단계이거나, 제안이나 목적처럼 행동과 관련된 생각의 일종이거나 ②머릿속에 그려진 어떤 프로세스로부터 얻은 결론일 수 있다. 전자의 경우에는 생각을 리스트로 만들 때 무엇이 원인이고, 무엇이 결과인가 하는 인과관계를 명확하게 구분하지 않으면 매우 난해한 글이 될 수 있다. 후자의 경우 자기 생각의 근거가 되는 프로세스를 정확하게 인식하지 못하면, 이 또한 난해한 글이 될 수 있다.

원인과 결과 구분하기

시간의 순서로 글을 전개할 때 나타나는 가장 일반적인 문제는 원인과 결과를 제대로 구분하지 못하는 것이다. 앞에서 설명했듯 특정한 결과를 달성하기 위해 일련의 행동을 취하는데, 많은 단계를 거쳐야 하는 긴 프로세스에는 원인과 결과가 여러 단계로 복합되어 존재한다. 구체적으로 예를 들어보자. 다음은 한 컨설턴트가 고객 기업을 상대로 생산성 제고 프로젝트를 제안한 내용이다.

일차적으로는 다음과 같은 조처를 해야 한다.

1. 주요 경영진과 관리자들을 면담한다.

2. 업무 흐름을 추적하여 도식화한다.

3. 모든 중요한 기능을 명확하게 파악한다.

4. 조직 구조를 분석한다.

5. 서비스와 성과의 측정 기준을 이해한다.

6. 현재의 업무 기능을 평가한다.

7. 문제와 원인을 이해한다.

8. 생산성 제고가 가능한 분야를 찾아낸다.

위의 글은 일단 조목조목 나열한 포인트가 너무 많아서 전체적인 내용을 쉽게 파악할 수 없다. 마법의 숫자 7을 떠올려보자. (실제로 그루핑을 할 때는 그루핑된 포인트가 4~5개를 넘지 않도록 주의해야 한다. 다섯 개 이상의 포인트를 그루핑을 하면 그룹 내 포인트 사이의 관련성이 희박해져서 그룹 전체의 생각이 불분명해질 수 있다. 예를 들어 구약성서에 나오는 모세의 10계에는 '신에 대한 죄'와 '사람에 대한 죄'가 확실하게 구분되어 있다. 다시 말해 실제로 구약성서에 두 가지로 명확하게 구루핑되어 있는 것이다. 이에 따라 단순히 열 개의 계율을 기술하는 경우와 비교하여 그 의미가 더욱 충실하고 확실하게 전달된다.)

한편 위의 여덟 가지 단계는 행동 순서에 따라 배열한 것처럼 보이지만, 실제로는 동일한 피라미드 단계에 해당하지 않으며 그중 일부는 다른 단계를 실행한 결과다. 즉 전체 프로세스 가운데 자기 완결적인 미니 프로세스와 같은 형태가 존재한다. 이런 미니 프로세스를 명확하게 하지 않으면 필자의 의도를 제대로 전달할 수 없다. 아마 위의 글에서 필자가 말하고자 하는 내용은 다음과 같을 것이다.

일차적으로 귀사의 생산성 제고가 가능한 분야를 명확히 밝힌다.

1. 업무의 핵심 기능이 어디에 있는지 명확하게 밝힌다. (원문 3)

- 주요 임직원들을 면담한다. (원문 1)
- 업무 흐름을 추적하여 도식화한다. (원문 2)

2. 이런 기능을 수행함에 따라 발생하는 약점을 명확하게 밝힌다. (원문 7)

- 각 기능을 책임질 조직 구조를 구체적으로 지정한다. (원문 4)
- 서비스와 성과 측정의 기준을 정한다. (원문 5)
- 현재의 업무 수준을 평가한다. (원문 6)

3. 실질적인 개선 방안을 제시한다. (원문 8)

이제 이런 단계가 타당하고, 빠진 내용이 없는지 확인해야 한다. 예를 들어 세 가지 단계를 실행하면 정말로 생산성 제고가 가능한 분야를 찾아낼 수 있을까? 주요 임직원들을 면담하고, 업무 흐름을 추적하여 도식화하면 업무의 핵심 기능이 어디에 있는지 명확하게 파악할 수 있을까?

인과관계의 오류를 피하는 방법은 그림으로 나타내보는 것이다. 스스로 실행자가 되어 자신이 기술한 단계를 실제 행동으로 옮기는 과정을 그림으로 나타내어, 각 단계를 실행하면 무엇을 얻을 수 있는지 파악한다. 이를 통해 다음 단계로 이동하기 전에 빠진 단계가 없는지 혹은 다음 단계를 준비하는 데 필요한 단계가 무엇인지 등을 쉽게 알 수 있다.

실제로 행동으로 옮기는 과정을 그림으로 나타내보면 제대로 그루핑되어 있는지 확인할 수 있으므로 시간을 절약할 수 있다. 예를 들어 다음과 같은 리스트를 생각해보자.

전략을 수정할 때는 제품 수명 주기까지 고려해야 한다.

1. 요구의 인식

2. 시장에 부합하는 제품과 서비스를 만들기 위한 전략 개발

3. 실행

4. 시장 침투와 급속한 성장

5. 성장의 둔화와 성숙의 시작

6. 많은 현금 창출

7. 쇠퇴

첫 번째로 해야 할 일은 기술된 프로세스를 이해할 수 있는지 비판적인 시각으로 바라보는 것이다. 스스로 실행자가 되어 그 행동을 실행하는 과정을 그림으로 나타낸다. "먼저 요구를 인식하고 나서 전략을 개발한다. 그런 다음 전략을 실행한다. 그러고 나서…"와 같이 해보면 문제가 어디에 있는지 파악할 수 있다.

위의 경우 회사가 해야 할 세 가지 행동과 그 결과 때문에 발생한 네 가지 사건을 동일한 그룹에 포함시켰다. 결과만 놓고 보면 필자가 제품 수명 주기를 고려하고 있다는 점을 알 수 있다.

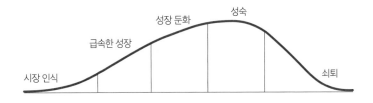

따라서 필자는 네 번째 단계에서 '시장 반응의 평가'라는 내용을 기

술하고 마지막에 전략 책정의 각 포인트를 시장 반응과 연관시켜야 한다(여기서 6번의 '많은 현금 창출'은 언급되지 않았다. 이것은 제품의 성숙기에 나타나는 일반적인 특징, 즉 성숙기의 특징에 관한 설명이므로 지금 작성하고자 하는 리스트에는 해당하지 않는다). 그 결과 위의 리스트는 다음과 같은 모습이 된다.

전략을 수립할 때는 제품 수명 주기까지 고려해야 한다.

1. 요구의 인식

2. 시장에 부합하는 제품과 서비스를 만들기 위한 전략 개발

3. 전략의 시행

4. 시장 반응의 평가

5. 시장 반응에 따른 전략의 변경

근거가 되는 프로세스 밝히기

결론을 도출할 때는 사전에 근거가 되는 프로세스를 명확하게 인식하고 있어야 이해하기 쉬운 문서를 작성할 수 있다. 사람들은 종종 전달하고자 하는 포인트를 명확하게 밝히지 않은 채 그렇게 된다고 암시하는 안이한 방법을 취한다. 예를 들면 다음과 같다.

사업의 정의는…

1. 프로세스의 독자성에 크게 의존한다.

   • 수요자의 세분화

- 공급자의 세분화

2. 시간에 따라 변한다.

- 제품 수명 주기의 초기와 후기
- 경쟁 상황의 변화

3. 특정 산업에서 유일할 필요는 없다.

4. 마케팅 능력과 경쟁의 영향을 받는다.

위의 글은 내용을 한마디로 요약해주는 메시지는 없지만 무엇을 말하고자 하는지 쉽게 알 수 있다. 제시된 네 가지 포인트의 내용이 쉽게 이해되고 각각 의미가 통하기 때문이다. 그러나 각 포인트가 제대로 배열되어 있는지 자문해볼 필요가 있다. (먼저 세분화한 다음 변화에 대응하고 자사의 위치를 평가한다.) 여기서 필자가 본래 말하고자 하는 내용은 사업을 어떻게 정의해야 하는가 하는 방법론에 있다는 것을 파악할 수 있다. 이런 단계를 거치고 나면 어떻게 하면 독자가 좀 더 이해하기 쉽게 글을 쓸 수 있는지 알 수 있다.

현재의 사업을 정의하는 데는 세밀한 분석이 필요하다.

1. 시장 세분화를 정의한다.

2. 세분된 시장에서 자사의 경쟁력을 평가한다.

3. 향후 위치의 변화를 시간의 경과에 따라 기록한다.

여기까지 오면 사업을 정의하는 데 필요한 단계 가운데 빠진 것은 없는지 필자 스스로 판단할 수 있다. 위의 예에서는 이것으로 충분하다. 중요한 것은 자기 생각을 원점으로 되돌려서 점검하는 일이다. 결국 이 작업은 독자가 이 리스트에 대해 가질 수 있는 질문이 무엇인지 점검하는 일과 같다.

또 다른 예를 살펴보자. 가령 부하직원이 "이것은 내일 프레젠테이션에서 말하고자 하는 내용입니다. 이렇게 하면 되겠습니까?"라고 물었다고 하자.

> 장래 수입과 예상 지출을 비교하는 지금까지의 투자 평가의 초점은…
> 1. 종종 기술적 근거가 희박하다.
> 2. 지나치게 단순화된 개념에 기반을 두고 있다.
> 3. 잘못된 판단을 초래하기 쉽다.

어떤 순서에 따라 배열했는지 살펴보면 위의 글을 쓴 부하직원이 시간의 순서를 염두에 두고 있다는 점을 눈치챌 수 있다. 그러나 세 번째 포인트는 앞의 두 가지 포인트의 결과이므로 원칙적으로는 피라미드의 정상에 위치해야 한다. 이 점을 고려하여 고쳐 쓰면 다음과 같이 된다.

> 장래 수입과 예상 지출을 비교하는 종래의 투자 평가의 초점은 잘못된 판단을 초래하기 쉽다.
> 1. 지나치게 단순화된 개념에 기반을 두고 있다.
> 2. 종종 기술적 근거가 희박하다.

그러나 부하직원의 원래의 글을 위와 같이 수정하기 전에 그루핑의 근거가 된 사고의 프로세스를 그림으로 그려봐야 한다.

이를 통해 당신은 필자가 프로세스의 1단계와 2단계는 언급하고 있지만, 3단계는 아니라는 사실을 알 수 있다. 3단계 내용을 언급하지 않은 이유는 ①그 기술을 적용하는 데 아무런 문제가 없기 때문이거나, 아니면 ②필자가 언급하는 것을 잊어버렸을 수 있다. 여기서는 필자가 잊어버렸을 공산이 크다. 생각을 점검하는 일이 습관화되면 자연스럽게 "기술을 적용하는 데 아무런 문제가 없을까?"라고 자문하게 된다. 생각을 점검하는 것은 곧 그 생각의 근거를 점검한다는 의미이기 때문이다.

시간의 순서는 종종 이미 존재하는 구조에 적용되기 때문에 해당 구조 자체에 따라 단계의 수와 순서가 규정된다. 이제부터 구조의 순서에 대해 살펴보자.

구조의 순서

먼저 구조의 순서란 무엇을 말하는지 알아보자. 이것은 뭔가 눈으로 볼 수 있는 것, 즉 도표나 지도 혹은 그림이나 사진 등이 눈에 보이는 순서에 따라 논리를 전개하는 것을 말한다. 눈에 보이는 '사물'은 실제 사물일 수도 있고 개념적인 사물일 수도 있다. 또 하나의 목표일 수도 있고 프로세스일 수도 있다. 그러나 반드시 구성하는 각 부분은 분명하고 적절하게 나누어져 있어야 한다.

구조 만들기

물질적인 것이건 개념적인 것이건 간에 전체를 부분으로 나눌 때, 나누어진 각 부분은 다음과 같은 조건을 충족해야 한다.

- 서로 '중복'된 것이 없다Mutually Exclusive.
- 전체적으로 '빠진' 것이 없다Collectively Exhaustive.

이것을 미시MECE, Mutually Exclusive and Collectively Exhaustive라고 한다. 다소 난해하지만, 조직도 등을 그릴 때 반드시 적용해야 하는 개념이다(〈도표 24〉 참조). '중복이 없다'는 말은, 타이어 사업부는 가정용품 사업부와 중복되지 않고 스포츠 장비 사업부도 다른 사업부와 중복되지 않는다는 의미다. 즉 중복되지 않고 개별적이라는 말이다. '빠진 것이 없다'는 말은, 이 세 사업부가 애크런타이어앤러버Akron Tire and Rubber Company의 전체를 나타낸다는 의미다. 즉 총망라되어 있다는 말이다.

MECE를 적용하여 전체를 부분으로 나눈 후 완성된 구조를 다른 사람에게 설명하면, 모든 부분이 빠짐없이 포함되어 있는지 확인할

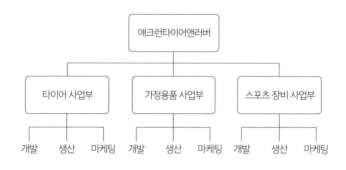

수 있다. 여기서 말하는 구조의 순서는 단순히 그림에 나타나 있는 대로 구조의 부분 부분을 표현하는 것을 의미한다.

그렇다면 각 부분을 그림으로 나타내려면 어떻게 해야 할까? 이것은 조직도를 그릴 때 가장 빈번하게 제기되는 질문이기도 하다. 조직도상에 각 사업부를 배치하는 순서는 조직을 만들 때 적용된 조직 구분의 원칙을 반영해야 한다. 조직의 활동을 구분할 때는 기본적으로 세 가지 방법을 적용할 수 있다. 첫 번째는 조사, 마케팅, 생산과 같은 활동 그 자체에 따른 방법, 두 번째는 동부지역이나 중부지역, 서부지역처럼 활동이 일어나는 장소에 따른 방법이 있다. 마지막으로 타이어 사업부나 가정용품 사업부, 스포츠 장비 사업부처럼 특정한 제품, 시장, 고객을 겨냥한 활동의 대상에 따른 방법이다.

• 활동을 강조하여 구분하는 경우에는 프로세스를 반영하여 시간의

순서에 따라 배열한다.

- 장소를 강조하여 구분하는 경우에는 실제 지리를 반영하여 구조의 순서에 따라 배열한다.

- 특정 제품이나 시장 등 활동의 대상을 강조하여 구분하는 경우에는 정도의 순서에 따르되, 판매액이나 투자 규모처럼 적절한 기준에 따라 순서를 정해야 한다.

조직 이외의 것을 나눌 때는 그것이 어떤 기능을 수행하는지 고려하여 기능에 따라 나눈 후, 그 기능을 수행하는 순서에 따라 배열한다. 예를 들어 레이더 장비를 설명한다면 다음과 같이 레이더가 작동하는 순서에 따라 부품을 배열해야 한다.

1. 변조기
2. 무선발신기
3. 적절한 스캐닝 기능을 갖춘 안테나
4. 수신기
5. 표시기

먼저 변조기가 에너지를 받아서 발신기를 통해 방출한다. 안테나가 빔으로 에너지를 모으고, 수신기는 빔의 스캐너로부터 온 신호를 받고, 표시기는 이를 데이터로 나타낸다.

구조를 글로 표현하기

구조가 정해지면 이를 글로 표현해야 한다. 구조를 글로 표현할 때는 먼저 위에서 아래로, 왼쪽에서 오른쪽으로 눈에 보이는 순서에 따라 각 부분을 기술할 수 있다. 이 방법은 앞에서 언급한 레이더 장비에 관한 설명처럼 기계 장치의 부품 구성을 기술적으로 설명하는 경우에 적용한다. 이외에도 구조를 글로 표현할 때는 프로세스 순서를 적용하는 방법도 사용할 수 있다. 다음은 시나이반도의 지도이며, 지도 다음에 나오는 글은 지도의 구조를 설명하고 있다.

사람들이 지도를 보는 구조는 이해하고자 하는 지도를 눈으로 좇는 순서에 따른다. 보통 왼쪽 윗부분 구석에서 시작해서 시계방향으로 움직인다. 가장 먼저 이집트에서 분리된 부분을 본 후 이스라엘 남부 지방을 거쳐 사우디아라비아 북부지방으로 옮겨간다. 마지막으로 동쪽에서 서쪽으로 다시 한번 시선이 움직일 것이다. 위의 필자는 독자가 지도를 보는 프로세스를 눈이 움직이는 순서에 따라 기술하고 있다.

구조의 변화 제안하기

구조와 관련된 프로세스를 그림으로 나타내는 것은 자주 이용되는 방법이다. 특히 기존의 구조를 변경해야 한다는 제안서를 작성하는 경우에 매우 일반적으로 사용된다. 예를 들어 다음과 같이 25개 부서와 23개 위원회에 보고하는 시 조직이 있다고 하자. 필자가 각각 여섯 개의 위원회에 보고하는 여섯 개의 부문이 있고, 사무관리 조직이 별도로 분리된 구조로 이 조직을 변경해야 한다고 제안했다.

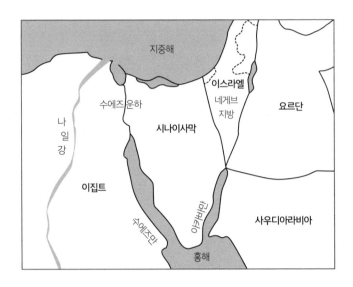

지도에 표시된 지명:
- 지중해
- 이스라엘
- 네게브 지방
- 요르단
- 수에즈운하
- 나일강
- 시나이사막
- 이집트
- 아카바만
- 수에즈만
- 사우디아라비아
- 홍해

중동 지역의 지도에는 항상 시나이반도가 정중앙에 있다. 시나이반도는 이등변 삼각형을 거꾸로 뒤집어놓은 모양으로, 날카로운 칼날로 아프리카와 아랍과 아시아를 갈라놓고 있다. 이 지역에 대해서는 정치적 입장에 따라 해석이 다르다. 이집트 동쪽에 있는 신성한 이집트 토지의 일부로 간주하기도 하고, 100년 정도 전부터는 수에즈 운하에 의해 이집트와 분리된 지역으로 보기도 한다. 혹은 이스라엘의 남부 지역으로 거대한 네게브사막이 연장된 것처럼 보이기도 한다. 사우디아라비아의 북부 지역으로 가느다란 아카바만에 의해 거대한 사우디 본토로부터 갈려져 나간 지역인 것 같기도 하다. 혹은 매우 단순하게 동과 서를 연결하는 고대로부터 내려온 다리로서 행상들과 침략군이 편리하게 이용한 길처럼 보기도 한다.

출처: 버턴 번스타인(Burton Bernstein), <시나이: 위대하고도 무시무시한 황무지*Sinai: The Great and Terrible Wilderness*>, 《뉴요커》, 1979년.

　　과거의 조직을 새로운 조직으로 변경하기 위해서는 네 가지 조치를 해야 한다. 이런 내용을 보고서를 통해 제안할 때는 어떤 순서에 따라 기술해야 하는가? 네 가지 조치 모두 중요하기 때문에 중요도에 따라

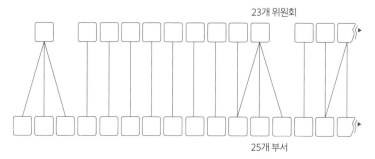

과거의 조직

23개 위원회

25개 부서

새로운 조직

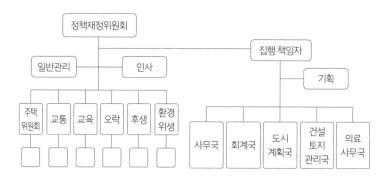

배열할 수는 없다. 이론적으로 볼 때 네 가지 조치는 동시에 진행되어야 하므로 시간의 순서도 적절하지 않다.

이런 경우에는 종이 위에 하나하나 그림을 그려서 설명하는 방법을 생각해볼 수 있다. 1단계는 많은 위원회를 정책재정위원회의 아래에 여섯 개 그룹으로 통합한다. 2단계는 25개 부서를 여섯 개 위원회에 맞게 여섯 개 부서로 통합한다. 3단계는 정책재정위원회를 지원하는 두 개의 부서를 만든다. 마지막 단계는 문서 업무를 관리하는 사무 행정팀을 집행 책임자의 산하에 만든다.

최종 제안은 다음과 같을 것이다.

> 시의 행정 관리 시스템을 개선하고 중요한 안건을 보다 효율적으로 처
> 리하기 위해 자문위원회는 다음과 같은 행동을 취해야 한다.
> 1. 시민에 대한 직접 봉사의 책임은 정책재정위원회 산하의 여섯 개
>   위원회에 위임한다.
> 2. 정책재정위원회 조직에 상응하는 형태로 25개의 부서를 여섯 개
>   의 프로그램 관리부서로 통합하고 각 프로그램 디렉터가 이를 담당
>   한다.
> 3. 각 프로그램 활동의 관리와 서비스 조직을 강화한다.
>   • 일반관리위원회를 만든다.
>   • 새로 개설된 인사위원회가 시 소속 근로자의 동기부여와 의욕을
>   높이는 데 보다 적극적인 임무를 수행한다.
> 4. 집행 책임자를 임명하여 시의 정규 직원을 총괄 관리한다.

구조의 순서를 통해 생각을 명확하게 하기

시간의 순서와 마찬가지로 구조의 순서를 통해서도 그룹 내의 논리
적 결함을 파악할 수 있다. 예를 들어 시 교통과 책임자가 다음과 같
은 조치를 제안한 보고서를 받았다고 하자.

> 우리가 이해한 바에 따르면, 이번 프로젝트의 목적은 다음과 같다.

1. 유지보수와 건설 분야에서 현장 운영 업무를 조사, 분석한다.

2. 현장 기술자가 일상적인 운영상의 문제와 시민들의 요구에 적절하게 대응할 수 있는 유연한 조직, 관리 체계가 존재하는지 검토한다.

3. 기초 엔지니어링, 도로와 다리 설계, 환경에 대한 배려, 교통 확보, 통행 관리 등의 분야를 조사, 분석한다.

4. 본 부서의 조직 구조를 조사, 분석한다.

5. 각 검토 분야의 장점과 약점을 파악한다.

왜 이런 순서로 구성했을까? 이런 생각은 어디서 나온 것일까? 먼저 다섯 번째 포인트는 첫 번째부터 네 번째 포인트까지 전체를 언급하고 있으므로 다른 포인트와 동일한 형태로 처리할 수 없다. 따라서 다섯 번째 포인트는 제외한다. 다음으로 첫 번째부터 네 번째 포인트를 통해 필자가 말하고자 하는 내용이 무엇인지 생각해보자.

1. 유지보수 / 건설

2. 일상적인 운영 업무

3. 기초 엔지니어링 / 도로와 다리 설계 / 환경에 대한 배려 / 교통 확보 / 통행 관리

4. 조직 구조

이것을 도로 건설 등에 관한 프로세스로 간주하면 다음과 같은 단계로 요약할 수 있다.

1. 설계

2. 건설

3. 운영

4. 유지보수

여기서 필자가 말하고자 하는 프로젝트의 목적은 아마 "위의 네 가지 활동을 실행하기 위해 부서가 적절하게 조직, 관리되고 있는지 점검해야 한다"일 것이다.

또 다른 예를 살펴보자. 이번 예는 그때그때 떠오르는 생각을 자유분방하게 나열해놓은 리스트로, 다소 어려울 수도 있다. 그러나 필자가 글을 쓰기 전에 머릿속에 내용이 구조화되어 있지 않았다는 점은 쉽게 파악할 수 있다. 필자 자신이 구조를 명확히 인식하지 못하면 자기 생각을 정리할 수 없다.

다음은 어느 청량음료 제조회사에서 제품 용기를 유리병 대신 플라스틱병으로 바꾸는 안건을 결정하기 위해 관리 직원이 작성한 리스트다. 이 회사는 플라스틱병을 외부에서 조달하느냐, 아니면 자체적으로 생산하는 공장을 건설하느냐 하는 두 가지 안을 가지고 있다. 필자는 공장을 건설하는 데 반대하고 있다.

회사 안팎으로 플라스틱병의 제조와 관련된 투자의 추진을 저지하는 위험과 제약 요인이 많다.

1. 기술적 위험: 개발되지 않은 디자인 문제

2. 환경적 위험: 회수할 수 없는 용기에 대한 법적 규제

3. 프리미엄 위험: 물가 상승으로 인한 포장 비용의 증가에 대한 소비자의 거부 반응

4. 비독점성: 외부 판매는 마케팅 효과를 약화할 뿐만 아니라 우리는 음료 제조회사이므로 외부 판매가 어렵다.

5. 자본집약성: 본 프로젝트는 투자 회수에 걸리는 시간이 극도로 길다.

6. 주당순이익EPS, earning per share의 저하(차입금이 증가함에 따라 더욱 두드러진다)

7. 단기적으로 필요한 개발, 투자 비용

8. 전사적인 현금흐름 문제: 기존 사업의 확대에 필요한 자금

9. 유리 공급업자들의 가격 인하 공세. 플라스틱보다 유리의 가격상승률이 낮을 것으로 예상한다.

10. 플라스틱 업계는 목표로 하는 투자회수율이 낮은 만큼(업계 수준 7~10퍼센트) 대폭적인 가격 인하 공세를 펼칠 수 있다.

11. 용기 사업은 전형적으로 수익률이 낮은 사업이므로 저비용의 생산 체제를 갖추는 것이 관건이다. 이런 사업에 진출하는 것은 회사의 주가수익률PER, price earning ratio의 하향 조정을 의미한다.

　

지나치게 복잡하게 뒤섞여 있지만, 이 문제를 해결하기 위한 분류 프로세스는 다른 사례와 동일하다. 먼저 리스트를 위에서 아래로 훑어보면서 필자가 각 포인트에 대해 반대 의견을 가지고 있는 이유가 무엇인지 살펴본다. 이를 통해 다음과 같은 몇 가지 유형을 발견할 수 있다.

1. 높은 비용

2. 법적 규제

3. 판매량 저하나 가격 인하의 강요

4. 판매량 감소

5. 높은 투자 비용, 낮은 투자수익률

6. 주당순이익의 저하

7. 높은 비용

8. 차입금 증가

9. 가격 인하의 강요

10. 가격 인하의 강요

11. 낮은 수익률, 낮은 주가수익률

비즈니스맨들이 비용, 매출, 가격, 투자, 투자수익률ROI, return on investment 등을 화제로 삼을 때는 일반적으로 투자수익률 트리를 통해 나타나는 각 요소 간의 상호관계를 이해하고 있다는 의미다. 관련된 포인트를 로직트리logic tree 형태로 정렬하면 필자가 전달하고자 하는 내용을 쉽게 알 수 있다. 여기서 필자가 전달하고자 하는 내용은 이번 프로젝트가 투자수익률을 저하한다는 것이다.

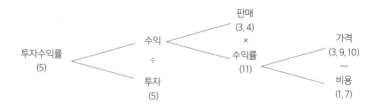

주당순이익과 주가수익률에 대한 포인트는 또 하나의 관련성을 찾아 로직트리로 나타낼 수 있다.

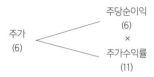

아직도 두 개의 포인트(2, 8)가 남아 있다. 8번은 차입금 증가이고, 2번은 회수할 수 없는 용기에 대한 법적 규제 때문에 판매할 수 없을지도 모른다는 우려다. 차입금 문제는 투자수익률 트리의 수익 아래에 층을 하나 만들어 세금과 금리 비용을 써넣을 공간을 두면 해결된다. 그러나 여기서는 이해하기 쉽도록 생략한다.

지금까지 나온 내용을 모두 통합하면 필자가 전달하고자 하는 내용은 다음과 같다.

> 우리는 플라스틱 용기 사업에 진출하기 전에 다음과 같은 사항을 신중히 고려해야 한다.
> - 회수가 불가능한 용기에 대한 금지 법규가 적용되면 사업 진출 자체를 할 수 없게 된다.
> - 설령 금지 법규가 적용되지 않더라도 수익률 저하는 피할 수 없다.
>   - 단기적으로 주당순이익 저하
>   - 장기적으로 투자수익률 저하

메시지의 의미를 이해했으므로 각 포인트를 자세히 검토하여 제대로 입증되고 있는지 확인할 수 있다. 이 사례에서는 메시지가 제대로 입증되고 있지 않다. 내가 알기로 이 회사는 플라스틱 용기 사업에 진출해서 크게 성공했기 때문이다. 필자는 플라스틱 용기가 청량음료의 매출에 미칠 긍정적 영향에 대한 평가를 고려하지 않았다.

여기서 재차 강조하고자 하는 요점은, 글의 논리적 구조를 따져보지 않으면 의미 없는 이야기가 쓰여 있는지를 확인할 수 없다는 사실이다. 글이 명쾌한 구조로 배열되어 있는지 따져보면 글의 결함과 생략된 부분을 파악할 수 있다.

정도의 순서

마지막으로 일반적으로 '중요도의 순서'라고 일컬어지는 정도의 순서를 살펴보자. 정도의 순서는 공통적 특징을 가진 사물을 유사한 부류끼리 분류하여 그루핑을 할 때 사용한다. 예를 들어 세 가지 문제, 네 가지 이유 혹은 다섯 가지 변동 요인 등이 있다. 이때 아무 생각 없이 일단 모아놓고 보자는 식으로 그루핑을 해서는 안 된다.

적절한 분류 그룹 만들기

"이 회사에는 세 가지 문제가 있다"라고 분류하는 경우 우리의 뇌는 자동으로 세 가지 문제를 그 외의 다른 문제와 분리해서 〈도표 25〉와 같이 두 갈래의 구조를 만들어낸다. 이런 분류에는 당연히 빠진 것

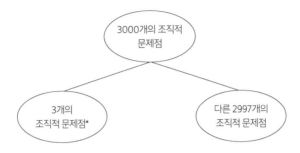

도표 25 분류를 통해 생각의 범위를 좁힌다

```
        3000개의 조직적
           문제점
         /          \
    3개의          다른 2997개의
 조직적 문제점*        조직적 문제점
```

• 3개의 문제점은 공통적 특징을 가지고 있어 서열화할 수 있다.

이 없고 중복된 것도 없다.

먼저 문제점이 서로 중복되지 않는지 확인하기 위해 공통적 특징을 구체적으로 정의한다. 다음으로 공통적 특징을 가진 모든 항목이 그룹에 포함되어 있는지 자신이 가지고 있는 지식을 총동원해서 확인한다. 그런 다음 공통적 특징을 가지고 있는 '정도'에 따라 큰 것부터 배열한다.

많은 사람이 각 포인트의 관련된 정도를 상대적으로 평가한 후 정도가 큰 것부터 배열하는 이유가 무엇인지 자주 묻는다. 그들은 정도가 가장 작은 것을 맨 처음에 배열하고, 정도가 가장 큰 것을 맨 마지막에 배열하면 좀 더 극적일 것으로 생각한다. 실제로 그 방법이 더욱 극적일 수도 있다. 그러나 극적이라는 것은 어디까지나 감정적인 문제로 논리적이지 않다. 따라서 이것은 스타일 문제라고 말할 수 있다. 때에 따라서는 감정적인 효과를 높이기 위해 순서를 바꾸는 쪽이 더욱 합리적일 수도 있다. 그러나 대부분 정도가 큰 것부터 배열한다.
다음의 예를 살펴보자.

> 텔레콤의 청구 시스템은 광범위하게 활용할 수 있도록 설계되어야 한다.
> 1. 외부 고객의 요구에 대응한다.
> 2. 사내 경영진의 요구를 충족시킨다.
> 3. 외부 규제에 부합한다.

텔레콤의 청구 시스템은 세 가지 기본적인 요구를 모두 충족시켜야
한다. 그러나 나열된 순서대로라면 위의 리스트는 고객의 요구를 충
족시키는 것이 외부 규제에 부합하는 것보다 중요하다는 사실을 암시
적으로 전달하고 있다. 이런 판단의 배경에는 다음과 같은 무의식적
인 분류가 자리 잡고 있다.

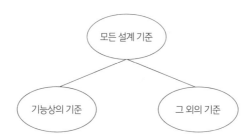

비즈니스 세계에서 이처럼 분류별 그루핑에 기초하여 순서를 정하
는 경우는 시간의 순서나 구조의 순서에 비해 드문 편이다. 그렇다고
해서 분류하는 것이 일반적이지 않다는 말은 아니다. 분류하는 작업
은 사람들의 보편적인 습관으로, 눈에 보이는 것을 즉시 단순하게 이

름을 붙여 분류하는 경향이 있다. 그러나 사람들은 공통적 특징을 가진 것만 모아서 분류하는 것에 그치지 않고, 동일한 프로세스와 구조로부터 파생된 생각은 동일하게 분류할 수 있다고 생각한다.

동일한 프로세스와 구조로부터 파생된 생각을 분류하는 것 자체는 문제가 되지 않는다. 다만 이때 그루핑의 근거를 분명히 인식한 다음 그 근거를 순서를 정하는 데 반영해야 한다는 전제 조건이 붙는다. 다음의 예를 살펴보자.

> 귀사는 벤더캡처 전략을 고려해서는 안 된다(벤더캡처란 자사의 창고 공간을 사용하도록 해주고 벤더의 독점권을 얻는 것이다).
>
> 1. 귀사의 창고는 공간이 충분히 넓지 않고 위치도 적당하지 않다.
> 2. 위의 문제가 해결되더라도 이 방법을 쓰면 핸들링 작업이 증가한다.
> 3. 설령 귀사가 이번 안건을 받아들이더라도 그에 따른 비용 감소는 미미하다.

요약 포인트는 단순히 세 가지 이유를 통해 입증되고 있지만, 사실은 이를 통해 근거가 되는 구조를 시사한다. 즉 여기서는 "귀사에는 창고가 있고, 거기에는 작업하는 프로세스가 있고, 그런 작업 프로세스를 근거로 감소한 비용을 계산한다"라는 구조가 된다.

부적절한 분류 그루핑 파악하기

분류 그루핑의 근거를 인식하고 있으면 전달하고자 하는 내용을 명확하게 파악할 수 있다. 다음의 예를 살펴보자.

> 투자 효과에 중점을 둔 종래의 재무 방침은 기업 활동을 잘못된 방향
> 으로 유도하는 결과를 낳는다.
> 1. 기업은 자본 비용을 웃도는 수익 사업에만 투자해야 한다.
> 2. 자원을 효과적으로 배분하기 위해서는 미래의 불확실성과 위험을
>   보다 정확하게 수량화해야 한다.
> 3. 사업 계획과 자본예산(투자 대상의 현금흐름이 1년 이상의 장기간에 걸
>   쳐 실현될 경우 이런 투자 의사결정과 관련된 일체의 계획 수립 과정―옮긴
>   이)은 개별적인 프로세스이며, 자본예산은 재무 활동의 하나다.
> 4. 최고경영자의 역할은 사업을 구상하는 것이 아니라 수치를 늘리는
>   것이다.

이런 네 가지 그릇된 관습은 일반 기업들에게 언제나 '당연한 것'으로 받아들여지고 있다. 그러나 정말로 당연하다고 말할 수 있을까? 위의 내용을 말을 조금 바꿔서 간략하게 표현하면 다음과 같다.

> 재무적으로 중점을 둘 부분
> 1. 기업의 투자를 장려한다.
> 2. 불확실한 요소의 수치화를 강조한다.
> 3. 사업 계획과 자본예산을 구분한다.
> 4. 최고경영자가 수치 달성에 전념할 수 있도록 한다.

세 번째 항목을 제외한 모든 항목이 의사결정 프로세스의 일부분이라는 것을 알 수 있다. 프로세스라면 순서가 있다는 의미이므로, 이것을 다음과 같이 시간의 순서에 따라 수정하면 핵심 포인트가 훨씬 명쾌해진다.

투자 효과에 중점을 둔 종래의 재무 방침은 부적절한 자원 배분을 초래할 수 있다. 그 이유는 다음과 같다.
1. 투자 사업 선정에서 가장 중요한 것으로 미래의 불확실성과 위험의 수치화를 강조한다.
2. 최고경영자가 사업 구상보다 수치 달성에 전념할 수 있도록 한다.
3. 자본 비용을 웃도는 수익 사업에 관해서는 먼저 투자를 장려하고, 그 외의 것들은 고려하지 않는다.

각 포인트를 읽으면 어떤 생각의 종류가 그루핑되어 있는지 쉽게 알 수 있으므로 큰 어려움 없이 분류할 수 있다. 그러나 '이유'나 '문제' 등 여러 가지 종류의 생각이 뒤섞여 있어 그루핑의 근거를 쉽게 찾아내기 힘들 때도 있다. 2부의 도입부에 나왔던 예를 다시 한번 살펴보자.

바이어는 현재의 판매와 재고 집계 시스템에 대해 불만을 품고 있다.
1. 보고 횟수가 부적절하다.
2. 재고 데이터의 신뢰성이 떨어진다.
3. 재고 데이터가 신속하지 못하다.

4. 재고 데이터와 판매 데이터가 일치하지 않는다.

5. 바이어는 좀 더 보기 쉬운 형식으로 된 보고서를 원한다.

6. 바이어는 의미 없는 데이터를 보고서에서 삭제하기를 원한다.

7. 바이어는 예외 항목을 눈에 잘 띄게 표시하기를 원한다.

8. 바이어는 자신이 직접 해야 하는 수작업 계산이 줄어들기를 바란다.

전체 포인트를 훑어보고 대략 범주를 나눈 다음 보다 비판적인 시각으로 바라본다. 먼저 '문제의 종류'를 기준으로 각 포인트를 나누어 본다. 예를 들어 "보고 횟수가 부적절하다"라는 문제는 '부적절한 타이밍'으로 분류한다.

불만	문제의 종류
1. 보고 횟수가 부적절하다 3. 재고 데이터가 신속하지 못하다	1. 부적절한 타이밍
2. 재고 데이터의 신뢰성이 떨어진다 4. 재고 데이터와 판매 데이터가 일치하지 않는다 6. 의미 없는 데이터는 보고서에서 삭제되기를 원한다	2. 부적절한 데이터
5. 좀 더 보기 쉬운 형식으로 된 보고서를 원한다 7. 예외 항목을 눈에 잘 띄게 표시하기를 원한다 8. 직접 해야 하는 수작업 계산이 줄어들기를 바란다	3. 사용하기 힘든 형식

이와 같이 표로 만들어보면 필자는 보고 시스템과 관련하여 타이밍, 데이터, 형식의 세 가지 문제에 불만을 품고 있다는 사실을 알 수 있다. 그렇다면 이 리스트를 어떤 순서로 배열해야 할까? 이것은 보고

서를 작성하는 프로세스, 보고서를 읽는 프로세스, 보고서의 문제를 해결하는 프로세스 가운데 필자가 어떤 프로세스를 전달하고자 하는 가에 따라 결정된다. 다시 말해 순서는 프로세스를 반영하고, 프로세스는 필자가 답변해야 하는 독자의 질문에 따라 결정된다.

왜 이 시스템은 불필요한 월간 보고서를 만드는가?	왜 바이어는 이 보고서를 싫어하는가?	이 문제를 어떻게 해결할 것인가?
2. 신뢰할 수 없는 데이터를 담고 있다	1. 보고서가 늦게 나온다	3. 필요한 데이터와 그 기재 방법을 결정한다
3. 이해하기 힘든 형식으로 되어 있다	3. 보고서가 나와도 거기서 아무것도 얻을 수 없다	2. 데이터가 신뢰할 만한 것 인지 확인한다
1. 보고서가 늦게 나와 실질적 행동을 취할 수 없다	2. 도움이 되는 데이터가 있 더라도 정확하지 않다	1. 보고서가 정시에 발행되는 지 확인한다
(데이터 → 형식 → 타이밍)	(타이밍 → 형식 → 데이터)	(형식 → 데이터 → 타이밍)

여기서 말하는 내용은, 조목조목 나열한 포인트를 분류별로 그루핑을 한 경우 그 배경에 숨어 있는 필자의 본질적 의도를 파악하기 위해서는 다음과 같은 프로세스를 거쳐야 한다는 것이다.

1. 포인트의 종류를 파악한다.
2. 같은 종류의 포인트는 그룹으로 묶는다.
3. 그룹의 순서를 찾아낸다.

또 다른 예를 살펴보자.

뉴욕이 쇠퇴한 배경에는 매우 복잡하고 다양한 원인이 있지만, 그 가운데 대표적인 것들을 열거하면 다음과 같다.

1. 미국 내의 다른 지역에 비해 높은 임금 수준

2. 높은 에너지, 주택, 토지 비용

3. 운송비를 상승시키는 도로 혼잡

4. 근대적 공장 부지의 부족

5. 높은 세금

6. 기술의 변화

7. 미국 남서부와 서부에 등장한 새로운 경제 중심지와의 경쟁

8. 미국의 경제, 사회 생활의 교외화

여기까지는 생각을 전달하기보다는 단순히 원인을 나열한 것에 불과하다. 앞의 프로세스를 사용해 뉴욕의 쇠퇴 원인을 열거한 리스트의 배경에 숨어 있는 본질적 의도를 파악해보자. 이를 위해서 먼저 앞의 프로세스에서 각 포인트의 공통점을 찾아보자.

불만	문제의 종류
1. 높은 임금 2. 높은 에너지, 주택, 토지 비용 3. 높은 운송비와 교통비 5. 높은 세금	1. 높은 비용
4. 근대적인 공장 부지의 부족 6. 기술 변화(현대화의 필요성) 8. 경제, 사회 생활의 교외화	2. 지역의 부적절성
7. 미국 남서부와 서부에 등장한 새로운 경제 중심지	3. 대안 선택

필자는 중요도의 순서에 따라 논리를 전개하고 있으며, 그가 말하고자 하는 내용은 다음과 같다.

뉴욕의 쇠퇴 원인은 쉽게 파악할 수 있다.

1. 높은 비용

2. 지역 환경의 한계

3. 매력적인 대안

논리 전개의 순서를 확인하면 제대로 그루핑이 되었는지 알 수 있다는 점이 지금까지 살펴본 다양한 예를 통해 입증되었다. 귀납적 그루핑을 점검할 때는 항상 리스트를 위에서 아래로 신속하게 훑어보는 일부터 해야 한다. 명확한 논리 전개의 순서, 즉 시간이나 구조, 정도 등이 보이는가? 만일 보이지 않는다면 그루핑의 근거를 파악하여 이를 프로세스나 구조나 분류로 구분할 수 있는가? 리스트가 길다면 하위 계층을 만들 수 있는 공통점이 있는가? 그 하위 계층에 순서를 부여할 수 있는가?

그루핑이 완성되면 이를 통해 논리적 추론을 이끌어낼 수 있다. 이에 대해서는 7장에서 자세히 설명한다.

Summary

논리적 순서의 종류

- 시간의 순서(생각을 기술할 때 프로세스를 시각화한다면)
- 구조의 순서(생각을 기술할 때 구조를 언급한다면)
- 정도의 순서(생각을 기술할 때 분류를 한다면)

행동 생각 배치하기

- 각 포인트는 최종 결과를 의미할 수 있도록 기술한다.
- 동일한 결과를 이끌어내는 행동을 함께 그루핑을 한다.
- 그루핑의 근거가 되는 프로세스와 구조를 밝히고, 그에 따라 순서를 정한다.
- 빠진 조치가 없는지 점검한다.

상황 생각 배치하기

- 동일한 종류로 표현된 생각을 그루핑을 한다.
- 그루핑의 근거가 되는 구조나 분류를 밝힌다.
- 각 포인트는 주부와 술부를 갖춘 문장 형식으로 고쳐 쓴 후에 정렬 순서를 결정한다.
- 빠진 포인트가 없는지 점검한다.

그룹 생각 요약하기

- 행동 생각을 요약할 때는 그 행동을 수행함으로써 직접 얻을 수 있는 결과를 기술한다.
- 상황 생각을 요약할 때는 그 포인트 부류의 유사성에 어떤 의미가 있는지 기술한다.

그룹 내 생각
요약하기

이제 피라미드 원칙의 첫 번째 규칙을 살펴볼 차례다. 어떤 계층에 있는 메시지이든 하위 계층의 메시지를 요약해야 한다. 왜냐하면 상위 계층의 메시지는 하위 계층에서 이끌어낸 것이기 때문이다.

연역적 그루핑의 경우에는 상위의 요약 메시지를 쉽게 이끌어낼 수 있다. 삼단논법으로 이루어진 하위 메시지의 '그러므로' 다음에 나오는 결론을 토대로 요약하면 되기 때문이다. 그러나 귀납적 그루핑의 경우에는 하위 메시지가 어떤 관련성에 따라 그루핑되기 때문에 상위 메시지와 하위 메시지의 관련성이 무엇인지 기술해야 한다. 다시 말해 그루핑된 생각을 요약하는 것은 곧 사고 프로세스를 완성하는 최종적인 절차라고 할 수 있다.

대부분의 필자들은 생각을 정리하지 않고 아무렇게나 나열한다. 지금까지 살펴봤듯 많은 사람이 구체적 관련성이 없는 메시지를 두루뭉술하게 묶는 경향이 있다. 이렇게 묶인 메시지는 서로 관련성이 없으므로 요약할 수가 없다. 한편 메시지 사이에 구체적 관련성이 있더라도 생각을 정리하는 요약을 하기는 어렵다. 따라서 사람들은 다음과 같은 이른바 '내용이 없는 공허한 주장'만 늘어놓게 된다.

- 회사는 세 가지 목표를 가지고 있다.
- 조직 내에는 두 가지 문제가 있다.
- 우리는 다섯 가지 변화를 제안한다.

이런 메시지를 내용이 없는 공허한 주장이라고 말하는 이유는 하위 계층의 핵심 내용을 요약하고 있지 않기 때문이다. 단지 앞으로 논의할 메시지의 종류가 서술되어 있을 따름이다. 이것은 독자는 물론이거니와 필자 자신에게도 치명적인 문제다.

▲
내용이 없는 공허한 주장 피하기
▼

내용이 없는 공허한 주장은 독자에게도 치명적이다. 왜냐하면 독자의 관심을 끌거나, 읽고자 하는 욕구를 자극하지 못하기 때문이다. 가장 큰 문제는 당신이 전달하고자 하는 내용을 독자가 이해하지 못할 수도 있다는 점이다. 다음은 내가 몇 년 전에 라디오에서 들은 대화의 내용이다.

첫 번째 화자: 영국의 소설가이자 시인 존 웨인John Wain은 다음의 세 가지 이유로 영국의 시인이자 비평가인 새뮤얼 존슨의 자서전을 쓰는 데 자신만 한 적임자가 없다고 말합니다.

- 두 사람 모두 가난한 스태퍼드셔 지역 출신입니다.
- 두 사람 모두 옥스퍼드대학에서 수학했습니다.
- 두 사람의 문학적 기호가 같습니다.

두 번째 화자: 그 말에 동의할 수 없습니다. 스태퍼드셔에는 진짜 진실이 없습니다.

그러자 모든 사람이 웃음을 터뜨렸고, 화자들은 화제를 바꿨다. 나는 "대체 무슨 말을 하는 거야?"라는 생각이 들었다. 지금부터 무슨 일이 벌어진 것인지 살펴보자. 우리는 첫 번째 화자가 자기 생각을 말해주기를 기다리고 있는데 세 가지 이유라는 내용이 없는 공허한 주장만 펼친다. 거기에는 핵심적인 생각이 들어 있지 않다. 그래서 "두 사람 모두 가난한 스태퍼드셔 지역 출신…"이라는 말을 듣고 이를 화자가 말하고자 하는 내용으로 간주하고 다른 두 가지 포인트에는 귀를 기울이지 않는다. 그 결과 답을 할 차례가 되면 기억에 남아 있는 첫 번째 포인트만 언급하게 된다.

만일 첫 번째 화자가 다음과 같이 말했다면 어땠을까?

존 웨인은 자신과 새뮤얼 존슨은 동일한 유형의 사람이기 때문에 그의 자서전을 쓰는 데 자신만 한 적임자가 없다고 말합니다.

이렇게 되면 왜 동일한 유형의 사람인지 듣고 나서 그 생각에 답변할 수 있으므로 대화가 단절되지 않을 것이다.

지금까지 설명한 내용만으로도 요약의 중요성을 충분히 알 수 있을 것이다. 인간의 뇌는 "그는 세 가지 이유에 따라 이러이러하다"라는 말을 들을 때보다는 "동일한 유형의 사람이기 때문에 이러이러하다"라는 말을 들을 때 다음에 나올 정보를 좀 더 확실하게 받아들이게 된다. 첫 번째 포인트는 글자 그대로 아무런 내용이 없는 주장으로, 이러한 주장으로 가득 찬 문서는 매우 지루하다.

그러나 내용이 없는 공허한 주장을 피해야 하는 더욱 중요한 이유는 이런 주장이 필자의 불완전한 생각을 숨겨주기 때문이다. 이에 따라 독자가 보다 논리적이고 창의적으로 생각을 발전시킬 훌륭한 기회를 교묘하게 숨겨버린다. 그루핑을 한 생각을 요약하는 중요한 이유 가운데 하나는 자기 생각을 보다 발전시킬 수 있도록 자극하는 데 있다. 예를 들어 일단 어떤 생각이 떠오르면 다음의 두 가지 방법 가운데 하나를 통해 그 생각을 더욱더 발전시켜야 한다.

- 최초의 생각에 대해 의견을 진술한다(연역법).
- 최초의 생각과 유사한 다른 생각을 찾는다(귀납법).

그러나 이런 프로세스를 통해 새로운 생각을 유도하기 전에 최초의 생각을 올바르게 그루핑을 해서 진짜 요약 메시지를 도출해내야 한다(〈도표 26〉 참조). 예를 들어 어떤 사람이 "회사에는 두 가지 조직적 문제가 있습니다"라고 쓴 다음에 두 가지 문제를 나열했다고 하자. 물론

연역적 추론

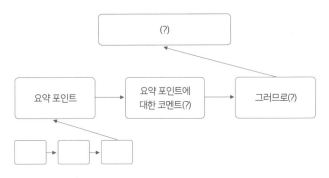

귀납적 추론

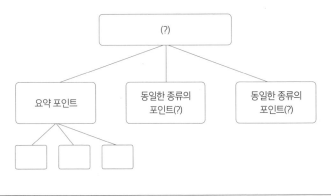

이것은 내용이 없는 공허한 주장이므로 고쳐 써야 한다. 하위 계층의 생각이 ①두 가지 모두 조직적 문제인 동시에 ②논리적 순서에 따라 배열되어 있다면 고쳐 쓰기 쉬울 것이다. 그러나 아쉽게도 논리적 순서는 찾아낼 수가 없었다.

하위 계층 생각의 근거가 어디에 있고 유사점이 무엇인지 곰곰이 생각해보자, 그는 자신이 비로소 '조직적 문제'라는 일반적인 이야기를 하고자 했던 것이 아니라는 사실을 깨닫게 되었다. 그는 '대규모 권한 위임이 필요한 조직 분야'에 대해 더욱 구체적인 이야기를 하고 있었다. 이 사실을 통해 문제가 되는 분야는 두 군데가 아니라 네 군데이며, 그중 그가 정확하게 파악하고 있는 곳은 한 군데에 불과하다는 것을 알게 되었다. 그는 비로소 자신이 정말로 말하고자 한 내용은 "회사가 직면한 문제는 권한을 위임할 수 없는 조직운영시스템에 있다"라는 것을 알게 되었다(〈도표 27〉 참조). 문제가 무엇인지 확실하게 파악되자 해결책을 찾는 데 전념할 수 있었다.

지금까지 설명한 바와 같이 그루핑을 한 생각에서 적절한 요약 메시지를 뽑아내는 프로세스는 매우 중요하다. 적절한 요약 메시지를 만들기 위해서는 어떻게 해야 하는지 다시 한번 정리해보자. 먼저 앞

도표 27 내용이 없는 공허한 주장은 불완전한 생각을 은폐한다

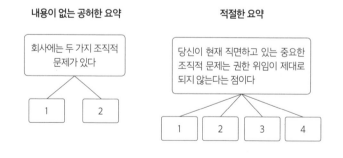

장에서 설명했듯 그루핑의 근거가 되는 생각을 점검하여 MECE(중복되거나 빠진 것이 없다)로 분류되어 있는지 확인해야 한다. 즉 프로세스에 따른 순서인지, 구조의 순서인지, 아니면 분류에 따른 순서인지를 확인한다. 그런 다음 자신이 강조하고자 하는 핵심 포인트의 종류를 생각한다.

생각의 근거가 무엇이든 그 생각의 표현은 독자에게 '무엇을 하라'라고 말하는 행동의 기술이거나 혹은 독자에게 '무언가에 대해서' 설명하는 상황의 기술 가운데 하나여야 한다.

도표 28 논거 형태에 따라 요약 프로세스가 결정된다

연역적 추론

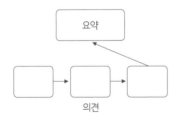

귀납적 추론

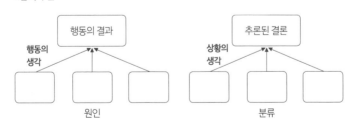

- 일련의 행동에 따라 얻을 수 있는 기대 성과를 기술할 때는 행동에 대한 생각을 요약한다.
- 각 포인트의 유사성이 무엇을 의미하는지 기술할 때는 상황에 대한 생각을 요약한다.

다시 말해 귀납적 그루핑을 요약하는 것은 일련의 행동 결과를 기술하거나 혹은 일련의 생각을 통해 추측한 결론을 이끌어내는 것 가운데 하나를 의미한다(〈도표 28〉 참조).

▲
행동 결과 기술하기
▼

비즈니스 문서에서 압도적인 비율을 차지하고 있는 내용은 행동에 관한 기술, 즉 몇 가지 조치, 제안, 목적 혹은 변화 등의 복수명사로 표현되는 것이다. 이것은 매뉴얼을 작성하거나, 행동의 계획을 기술하거나, 시스템을 설명할 때 혹은 어떻게 해서 문제를 해결해야 하는지 논할 때 사용한다. "이런 상황에는 어떻게 해야 한다"거나 "이런 상황에는 어떻게 작동한다" 등과 같이 기술한다. 그러나 이런 행동 생각을 기술하거나, 연관시키거나, 요약하는 것은 실제로 가장 어려운 일에 해당한다. 세상에 넘쳐나는 읽어도 도무지 이해되지 않은 매뉴얼과 전혀 사용되지 않는 목표관리MBO, management by objectives 시스템을 보면 그러한 사실을 잘 알 수 있다.

특히 일련의 행동을 연관시키는 것이 가장 어렵다. 행동이라는 것은 항상 어떤 목적을 달성하려는 조치이므로, 일련의 행동에 대한 요약은 언제나 그 행동을 통해 달성된 결과를 의미한다. 다시 말해 MECE로 분류된 일련의 행동과 그로부터 야기되는 결과는 전체적으로 하나의 폐쇄형 시스템을 구성한다. 쉽게 말해 어떤 사람이 일련의 행동을 하면 반드시 요약에서 기술한 결과가 나온다. 수많은 행동을 포함하는 하나의 프로세스는 폐쇄형 시스템의 복잡한 계층 구조를 이룬다(〈도표 29〉 참조).

지금까지는 별다른 어려움이 없었다. 문제는 그룹 내의 행동이 그룹 전체로 보면 함께 달성하는 효과를 제외하고는 서로 밀접하게 연관되어 있지 않다는 점이다. 다시 말해 원인에 해당하든, 결과에 해당

도표 29 행동의 생각은 인과관계로 그루핑된다

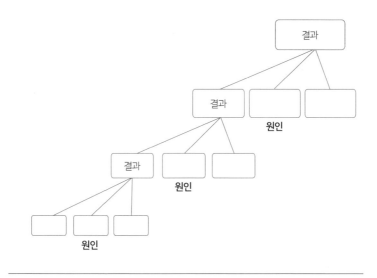

하든 간에 계층 내 대부분의 행동이 동일하게 보인다는 뜻이다. 행동 들이 모두 '~해야 한다'나 '~할 것이다'라는 의미가 있으므로, 각각의 행동만 보고는 어떤 행동이 어떤 행동과 동일한 그룹에 해당하는지 알 수 없다. 다만 그 행동들을 통해 이루고자 기대하는 결과의 관점에 서 판단하는 수밖에 없다.

따라서 어떤 목표를 달성하는 데 필요한 행동의 리스트를 작성하는 경우 어떤 행동이 빠졌는지 파악하려면, 그 행동을 통해 무엇을 얻을 수 있는지 생각해보는 것 외에는 방법이 없다. 물론 결과는 리스트화 된 행동에 따라 결정된다. 이런 행동과 결과의 상호 의존적인 관계가 때때로 악몽과 같은 고통을 가져오기도 한다. 특히 많은 계층 구조를 가진 긴 프로세스를 표현하려면 매우 고통스럽다.

다행스럽게도 자기 생각을 정리해 알기 쉽게 표현하는 기술이 있다.

- 행동을 연관시키기 전에 각각의 행동을 최대한 구체적인 말로 표현 한다.
- 명백한 인과관계에 따라 그루핑을 해 각 그룹의 단계를 다섯 개 이 내로 제한한다.
- 일련의 행동을 통해 직접 얻을 수 있는 것을 결과에 기술한다.

구체적 단어 사용하기

인과관계의 계층 구조에서는 가장 하위 단계부터 시작해서 그룹별 로 메시지를 기술해나간다. "세 가지 사항을 실행하면 위와 같은 결과를 얻을 수 있다. 그다음 상위 단계의 세 가지 사항을 실행하면 그 위의 결과를 얻을 수 있다"라는 식이다. 각 포인트는 인근에 있는 포인트와 서로 중복되지 않고, 각 포인트 그룹은 요약 포인트를 기준으로 볼 때 전체적으로 빠뜨린 것이 없어야 한다.

그루핑에 빠진 것이 있는지 보려면 결과가 충분히 구체적으로 표현되어 최종적으로 얻을 수 있는 것이 머릿속에 그려져 있는지 확인해야 한다. 예를 들어 "이익을 개선하기 위해 세 가지 사항을 실행한다"라는 표현법은 구체적이지 않다. 왜냐하면 이익을 10퍼센트 향상하는 것과 2퍼센트 향상하는 것은 취해야 할 조치가 크게 다르기 때문이다. 독자도 명쾌하게 이해하고 필자가 자기 생각을 점검하는 데도 도움이 되려면, "나는 1월 15일까지 이익을 10퍼센트 향상하기 위해 세 가지 사항을 실행하겠다"와 같이 표현해야 한다. 이처럼 구체적으로 표현해야 하위 단계의 조치가 최종적인 결과를 가져다주는지 판단할 수 있다.

물론 최종 결과를 항상 명확한 수치로 정해놓을 수는 없지만, 조치가 완료되었는지 판단할 수 있는 무언가 가시적인 판단 방법이 존재할 것이다. 이와 관련된 기술 중 한 가지를 예로 들어보자. 실제로 어떤 사람이 행동하는 상황을 이미지화해 생각해보고, 그 사람이 그 행동을 완료하고 나서 어떤 결과를 얻을 수 있는지 역시 이미지화해서 생각해본다. 그래서 기대하는 결과를 얻기 위해서는 어떤 행동이 필요한지 이미지 속에서 답변을 찾아내어 말로 표현한다. 이런 기준을 따를 때 다음 문장은 횡설수설에 가깝다고 할 수 있다.

개인이 글로벌 사회의 일원으로서의 역할을 자각함으로써 글로벌 의식을 개발해야 한다.

위의 문장은 무엇을 하라는 뜻인가? 어떻게 하면 그것을 했는지 확인할 수 있을까? 글로벌 의식을 개발한 사람과 그렇지 못한 사람을 구분할 수 있을까? 만일 구분할 수 없다면 위의 글에서 필자가 말하고자 한 내용을 이해하지 못했다는 뜻이므로, 글로벌 의식을 개발하기 위해 취해야 할 조치도 구상할 수 없다. 다시 말해 다음 그림처럼 하위 계층의 상자에 들어갈 '어떻게'라는 질문에 답변할 수 없다. 한마디로 말해 이 메시지는 지적인 가치가 전혀 없는 것이다.

만일 모호한 말로 일련의 조치를 제시한다면 문제가 더욱 심각해지고 복원할 방법도 찾을 수 없다. 예를 들면 다음과 같다.

의견 차이가 대립으로 바뀌는 것을 막고 더욱 건전한 토론과 건설적인 검토가 이루어지기 위해서는 태스크포스팀이 다음과 같은 조처를 해야 한다.
• 다양한 성향을 지닌 사람들을 능숙하게 관리한다.

- 고객 팀과 우호적 관계를 구축한다.
- 우수한 인터뷰 기술을 개발한다.
- 인터뷰를 효율적으로 계획하고 실행한다.
- 제삼자적인 자세를 유지하면서 제안에 대한 합의를 이끌어내는 방법을 배운다.

건전한 토론을 이끌어내기 위해 태스크포스팀이 해야 할 일은 무엇인가? 또 위의 다섯 가지 조처를 하면 그 결과로 무엇을 얻을 수 있는가? 위의 진술에는 시각적으로 이미지화할 수 있는 최종 결과물이 없으며, 각각의 조치대로 실행했는지 객관적으로 판단할 수 있는 기준도 없다. 물론 최종 목표를 모르는 상태에서는 이런 다섯 가지 조치를 통해 그 목표를 달성할 수 있는지 역시 판단할 수 없다.

이런 문제를 피하는 유일한 방법은 최종적으로 기대하는 결과나 어떤 행동의 조치가 완료된 시점에 그 행동의 완료를 확인할 방법을 구체적이고 명확한 형태로 표현하는 것이다. 이해를 돕기 위해 〈도표 30〉에 제시된 전형적으로 모호한 표현과 이를 구체적인 최종 결과로 바꿔놓은 예를 살펴보자.

오른쪽 포인트는 머릿속에 구체적인 이미지가 그려지기 때문에 훨씬 이해하기 쉽다. 문서의 내용을 이미지로 나타낼 수 있으면 독자는 그 문서를 훨씬 재미있게 읽을 수 있다. 또한 필자는 필자대로 최종 결과를 이미지화한다는 것은 곧 자기 생각을 한 단계 발전시키기 위한 자극을 받는다는 의미다.

기술된 내용	실제 의도한 내용
1. 지역 효율을 강화한다	1. 계획 수립의 책임을 지역에 위임한다
2. 외상매출금을 줄인다	2. 지급 기한을 초과한 대금을 확인하는 시스템을 확립한다
3. 관리 프로세스를 검토한다	3. 관리 프로세스를 수정해야 하는지 판단한다
4. 재무보고서를 개선한다	4. 변화를 신속하게 알려주는 시스템을 도입한다
5. 전략적 이슈에 몰두한다	5. 명확한 장기 전략을 세운다
6. 인력을 재배치한다	6. 종업원을 같은 계층의 책임이 있는 위치에 재배치한다

〈도표 30〉의 첫 번째 항목을 예로 들어보자. "계획 수립의 책임을 지역에 위임한다"를 이미지화하면, 지역 책임자가 연간 계획을 수립하고 있는 모습이 떠오를 것이다. 이렇게 구체적인 모습이 이미지화되면 한 단계 더 나아가서, 확실하게 목표를 달성하기 위해 이런 계획 작업과 더불어 더 필요한 것이 있는지 생각할 수 있다.

- 그들이 수립한 계획이 타당한 수준인지 어떻게 판단할 수 있는가?
- 작성된 계획을 각 지역에서 내가 있는 곳으로 제출하도록 하려면 어떻게 해야 하는가?

아마 계획 수립의 책임을 위임하는 것과 더불어 목표 설정의 구조 자체도 사내 시스템으로 통일시켜야 한다고 생각할 것이다. 전체 계획을 관리하기 위해 계획 실행을 검토하는 그룹이 필요하게 될지도 모른다. 이와 대조적으로 "지역 효율을 강화한다"를 이미지화한다면 무엇이 떠오르는가? 지역 효율은 어떻게 이미지화해야 할까? 매우 애매하기 때문에 이미지도, 다음 단계로 나아갈 필요성도 보이지 않을 것이다.

〈도표 29〉에서 살펴봤듯 행동은 원인과 결과의 역할을 모두 할 수 있으므로, 모든 조치는 계층 구조의 어느 단계에 있든 최종 결과를 알 수 있도록 표현해야 한다. 결과를 명확하게 표현하지 않으면 모든 조치가 서로 중복되지는 않는지 판단할 수 없다. 예를 들어 새로운 프로세스의 채택을 제안하는 다음의 문서를 살펴보자.

지급 기한을 초과한 외상매출금을 찾아내어 추적한다.
1. 중간 규모 이상의 외상매출금은 정기적으로 조사한다.
2. 금액과 지연 기간에 따라 독촉장을 보낸다.
3. 지급 기한을 초과한 외상매출금을 추적한다.
4. 장기 외상매출금은 부장 수준에서 해결하도록 한다.
5. 필요한 경우에는 수금 대행업체를 기용한다.

위의 리스트는 1~5번까지의 조치를 실행하면 맨 위의 목표를 달성할 수 있다고 전제하고 있다. 그러나 아래에 있는 조치뿐만 아니라 위에 있는 목표 자체도 명료하지 못하다. 구체적으로 지급 기한을 초과한 외상매출금을 어떻게 추적할 것인가를 물었더니, "아주 간단합니다"라고 말하며 위의 문서를 작성한 사람은 다음과 같은 표를 그렸다.

금액 \ 기간	1개월	2개월	3개월	4개월	5개월	6개월
10만 달러 이상						
1만~10만 달러						
1만 달러 미만						

"외상매출금은 지급 기한 측면에서는 1개월 초과된 것부터 6개월 초과된 것까지 있으며, 금액 측면에서는 건당 100달러인 것부터 10만 달러인 것까지 있습니다. 제가 말하고자 하는 내용은 다음과 같습니다."

1. 1개월 지연된 것은 특별한 조처를 하지 않고 경리부에서 평상시에 하는 것처럼 청구서를 다시 한번 보낸다.
2. 2개월 지연된 것은 경리부에서 독촉장을 보낸다.
3. 3개월 지연된 것은 영업사원이 전화한다.
4. 4개월 지연된 것은 부장이 전화한다.
5. 그 외의 것은 대행업체에 위임한다.

이렇게 말한 후 그는 다음과 같이 메모를 했다.

지급 기한을 초과한 외상매출금을 줄인다.
1. 지급 기한을 초과한 외상매출금을 금액과 지연 기간에 따라 분류한다.
2. 문제의 심각성에 따라 회수 책임을 분담한다.

- 경리부 책임 　　　 - 부장 책임

- 영업사원 책임 　　 - 대행업체 책임

이런 과정을 통해 더욱 이해하기 쉽게 된 것은 사실이지만 맨 위의 메시지는 아직도 명확하지 않다. 외상매출금을 받아내기 시작하면 외상매출금이 줄어들게 되는데, 위의 1번이나 2번 가운데 어느 것도 외상매출금을 받아내는 문제에 대해서는 직접 언급하고 있지 않기 때문이다. 이 회사가 1번과 2번 조치를 모두 취한다면 어떤 결과를 얻게 될까? 최종 결과는 어떻게 될까? 외상매출금을 분류하여 회수 책임을 분담하는 것은, 정확하게 말하면 아직 입금되지 않은 외상매출금을 추적하는 시스템을 완성한다는 의미다.

이제 최종 결과를 표현하는 말이 생각을 발전시키는 데 얼마나 중요한지 정리해보자. 지금 당신이 말하는 것은 사실 지급 기한을 초과한 외상매출금을 받아내는 시스템을 구축하는 것이다. 이 문제에 집중하는 순간 위의 두 가지 조치를 좀 더 비판적인 시선으로 바라볼 수 있다. 즉 이 시스템을 구축하는 것으로 충분한지 살펴본다. 예를 들어 "영업사원에게 만성적으로 외상매출금을 지급하지 않는 곳은 방문하지 말라고 지도하라"는 것 등의 추가적인 조치가 필요하지 않을까?

최종 결과를 이미지화할 수 있도록 행동 생각을 구체적으로 말해야 하는 필요성은 아무리 강조해도 지나치지 않다. 행동 생각을 구체적으로 말하지 않으면 리스트화된 조치로 충분한지를 객관적으로 판단할 수 없다.

행동을 질문 형식으로 기술하면 구체적으로 말하지 않더라도 최종 결과를 이미지화할 수 있다고 생각하는 사람도 있다. 질문에 답변하면서 최종 결과가 완벽해진다는 주장이다.

이런 접근법은 생각을 더욱 복잡하게 만들 뿐이다. 왜냐하면 질의 응답 형식으로 진행하더라도 최종 결과를 이미지화해서 확인하는 작업이 필요하기 때문이다.

다음 예를 살펴보자.

> 두 회사의 내외부 주주들이 이번 전략적 제휴의 이점을 인지하고 지지하도록 만들기 위해서는 다음 질문에 대한 답변이 마련되어야 한다.
>
> 1. 관련 주주 그룹이 주주의 관점에서 이번 제휴가 바람직하다고 확신하는가?
> 2. 회사 이미지와 시장에 어떤 영향을 미치는가?
> 3. 두 회사의 최고경영자는 이번 제휴에 적극적인가? (이번 제휴가 그들의 권한과 경력을 위협하는가?)
> 4. 이번 제휴를 위협이라고 생각하는 사원과 그룹에게 어떻게 하면 제휴의 성공을 확신시키고 협력을 이끌어낼 수 있을까?
> 5. 고객, 납품업체, 협력기업, 금융기관 그리고 경쟁사들은 어떤 반응을 보이는가?

위의 질문이 타당한 접근법인지 확인할 수 있는 가장 손쉬운 방법은 역시 이미지화해보는 것이다. 예를 들어 당신이 다섯 명의 부하직원에게 각각의 질문에 대한 정보를 수집해오도록 지시했다고 가정해보자. 부하직원들은 정보를 수집한 후 그 결과를 당신 책상 위에 가져다 놓을 것이다. 이제 당신은 다섯 가지 정보를 갖게 되었지만, 각 답변이 반드시 서로 관련되어 있다고 할 수는 없다.

1	2	3	4	5
주주의 관점	시장의 반응	최고경영자의 반응	제휴 성공을 위한 사원들의 협력 유도	각각의 반응 • 고객 • 납품업체 • 협력기업 • 금융기관 • 경쟁사

이번에는 그다지 똑똑하지 않은 부하직원 한 명에게 짧은 시간 이내에 적은 예산으로 정보를 수집해오도록 지시했다고 가정해보자. 당신과 부하직원이 시간을 효율적으로 사용하려면 어떻게 지시해야 하는가? 물론 최종적인 목표는 주주들이 전략적 제휴의 이점을 확신할 수 있도록 하는 계획을 세우는 것이다. 다음 표와 같은 방식으로 접근해보면 어떨까?

누구나 쉽게 이 프로세스를 이해할 수 있을 것이다. 1단계는 이미 끝났으므로, 부하직원에게 2단계의 상자를 채울 정보를 수집해오라고 지시한다. 2단계가 끝나기 전에는 3단계를 시작할 수 없다.

정리하자면, 행동 생각을 기술할 때는 실제로 행동하는 자신의 모습을 이미지화해본다. 그러고 나서 그 행동이 끝난 시점에서 얻을 수 있는 최종 결과나 혹은 얻게 될 것이 무엇인가 하는 관점에서 행동 조

| 1단계 | 2단계 | 3단계 |
제휴의 영향을 받는 그룹의 리스트를 만들어라	그들의 반응을 추측하라	그들이 제휴의 성공을 위해 협력하도록 유도할 방법을 결정하라
주주		
최고경영자		
고객		
납품업체		
금융기관		
경쟁사		

치를 말로 표현한다. 이것이 자기 생각을 명확하게 하는 가장 간단한 방법이다.

행동 단계 계층화하기

행동 조치를 배열할 때 대부분의 사람들은 자신이 실제로 하고 싶은 행동의 순서로 리스트를 만드는 경향이 있다. 이 경우 그들은 충분히 깊이 생각하지 않고 원인과 결과를 동일한 단계로 섞어버린다. 따라서 행동 조치를 배열할 때는 행동 단계를 계층화하여 각 단계에 들어갈 조치의 수를 다섯 개 이하로 제한해야 한다. 이렇게 하면 프로세스 전체의 구조를 쉽게 파악할 수 있을 뿐만 아니라 요약해야 하는 생각의 수도 줄어든다.

행동 단계를 계층화하는 것은 그다지 어려운 작업이 아니다. 단순히 다음 행동을 하기 전에 해야 한다고 생각되는 행동을 동일한 단계에 놓으면 된다. 동일한 맥락에서, 다음 행동을 하기 위해 해야 하는 행동을 한 단계 아래 단계에 놓으면 된다.

전화 통신 문제를 해결하고자 하는 회사는 다음과 같은 프로그램이 바람직할 것이다.

1. 현재의 시설과 이용 상황을 분석한다.

2. 지원이 필요한 업무를 파악한다.

3. 전화 통신의 목표를 설정한다.

4. 검토를 위한 연구원을 채용한다.

5. 전화 통신 업체와의 관계를 조사한다.

6. 주요한 기술적인 대안을 파악한다.

7. 내부의 전화 통신 비용을 관리한다.

8. 장비 도입 방침을 조사한다.

9. 현재의 전화 통신 접속 상황을 조사한다.

10. 조직적인 대응 체제를 구축한다.

제대로 된 전화 통신 시스템을 도입하기 위해서는 위의 조치를 모두 실행해야 한다고 가정한다면, 위의 리스트를 그대로 두고 싶지 않을지도 모른다. 그러나 먼저 해야 하는 행동과 나중에 해도 되는 행동을 명확하게 구분하면 다음과 같은 리스트가 만들어진다.

1. 전화 통신의 목표를 설정한다. (3)

   • 현재의 시설과 이용 상황을 분석한다. (1)

   • 지원이 필요한 업무를 파악한다. (2)

   • 현재의 전화 통신 접속 상황을 조사한다. (9)

2. 장비기기를 선택할 프로젝트팀을 만든다. (4)

   • 주요 기술적인 대안을 파악한다. (6)

   • 장비 도입 방침을 조사한다. (8)

   • 전화 통신업체와의 관계를 조사한다. (5)

3. 조직 관리를 위한 틀을 만든다. (10)

   • 종합 관리자를 임명한다. (?)

   • 비용 관리 시스템을 확립한다. (7)

이런 작업을 통해 프로그램의 내용을 더욱 쉽게 파악하고 빠진 포인트가 없는지 객관적으로 판단할 수 있다. 예를 들어 지원이 필요한 업무는 어떻게 파악해야 하는지 혹은 조직 관리를 위한 틀을 어떻게 만들어야 하는지 질문해본다. 종합 관리자를 임명하는 것도 이런 질문을 통해 나온 조치일지도 모른다. 행동 단계를 계층화할 필요성을 이해했다고 해서 이 기술을 남용해서는 안 된다. 특히 경영 컨설턴트의 경우에는 프로젝트를 맡으면 곧바로 업무, 목표, 이점 등으로 분류해버리는 경향이 있다.

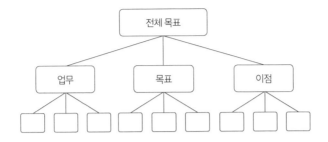

이처럼 분류하려면 업무, 목표, 이점에 포함될 조치들 사이에 경계가 분명해야 하고, 업무를 수행하면 목표를 달성하고 결국 이점을 얻는 행동의 순서에 부합되어야 한다는 전제 조건이 필요하다. 이것은 실제로 당신이 일하는 방식과 같을 것이다. 그렇다면 다음과 같은 계층 구조가 될 것이다.

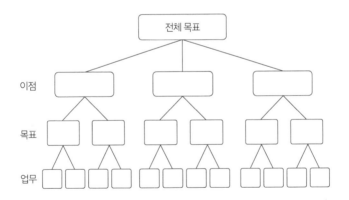

눈치챘겠지만, 이번에는 피라미드를 수직이 아닌 수평으로 나눴다. 그 이유는 업무를 수행해야 목표를 달성할 수 있고, 목표를 달성하면 이점을 얻을 수 있기 때문이다. 여기서 알 수 있는 것은 요약의 각 단계에 이점, 목표, 업무 등의 이름을 붙여주는 조치를 통해 각 단계에 어떤 행동이 들어갈지 명확하게 파악할 수 있다는 점이다. 다시 말해 각 단계를 보고 그 안에 포함된 행동이 목표인지, 이점인지, 아니면 업무인지 구분할 수 있다.

그러나 이를 통해 생각이 완벽해졌다고 말할 수는 없다. 이것 자체에는 별다른 의미가 없기 때문이나. 우리는 이미 행농 생각 그 자체는 분류할 수 없다는 것, 즉 행동 생각은 어떤 결과를 가져다주는가에 따라서만 그루핑을 할 수 있다는 것을 알고 있다. 행동 생각을 분류하고자 하면 반드시 중복되게 된다. 왜냐하면 업무를 목적이나 이점과 구분하는 것 자체가 본질적인 의미가 없기 때문이다. 따라서 가장 정확한 방법은 생각을 통해 얻을 수 있는 최종 결과에 따라 구성하는 것뿐이다.

업무	목표	이점
• 근대적인 전략경영법을 교육한다 • 노하우와 개념을 전수한다 • 전략 수립 세미나에 조정자로서 참가한다 • 현재의 계획 시스템의 개선점을 제안한다 • 전략 정보의 허점을 파악한다 • 업무 결과를 다음 연도의 계획 프로세스에 반영하는 데 필요한 직원을 파견한다	• 전략 수립과 전략 경영의 노하우를 전수한다 • 기존의 계획 시스템에 방법론을 적용한다 • 노하우를 전략 수립 핸드북의 형태로 정리한다 • 전략적 사고에 기초해서 의사결정이 이루어지도록 분위기를 조성하는 데 기여한다 • 확실한 장기적인 경쟁력이 강화될 수 있도록 전략 프로세스를 제도화한다	• 전략 경영과 전략 기술에 숙달되고, 그것을 실천에 옮기는 두 개의 핵심 그룹이 탄생된다 • 전략 매니저를 고용하는 것보다 신속하고 저렴하게 전략 수립의 노하우를 전수받는다 • 새로 습득한 지식을 다음 연도 계획 프로세스에 적용한다

위의 예는 고객 기업으로부터 직원들에게 전략 계획의 수립에 대해
교육을 해달라고 의뢰받은 어느 컨설팅회사가 사용한 방법이다. 고객
은 여섯 가지 업무를 수행하는 데 합의했으며, 이를 위해서는 다섯 가
지 목표가 필요하고 그 목표를 성취하면 세 가지 이점이 생긴다.

이와 같은 일련의 생각을 정리하기 위해서는 핵심 생각을 뽑아 본
질을 기술한 다음 반복되는 내용이 없는지 확인해야 한다. 이런 관점
에서 기술한다면 위의 예는 어떻게 될까?

업무	목표	이점
1. 교육한다	7. 노하우를 전수한다	12. 그것을 할 수 있는 두 개의 사내 그룹이 탄생된다
2. 노하우를 전수한다	8. 기존의 계획 시스템에 적용한다	13. 노하우를 저렴하게 전수받는다
3. 충고한다	9. 핸드북 형태로 정리한다	14. 다음 연도 프로세스에 적용한다
4. 개선점을 제안한다	10. 전략적 사고의 분위기를 조성한다	
5. 허점을 파악한다	11. 좋은 전략이 수립될 수 있도록 한다	
6. 다음 연도에 적용한다		

이제 중복된 것과 요약 계층이 쉽게 파악될 것이다. 이것을 피라미
드 구조로 나타내면 다음과 같이 된다.

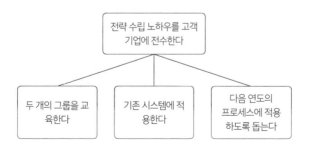

좀 더 작업하면 다음과 같은 글이 완성될 것이다.

당사는 단기간 내에 전략 수립 노하우를 귀사에 전수할 것이다. (2, 7, 13)

1. 두 개의 제품 기획 그룹에 전략 수립의 기술과 개념을 교육한다.
   (1, 12)

2. 이 개념을 귀사의 기존 전략 수립 시스템에 적용한다. (4, 5, 8, 9)

3. 이 개념을 다음 연도의 계획 프로세스에 적용하기 위해 귀사의 직
   원들과 공동 작업을 한다. (3, 6, 10, 11, 14)

이런 과정을 통해 생각을 분류 범주가 아닌 최종 결과에 따라 구성
할 수 있다.

직접 요약하기

프로세스 내의 조치를 그룹으로 분류했다면, 이제 행동 생각을 다
루는 데 있어 가장 어려운 부분을 해결해야 한다. 바로 전체 결과를
요약해서 표현하는 부분이다. 이 문제와 관련해서 내가 말해줄 수 있
는 가장 간단한 방법은 다음과 같다.

- 그루핑은 MECE 형식을 따라야 한다.
- 요약은 행동을 실행해서 직접 얻을 수 있는 최종 결과물을 이미지화
  할 수 있는 말로 표현하는 식으로 한다.

그루핑 작업이 끝나면 이 두 가지 원칙에 따라 각 포인트를 재차 검토하고 자기 생각을 점검한다. 앞의 예에서 만일 회사가 사내 그룹을 교육하고, 적절한 계획 시스템을 도입하고, 핸드북을 준비했다면 분명히 적절한 전략을 개발하는 체제가 구축되었을 것이다. 물론 이 말은 "적절한 전략을 개발할 수 있을 것이다"와는 다른 의미다. 위의 두 가지 규칙에 따라 기술하더라도 완성된 요약이 반드시 옳다는 보장도 없다. 다만 내가 할 수 있는 최선은 수정 전과 후의 예를 보여주고 거기에 내 생각을 추가하는 정도일 것이다.

다음은 모호한 단어를 사용해서 쓴 글이다.

영국에서 블루칼라 노동자들의 훈련 환경을 개선하기 위해서는

- 정부가 노동자들의 훈련을 가장 중요하게 생각하고 있다는 점을 기업의 최고경영자에게 보여준다.
- 훈련 기관들이 적절한 훈련 과정과 프로그램을 개발할 수 있도록 내부에 틀을 마련한다.
- 노동자들부터 바뀌어야 한다고 주장한다.

여기서는 메시지의 내용이 복잡하므로 요약 작업에 들어가기 전에 각 메시지의 핵심을 간추려야 한다. 우선 각 문장의 본질적인 주제를 찾아보자.

- 최고경영자
- 훈련 기관

• 노동자

이제 왜 이 세 가지 주제는 다루고, 다른 주제는 다루지 않는지 자문해보자. 여기서 이 주제들의 공통점은 무엇인가? 이 주제들은 모두 영국의 훈련 시스템 참가자들이라는 점일 것이다.

다음으로 이 훈련 시스템 참가자들에게 각 문장이 무엇을 하라고 말하는지 파악한다.

• (그들에게) 중요성을 보여준다.
• (그들을 위해) 틀을 마련한다.
• (그들부터) 바뀌어야 한다고 주장한다.

이 세 가지 행동의 공통점이 무엇인가? 모두 어떤 식으로든 행동을 자극하고 있다는 점이다. 이제 다음과 같이 요약할 수 있을 것이다.

> 영국의 블루칼라 노동자들의 훈련 환경을 개선하기 위해서는 훈련 시스템의 참가자들에게 성과보수를 제공하여 훈련 지원을 장려하도록 해야 한다. (그래서 무엇을 하라고 말하는가?)

이제 독자의 관심을 불러일으킬 수 있는 흥미롭고 완벽한 표현이 만들어졌다.

행동 생각을 명확하게 전달하는 것이 그다지 간단하지 않다는 사실을 알았을 것이다. 핵심 생각을 뽑아내야 한다. 생각을 제대로 정리하지 못하면 독자가 혼란스러워한다. 그러나 지금까지 설명한 방식을 따라 노력한다면 반드시 좋은 결과를 얻게 될 것이다. 먼저 최종 결과물을 알 수 있도록 각 포인트를 구체적으로 쓰고, 다음으로 요약 단계를 계층화하고, 행동을 통해 직접 얻을 수 있는 결과를 쓴다.

일련의 결론에서 추론을 이끌어내는 경우도 이와 같은 프로세스를 따른다. 다만 이 프로세스에는 힘이 덜 든다. 이 경우 일련의 행동이 초래하는 결과를 이미지화하지는 않고, 대신에 일련의 유사한 기술이 전체적으로 무엇을 말하고 있는지 알아야 한다.

▲
결론에서 유사점 찾아내기
▼

글을 쓰는 관점에서 보면 생각에는 행동 생각과 상황 생각 두 가지밖에 없다. 생각은 독자에게 무언가를 하라고 지시하거나, 아니면 무엇이 이런 상황이라고 전달하는 것 둘 중 하나다. 상황 생각이 포함된 경우에는 각 포인트가 이유나 문제점 혹은 결론과 같은 동일한 유형으로 표현된다. 따라서 각 포인트가 공통적 특징을 가지고 있다고 간주하고, 그 공통점에 따라 생각을 분류한다.

분류를 설명한 6장을 복습해보자. "회사에는 세 가지 조직적 문제가 있다"라고 할 경우, 회사에 존재하는 모든 문제점을 두 가지 갈래로 분류할 수 있다(〈도표 31〉 참조). 따라서 세 가지 문제를 조직적 문제로 분류하는 것은 아무런 의미가 없으며, 생각해볼 만한 가치가 있는 포인트를 열거하는 사고 프로세스의 1단계에 불과하다. 2단계에서

도표 31 분류 작업은 차이를 명확하게 밝혀준다

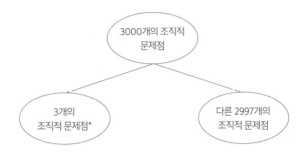

*3개의 문제점은 공통적 특징을 가지고 있어 서열화할 수 있다.

는 이런 포인트가 정말로 동일한 그룹에 속한다는 사실을 논리적으로 증명하고 이런 포인트 사이의 논리적 관련성을 찾아내어 다른 포인트와 일직선상에 있다는 점을 명확하게 한다. 3단계에서는 그런 공통적 특성의 중요성을 광범위하게 일반화해서 진술한다. 즉 새로운 생각을 만들어내는 것이다. 여기까지 할 수 있어야 비로소 생각을 완성했다고 말할 수 있다.

그러나 비즈니스 문서의 경우에는 대부분의 필자들이 1단계에서 끝내버린다. 2단계와 3단계의 필요성을 절감하지 못하는 것과 더불어, 각 포인트로부터 새로운 생각을 이끌어내는 작업이 결코 쉽지 않기 때문이다. 문서를 작성할 때는 반드시 다음의 세 가지를 따라야 한다.

- 생각을 연결하는 구조적 유사점을 찾아낸다.
- 유사점 사이에서 더욱 밀접한 관련성을 찾아낸다.
- 귀납적 추론을 통해 요약 포인트를 도출해낸다.

구조적 유사점 찾아내기

어떤 특성을 공유하고 있는 생각은 동일한 그룹에 속한다. 그러나 5장에서 살펴보았듯 생각은 주부와 술부로 구성된 문장으로 표현된다. 따라서 생각의 그루핑을 연결하는 공통적 특징은 일반적으로 다음과 같은 형태로 표현된다.

- 각 포인트의 문장이 <u>같은 종류</u>의 주부를 설명한다.
- 각 포인트의 문장이 <u>같은 종류</u>의 술부(행동이나 목적, 대상)를 표현한다.
- 각 포인트의 문장이 <u>같은 종류</u>의 판단을 의미한다.

여기서 '같은 종류'라는 것은 반드시 동일하다는 의미는 아니다. 같은 분류에 속하거나 혹은 같은 복수명사로 표현될 수 있다는 의미다. 만일 각 포인트의 주부가 모두 동일하다면 그루핑을 하기 위한 유사점은 술부에서 찾는다. 행동이나 목적, 대상이 완전히 동일하다면 그루핑을 하기 위한 유사점은 주부에서 찾는다. 주부와 술부가 동일하지 않다면 각 포인트가 의미하는 판단에서 유사성을 찾는다.

실제로 유사점을 찾아내는 것은 생각처럼 간단한 작업이 아니다.

특히 각 포인트가 미사여구로 수식된 경우에는 그런 말이 객관적 사고를 방해하기 때문에 더욱더 그렇다. 우리는 쉽게 다섯 개의 힘, 일곱 개의 S, 네 개의 P, 일곱 개의 습관 등의 다양한 말에 길든다. 이런 말은 앞으로 나올 말의 핵심 구조를 분명하게 보여준다.

다음은 흔히 볼 수 있는 글이다.

> 새로운 계획 관리 시스템은 다음의 네 가지 특징을 가지고 있다.
> 1. 계획 주기와 이를 수행하기 위한 관리 메커니즘은 연간 기준으로 이루어져야 한다.
> 2. 계획은 포괄적인 시스템을 통해 수립되어야 한다.
> 3. 계획은 부서 고위관리자의 강력한 지도로 조정되어야 한다.
> 4. 계획 시스템은 현재의 관습과 계획상 변경의 차이를 명확하게 한다.

처음에는 각 포인트가 그럴듯하게 들릴지도 모른다. 세련된 언어 덕분에 무언가 유익한 생각을 전달하고 있는 것처럼 생각된다. 그러나 이 글의 맨 위에는 내용이 없는 공허한 주장이 포함되어 있다. 위의 리스트가 실제로 무엇을 전달하고자 하는지 알아내기 위해 언어의 이면을 살펴보자. 먼저 각 문장의 주부는 '계획'이나 '계획 시스템'으로 모두 동일하게 보이므로, 생각을 연결하는 것은 술부에 있어야 한다. 술부는 계획 시스템에 대해 다음과 같이 말하고 있다.

- 연간 기준으로
- 포괄적으로

- 위에서 아래로

- 현재와 미래를 구분해서

글의 구조를 벗겨버리면 그루핑이 하나의 메시지를 입증하지 않는다는 사실을 알게 된다. 여기서 이 네 가지 특징을 가지고 있는 계획 시스템이 어떤 점에서 중요한지 자문해본다. 각 포인트가 거짓이 아닌 사실이라는 점만으로는 각 포인트 사이의 관련성을 찾아낼 수 없다. 게다가 내용이 없는 공허한 주장이 생각을 발전시키는 것을 방해하고 있다.

이번 장의 첫 부분에서 지적했듯 생각을 발전시켜야겠다는 충동은 추론을 이끌어내는 첫 번째 실마리가 된다. 계획 관리 시스템의 특징을 리스트화한 위의 그루핑은 요약 표현을 만들어낼 만큼 생각을 발전시켜주지 못한다. 따라서 이 주제에 대한 새로운 생각으로 연결해주지도 못한다. 여러 번 수정한 후에야 비로소 필자가 전달하고자 하는 내용은 다음과 같다는 것을 알 수 있었다.

새로운 계획 관리 시스템의 목적은 각 사업부가 이익 개선에 집중하도록 만드는 데 있다. 구체적인 방법은 다음과 같다.

- 각 사업부가 연간 이익 개선 계획을 제출하도록 만든다.

- 이런 이익 개선 계획의 내용을 각각 보고 수준에서 조정한다.

- 이런 이익 개선 계획에 기초하여 관리자를 감독한다.

위의 예처럼 '문제'나 '이유' 혹은 '결론' 등으로 그루핑을 한 생각에서 명확한 관련성을 찾아내기 힘든 경우에는 그루핑 자체에 문제가 있음을 암시하므로 다시 생각해야 한다. 계획 관리 시스템은 네 가지 포인트만 포함되어 있어 수정하기 쉬웠다. 그러나 현실에서 대부분의 리스트는 이보다 길게 마련이다. 그런 경우에는 그루핑을 한 문장의 유사점을 찾아낸 다음에 유사점 중에서 좀 더 밀접한 관련성을 찾아내야 한다.

더욱 밀접한 관련성 찾아내기

다음은 현재의 정보 시스템에 관한 다섯 가지 불평을 리스트화한 것이다. 각 문장에는 행동의 유사점이 있다.

1. 경리용, 예산용, 조사용 생산성 수치는 모두 최신 정보로 갱신되어야 한다.
2. 모든 직종에 관한 정기적인 인원 변동 수치가 지금 필요하다.
3. 시장별로 경쟁이 격화되는 상황을 확인하기 위해 입찰할 때의 경쟁에 대한 정보를 수집해야 한다.
4. 급여 수준에 대한 현재의 시장 정보는 정확하지 않다.
5. 부서와 프로젝트에 고정된 자본 비용의 수치가 필요하다.

여기서는 말하고 있는 것, 즉 정보는 다음과 같다.

1. 갱신되어야 한다.

2. 지금 필요하다.

3. 수집해야 한다.

4. 정확하지 않다.

5. 필요하다.

각 포인트는 명확하게 두 가지 그룹으로 나누어진다는 점을 알 수 있다.

- 정보가 존재하지 않는다는 불평(2, 3, 5)
- 정보가 존재하지만 정확하지 않다는 불평(1, 4)

그러나 두 가지 포인트를 통해 또 하나의 분류를 생각해낼 수 있다. 왜 두 가지 문제만 있고 다른 문제는 없는 것일까? 필자가 이 문제를 그루핑을 하게 만든 관련성은 무엇인가? 아마 이런 결함이 계획의 목적이라는 관점에서 현재 시스템의 무익함을 나타내줄 것이다. 만일 그렇다면 필자가 맨 위에 기술해야 할 포인트는 다음과 같을 것이다.

현재와 같은 계획 시스템은 계획의 목적에 무익한 정보만 제공한다. (이유는?)

- 필요한 정보가 존재하지 않거나
- 필요한 정보가 존재하지만 적절하지 않다.

이렇게 해서 맨 위에 기술하고자 하는 포인트를 살펴본 후에 하위 포인트에 순서의 개념을 적용한다. 빠지거나, 잊어버리고 언급하지 않은 것은 없는지 판단하기 위해서다. 논리적으로 볼 때 필자는 한 가지 더 점검해보겠다고 생각할 수 있다. "정보가 존재하고 또한 적절하다. 그런데 보고 형식이 적절하지 않다."

요약 포인트를 정확하게 표현하는 것이 갖는 가장 큰 의의는, 자신이 정말로 말하고자 하는 것이 무엇인지 찾아낼 수 있도록 도와준다는 데 있다. 또한 독자에게 자신이 지금부터 자세히 전달하고자 하는 생각을 사전에 알려서, 머릿속에서 생각을 받아들일 준비를 할 수 있도록 해준다. 물론 글이 빠진 것이 없이 논리적으로 구성되어 있다면, 독자가 필자의 생각에 반론할 여지가 줄어들 것이다. 한마디로 말해서, 정확하게 표현된 요약 포인트는 문서가 지루해지는 것을 막아준다.

예를 들어 다음 리스트는 독자를 매우 지루하게 만든다.

알다시피 우리가 실시한 귀사의 정보 시스템IS 평가 결과는 다음과 같다.
1. 전략사업이 지연되지 않도록 정보 시스템 프로젝트 매니저들에게 완성 기일을 책임감 있게 지키도록 요구한다.
2. 프로젝트 매니저들의 경험 부족이 드러난다.
3. 현재의 정보 시스템 문화는 목표 기일을 맞추기 위해 다른 대안을 고려하기보다는 목표 기일을 어기는 것이 공공연하게 허용되고 있다.
4. 시스템 개발의 방법론, 도구, 기술이 일관되지 않다.
5. 프로젝트 매니저들은 이런 규모의 복잡하고 '중대한 업무' 시스템

을 구축해본 적이 없다.

6. 프로젝트 매니저들은 교실 교육, OJT, 실전 경험 등이 부족하다.

7. 이런 '중대한 업무' 프로젝트는 최고 수준의 시간표와 일정이 요구된다. 정해진 기간 이내에 완성할 수 있을지 크게 우려된다.

8. 현재의 시스템 개발 라이프사이클 방법론은 고속 애플리케이션 개발, 조인트 애플리케이션 개발 그리고 프로토타이핑 등의 클라이언트, 서버 개발 기술을 지원하지 못한다.

이미 수정 프로세스를 알고 있으므로, 여기서 구조 요소의 본질적인 부분을 쉽게 추출할 수 있다.

1. 완성 기일이 필요함

2. 경험이 부족한 프로젝트 매니저들

3. 목표 기일을 어길 위험

4. 일관되지 못한 도구 사용

5. 이런 대규모 프로젝트를 수행해본 적이 없음

6. 실전 경험 부족

7. 기한을 지키지 못할 우려

8. 도구가 준비되어 있지 않음

다음으로 독자의 흥미를 유발하고 이해하기 쉬운 표현으로 바꿔준다.

우리가 실시한 귀사의 기업 정보 시스템 부분을 평가한 결과, 프로젝트 매니저들은 목표 기일을 어길 우려가 있다. (3, 7)

- 그들은 이 분야의 임무를 수행해본 경험이 부족하다. (2, 6)
- 그들은 이제까지 이런 규모의 복잡한 시스템의 구축에 참여해본 적이 없다. (5)
- 그들은 이번 업무에 필요한 방법론과 도구, 기술을 사용할 능력이 부족하다. (4, 8)

지금까지 제시된 예에서는 그루핑된 포인트가 말하고자 하는 내용을 어렵지 않게 찾아낼 수 있었다. 그러나 때로 유사점이 의미하는 것이 무엇인지 이해하기 힘든 예도 있다. 이런 경우 유사점이 의미하는 내용을 말로 표현하기 위해 이른바 귀납적 도약을 사용한다. 이런 도약의 발판으로는 그루핑의 근거가 되는 관계를 시각화하는 것이다.

귀납적 추론을 통해 요약 포인트 만들기

다음은 한 컨설턴트가 수행한 프레젠테이션의 핵심 포인트를 나열한 것이다. 고객 기업은 수리용 자동차 부품 시장(점화 플러그, 타이어 등)에 진출해야 하는지 아닌지를 검토하고 있다.

우리의 결론

1. 시장이 크고, 매력적인 비율로 성장하고 있다.
2. 수리용 자동차부품 시장은 수익성이 높다.

3. 주요 시장의 특징을 살펴볼 때 신규 진입장벽이 높다.

4. 전체 경향은 진출에 우호적이지만, 시장의 일부 부문에서는 전망이
불투명하다.

5. 부품시장 전체는 매력적으로 보이지만, 자세히 살펴보면 시장이 크
게 세분되어 있다.

여기서도 생각은 두 그룹으로 나누어진다.

• 긍정적 포인트: 크다, 성장하고 있다, 수익성이 높다, 우호적인 경향,
매력적이다 (1, 2, 4, 5)
• 부정적 포인트: 진입장벽, 불확실성, 시장 세분화 (3, 4, 5)

긍정적 포인트는 곧바로 요약할 수 있다. 시장이 크고, 성장하고 있
고, 수익성이 높으면 분명히 매력적일 것이다. 우호적인 경향 역시 시
장이 매력적이라는 것을 의미한다. 이 매력적인 시장을 '원'으로 나타
내보자.

이에 반해 부정적 포인트는 쉽게 그루핑을 하기 어렵다. 시장이 세
분되었다는 말은 원이 여러 개로 나누어져 있다는 의미고, 시장의 일
부 부문은 전망이 불확실하다. 따라서 시장의 일부 부문은 다른 곳과
다르게 표시되어야 한다. 마지막으로 이 시장에는 진입장벽이 존재하
므로 이것을 세로 선으로 나타내보자.

이제 두 가지 포인트가 귀납적으로 관련되어 있는지 살펴보자. 다
음 그림에서 어떤 결론을 이끌어낼 수 있는가?

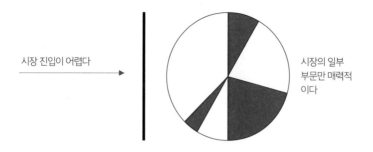

- 시장의 일부분만 매력적이다.
- 이런 시장은 진입하기 어렵다.

위의 포인트는 귀납적으로 관련되어 있는가? 위의 포인트는 어떤 공통적 특징을 가지고 있는가? 전혀 없다. 따라서 두 가지 포인트를 연결할 방법은 오직 연역적 추론을 전개하는 것뿐이다.

그러므로 어쨌다는 것인가? 위의 논리는 이유에서 결론으로 연결되지 못하고 있다. 그러므로 단념하라는 말인가? 그러므로 기존 사업자를 매수하라는 말인가? 그러므로 컨설팅회사를 고용해서 자세히 조사하라는 말인가? 위의 논리도 역시 내용이 없는 공허한 주장으로, 더 이상 생각을 발전시키지 못하고 있다.

가끔 상황에 관한 생각이 그루핑되어 있는 것처럼 보이지만, 실제로는 행동에 관한 생각이 포함된 때도 있다. 이런 경우에는 일단 유사점에 따라 분류한 것으로 간주한다. 그것들을 통합하여 야기되는 결과를 고려하여 형식만 간단히 변경하면 된다. 다음의 예를 살펴보자.

경영 자원의 분배 프로세스에서는 네 가지 변동 요소를 잘 관리해야 한다.

1. 활동의 연속성과 타이밍
2. 각 개인의 구체적인 업무의 정의
3. 필요한 정보(내용과 형식)의 정의
4. 의사결정 프로세스

왜 이 네 가지 변동 요소만 있고 다른 요소들은 없는 것일까? 필자가 이 네 가지를 그루핑을 한 근거가 되는 유사점은 무엇일까? 정확한 순서를 알기 위해 위의 요소들을 좀 더 구체적으로 기술해보면, 필자가 실제로 말하고자 하는 것은 네 가지 조치라는 사실을 알 수 있다.

적절한 사람들이 조기에 충분히 참가할 수 있게 하는 것이 경영자원의 배분을 관리하는 매니저의 주된 업무다. (어떻게?)

• 프로젝트 계획을 수립하는 활동의 순서와 시간을 상세하게 규정한다. (1)
• 어느 시점에서 의사결정이 필요한지 구체적으로 밝힌다. (2)
• 의사결정에 참가하는 사람들을 명확히 밝힌다. (4)

- 의사결정을 하는 데 필요한 정보를 정의한다. (3)

상황 생각은 시간의 순서로 배열될 수 없다는 의미가 아니다. 예를 들어 다음 예는 회사의 판매 제안에 관한 상황 생각이지만 시간의 순서에 따라 그루핑되었다.

우리의 판매 제안은 다음과 같은 개선을 통해 고객에게 새로운 이미지를 제시할 수 있다.

1. 자원을 최대한 활용하기 위해 더욱 효율적인 비즈니스 기회를 분석한다.

2. 모든 제안을 사내에서 조정한다(제안 작성상의 관리 프로세스 통합, 내용과 스타일의 표준화, 지속적인 품질 개선 시스템 등을 포함한다).

3. 제안 정보를 최대한 재활용한다.

4. 제안 프로세스에 포함된 사항의 지식과 경험을 공유한다.

5. 비용 면에서 좀 더 효율적으로 제안을 준비한다.

6. 고객 대응 시간을 좀 더 단축한다.

7. 제안 프로세스를 판매수단으로 정의하고, 고객의 요구에 초점을 맞춘다(단순한 기술 정보를 제공하는 메커니즘은 정의하지 않는다).

지금까지 설명한 프로세스(유사점 찾아내기, 추론 이끌어내기)에 따르면, 행동의 순서로 증명된 세 가지 생각에 다다르게 될 것이다.

현재 우리의 제안은 판매 수단으로서 효과적이지 못하다.

- 설득력이 있는 메시지를 제시하지 못한다. (1, 4, 7)
- 메시지를 프로페셔널하게 표현하지 못한다. (2)
- 준비하는 데 시간이 걸린다. (3, 5, 6)

글을 쓸 때마다 매번 이렇게 복잡한 사고 프로세스를 거치는 것은 무리라고 생각할지도 모른다. 그러나 글 전체에서 이런 글쓰기 원칙을 완벽하게 적용하라는 말은 아니다.

매번 이와 같이 복잡한 사고 프로세스를 거쳐 정밀한 수준으로 글을 쓸 필요는 없다. 독자는 자신이 필요할 때만 전체 구조를 찾아내는 경향이 있다. 따라서 자신의 논리가 적절하다고 판단된다면, 다소 정확성이 떨어지는 요약 포인트를 만들어도 상관없다.

우리의 판매 제안을 고객에게 새로운 이미지를 제시하는 형태로 개선할 수 있다. 필요한 사항은 다음과 같다.

1. 좀 더 설득력이 있는 메시지를 제시한다.

2. 좀 더 메시지를 프로페셔널하게 표현한다.

3. 좀 더 기간을 단축해서 제시한다.

지금까지 논의한 사항을 통해 말하고자 하는 점은, 깊이 생각하지 않은 채 단순히 생각을 그루핑해놓고 독자가 그 의미를 이해해주리라고 생각해서는 안 된다는 것이다.

모든 그루핑은 그룹 전체의 생각을 시사하고 그룹 내의 생각의 관련성을 반영해야 한다. 우선 자신의 머릿속에서 그런 관련성이 무엇인지 정의한 다음에 글로 기술해야 한다.

어떤 그루핑 작업을 하든 항상 "왜 다른 생각이 아닌 이 생각을 그루핑을 했는가"라고 자문해보아야 한다. 이 질문에 대한 대답은 두 가지다.

- 이것은 모두 공통적 특징을 가지고 있으며, 그 특징에 의해 연결된 유일한 생각이기 때문이다(이 경우 요약 포인트는 유사점이 의미하는 것에서 얻은 생각이 된다).
- 이것은 모두 어떤 결과를 얻기 위해 함께 취해야 하는 행동이기 때문이다(이 경우 요약 포인트는 일련의 행동 때문에 얻을 수 있는 직접적인 결과를 기술한다).

이런 방식으로 생각의 그루핑이 타당한지 살펴보면 독자에게 자기 생각을 좀 더 명쾌하게 전달할 수 있다. 그뿐만 아니라 글을 쓰기 전에 자신이 알지 못했던 새로운 생각을 발견할 수 있다.

Summary

생각의 유사성 찾기

- 각 생각은 모두 동일한 주제에 관해 기술하고 있다.
- 각 생각은 모두 동일한 활동이 필요하다.
- 각 생각은 모두 같은 대상에 대한 행동을 기술하고 있다.
- 각 생각은 모두 같은 통찰 결과를 의미하고 있다.

행동 생각의 리스트 만들기

- 각 포인트를 좁혀 나가면서 가장 유사한 키워드로 그루핑을 한다.
- 각 그룹 단계의 차이를 밝힌다.
- 각 포인트는 최종 결과를 이미지화할 수 있도록 표현한다.
- 일련의 행동을 실행함으로써 직접 얻을 수 있는 결과를 기술한다.

상황 생각의 리스트 만들기

- 주제, 구체적인 상황(술어), 목적(목적어), 의미의 유사점을 찾는다.
- 각 포인트를 되도록 좁은 범주로 그루핑을 한다.
- 그 그루핑이 무엇을 의미하는지(추론) 기술한다.

3부

논리적으로
문제 해결하기

경험이 쌓이면 도입부의 S-C-Q(상황-전개-질문) 형식이 습관처럼 몸에 배어, 짧은 문서를 작성할 때도 자연스럽게 S-C-Q로 구성하게 된다. 6장과 7장에서 설명한 것처럼 논리 전개의 순서를 정하고 그룹 내의 생각을 요약하는 기술과 함께 질의응답 구조를 적용하면 비교적 간단하게 생각을 구조화할 수 있다.

그러나 일반적으로 문제에 대한 해결책을 제시하는 보고서와 프레젠테이션, 문제를 해결하는 방법을 설명하는 프로젝트 계획서와 컨설팅 보고서는 이처럼 간단하게 작성되지 않는다. 자료를 수집하는 데 많은 시간이 소요될 뿐만 아니라 여러 명의 필자가 나누어서 글을 쓸 수도 있다. 글을 쓰는 기간도 짧게는 며칠에서 길게는 몇 주일까지 걸린다. 전달하고자 하는 메시지를 결정하기 전에 분류하고 검토해야 할 사실이나 자료, 정보, 생각이 너무 많아서 정신을 차리지 못할 수도 있다.

3부는 경영 컨설팅, 전략 분석, 시장조사 등 이른바 문제 해결을 위한 문서를 작성하는 사람들을 위한 내용이다. 여기서 다룰 내용은 주제의 특성상 길고 복잡하지만 여기서 설명하는 접근법은 충분히 검증된 것이며 실제로 전 세계의 컨설턴트와 분석가 사이에서 일상적으로 사용되고 있다. 문제를 정의하고 분석한 후 해결책을 제시해야 하는 분야에 종사하는 사람들은 큰 도움을 받을 수 있을 것이다.

문제 해결을 위한 문서는 일반적으로 다음과 같은 세 가지 질문 가운데 하나에 답변하기 위해 작성된다. 어떤 질문에 답변하는가는 독자가 사전에 무엇을 알고 있는가에 따라 다르다.

- 우리는 무엇을 해야 하는가? (해결책을 모르는 경우)
- 우리는 그것을 해야 하는가? (해결책이 이미 제시된 경우)
- 우리는 그것을 어떻게 해야 하는가? 혹은 당신은 그것을 어떻게 할 것인가? (해결책이 알려졌고, 이미 받아들인 경우)

이런 종류의 문서는 도입부에서 질문을 유발한 문제의 성격을 정의한 다음, 문제 분석의 결과와 새로 발견한 해결책을 '조치'나 '이유'(혹은 연역적인 추론을 쓰기도 한다)로 제시하여 피라미드 형태로 배치한다. 그러나 조치나 이유를 찾아내는 사고 프로세스는 전달해야 할 생각의 내용이 분명해지기 전에 시작되므로, 다음과 같은 절차에 따라 진행되는 것이 이상적이다.

문제를 정의한다 → 분석을 구조화한다 → 분석하여 해결책을 찾는다 → 생각을 전달하기 위한 피라미드를 만든다

컨설팅 보고서를 효율적으로 작성하는 비결은 나중에 피라미드 구조로 바꾸기 쉬운 형태로 미리 ①문제를 정의하고 ②자료의 수집과 분석을 구조화하는 것이다. 다시 말해 위의 절차에서 세 번째와 네 번째 단계가 순탄하게 도출될 수 있도록 사전에 첫 번째와 두 번째 단

계를 구조화한다. 그러나 문제를 정의하고 분석을 구조화하는 작업은 대단히 복잡하다. 문제를 일으킨 사건이 모호하거나 혼란스럽거나 혹은 잘못 전달되는 경우가 많으며, 다방면에 존재하는 방대한 양의 데이터를 모두 추적하고 싶은 유혹에 빠지기 때문이다. 그 결과 문제에 대한 그럴듯한 해결책이 수없이 많이 등장한다.

다행히도 이런 혼란을 줄이고 효율적으로 작업할 수 있도록 많은 분석적인 틀이 개발되었다. 8장에서는 문제 정의에 필요한 틀을 설명하며, 9장에서는 실제로 문제 분석을 하는 데 도움이 되는 몇 가지 틀을 소개한다.

문제
정의하기

우리는 보통 지금까지 노력해서 얻은 결과가 본래 원했던 결과와 다르다고 느낄 때 문제가 있다고 판단한다. 이것은 어떤 의미에서 보면 특정한 상황이 고유한 결과를 낳는다는 것, 즉 아무런 조처를 하지 않으면 동일한 결과가 발생하지 않는다는 사실을 깨닫게 해준다. 이런 고유한 결과를 '원하지 않은 결과(R1)'라고 부른다.

문제는 결과가 마음에 들지 않으면(예를 들어 매출이 감소하고 있다) 다른 결과(예를 들어 매출을 늘린다)를 찾게 된다는 점이다. 이 다른 결

과를 '원하는 결과(R2)'라고 부른다. 해결은 R1에서 R2에 도달하려면 어떻게 해야 하는가에 대한 답을 찾는 것이다.

이와 같이 문제를 정의하는 것은 '순차적 분석sequential analysis' 프로세스의 초기 단계에 해당한다. 이 분석법은 다음과 같은 논리적 순서로 연결된 일련의 질문에 대한 대답을 찾아내는 매우 효율적인 문제 해결의 기술이다.

1. 문제가 있는가? (혹은 개선의 기회가 있는가?)

2. 문제가 어디에 있는가?

3. 왜 문제가 있는가?

4. 문제에 대해 무엇을 할 수 있는가?

5. 문제에 대해 무엇을 해야 하는가?

처음 두 질문은 문제를 정의하고, 질문 3은 문제의 원인을 밝혀주며, 질문 4와 질문 5는 문제를 해결하는(혹은 문제를 개선하는 기회를 실현하는) 방법을 결정하는 역할을 한다.

1. 문제가 있는가? (혹은 개선의 기회가 있는가?) 2. 문제는 어디에 있는가?	문제 정의하기
3. 왜 문제가 있는가?	분석 구성하기
4. 문제에 대해 무엇을 할 수 있는가? 5. 문제에 대해 무엇을 해야 하는가?	해결책 찾기

분석 결과를 전달하는 문서에서는 질문 1과 질문 2에 대한 대답이 도입부가 되고, 질문 3에서 질문 5의 대답은 피라미드의 중앙에 배치되는 포인트가 된다. 이번 장에서는 제안서와 보고서의 도입부를 쉽게 쓸 수 있도록 문제를 정확하게 정의하는 방법을 살펴본다.

▲ 문제 정의 틀 ▼

앞에서 설명한 바와 같이 현재 얻은 결과와 본래 원하던 결과 사이의 차이를 나타내는 문제는 갑자기 생겨난 것이 아니다. 그 차이는 지금까지 일어난 상황의 결과로 발생하여 특정한 환경의 영향을 받아 확대된 것이다. 이 환경은 아주 단순할 수도 있지만 원인과 결과가 뒤섞여 매우 복잡할 수도 있다. 어떤 경우든 현재 얻은 결과와 본래 원하는 결과 사이에 차이가 나는 배경을 이해하려면 그 차이의 성격과 중요성을 파악하고 있어야 한다.

요소 배치하기

이해하기 쉽게 아주 간단한 예를 통해 구조의 요소를 살펴보자. 당신이 어떤 회사의 사장인데, 30년간 같은 방법을 사용해 공업용 부동산처럼 수요의 규모가 큰 제품만 판매해왔다고 가정하자. 세일즈맨들은 단순히 유망 고객의 리스트를 작성하고 설명 자료를 만들어 고객에게 보낼 뿐이다.

회사는 매년 10퍼센트 이상의 매출 신장률을 나타내면서 오랫동안 경이적인 성장을 거듭해왔다. 그런데 올해 4분기에 접어들자 매출이 10퍼센트 신장하기는커녕 오히려 10퍼센트 줄어들 조짐을 보인다. 이 소식이 전해지자 회사는 충격에 휩싸였고, 어찌 되었든 간에 매출을 이전의 성장궤도로 복귀시키기 위해 최대한 빨리 조처를 하기로 했다.

우선 문제는 지금까지의 '상황'(〈도표 32〉 참조)에서 발생했다고 생각하자. 이 상황은 '출발점starting point'과 '시작 상황opening scene'으로 구성되어 있고, 여기에는 기존의 구성이나 프로세스(즉 표준적인 판매방식)가 모두 포함되어 있다. 지금까지 이 프로세스는 원하는 결과(R2, 즉 지속해서 매출이 10퍼센트 향상되는 것)를 가져다주었고 앞으로도 그러리라 전망되었다. 이런 상황에서 무슨 일이 일어났거나 혹은 어떤 행동을 취했더니(예를 들어 예상 매출을 계산했다), 원하지 않은 결과(R1,

---

도표 32 문제는 지금까지의 상황에서 발생한다

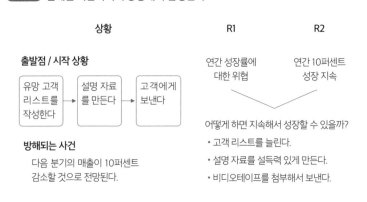

매출이 예상했던 것만큼 성장하지 못할 것이다)가 나왔다.

현재의 결과와 기대했던 결과 사이에 발생한 차이가 바로 문제다. 이 문제를 해결하기 위해서는 차이가 발생한 원인을 명확하게 파악한 다음 차이를 제거하는 데 필요한 조치를 결정해야 한다. 일반적으로 이런 원인은 모두 시작 상황에 기술되어 있다. 따라서 문제 정의 틀problem definition framework에서는 다음의 세 가지 질문에 답변해야 한다.

- 현재 무슨 일이 벌어지고 있는가?
  (상황: 출발점, 시작 상황 + 방해되는 사건)
- 현재 원하지 않는 것은 무엇인가? (R1)
- 대신 무엇을 원하는가? (R2)

이런 질문에 대답할 수 있으면 문제가 정확하게 정의되었다고 할 수 있으므로, 그 문제로 인해 생긴 질문이 무엇인지 결정해서 그에 대한 해결책을 찾아야 한다. 해결책은 일반적으로 원래 출발점과(혹은) 시작 상황에 있는 구조나 프로세스에서 찾을 수 있다. 앞서 설명한 예에서 만일 매출이 감소했다면, 그 이유는 다음과 같을 것이다.

- 고객 리스트가 불충분하다. (그리고, 혹은)
- 설명 자료가 설득력이 떨어진다. (그리고, 혹은)
- 자료를 보내는 방법이 효과적이지 못하다.

문제 정의가 끝났다면 이제 분석을 구조화해야 할 차례다. 이를 위해서는 진단 구조와 로직트리를 사용하여 각 분야를 매우 세밀하게 분류해 매출 감소의 원인을 밝혀야 한다. 해결책에 포함될 조치는 이런 틀로부터 나오며, 이를 통해 리스트, 설명 자료, 자료를 보내는 방법 가운데 일부가 수정될 것이다(문제 분석에 필요한 진단 구조와 만드는 방법은 9장에서 자세히 설명한다).

도입부로 바꾸기

해결책을 글로 쓸 준비가 갖춰지면 문제 정의를 도입부로 옮기는 작업은 매우 쉽다. 정의된 내용을 단순히 왼쪽에서 오른쪽 아래 방향으로 읽어 내려가면 된다. 물론 독자가 현재 가지고 있는 최신 정보는 질문을 유발하는 전개 역할을 한다.

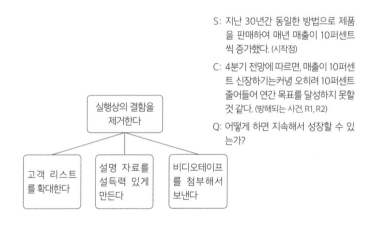

S: 지난 30년간 동일한 방법으로 제품을 판매하여 매년 매출이 10퍼센트씩 증가했다. (시작점)

C: 4분기 전망에 따르면, 매출이 10퍼센트 신장하기는커녕 오히려 10퍼센트 줄어들어 연간 목표를 달성하지 못할 것 같다. (방해되는 사건, R1, R2)

Q: 어떻게 하면 지속해서 성장할 수 있는가?

이것은 물론 매우 단순한 예로, 질문은 단순히 "R1에서 R2에 도달하려면 어떻게 해야 하는가?"였으며 다음과 같은 형태로 나타낼 수 있다.

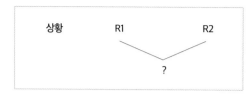

S: 현재 익숙한 프로세스를 가지고 있다. (상황)

C: 그러나 그것은 원하는 결과를 가져다주지 못한다. (R1, R2)

Q: 어떻게 해야 하는가?

그러나 실제로 발생하는 문제 대부분은 훨씬 더 복잡한 질문을 내포하고 있다. 예를 들어 회사가 어떤 문제를 발견하여 이미 해결책을 찾았다고 가정해보자. 이 경우 질문은 "그것은 적절한 해결책인가?" 혹은 "그 해결책을 어떻게 실행할 것인가?"가 될 것이다. 여기에서 해결책이 있다는 사실이 질문을 유발하는 전개 역할을 하고 있다.

S: 문제가 있었다. (상황, R1, R2)

C: 해결책을 찾았다. (해결책)

Q: 적절한 해결책인가? 혹은 그 해결책을 어떻게 실행할 것인가?

혹은 회사에 문제가 생겨서 해결책을 찾았는데, 그 해결책이 적절하지 않은 것으로 판명될 수도 있다. 이런 경우에는 "어떻게 해야 하는가?"가 질문이 된다.

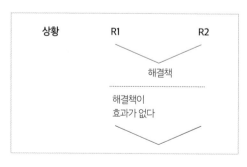

S: 문제가 생겨서 해결책을 찾았다. (상황, R1, R2, 해결책)

C: 해결책이 적절하지 않다. (R1-b)

Q: 어떻게 해야 하는가?

혹은 두 번째 해결책도 별다른 효과가 없어서 문제가 삼중 구조가 될 수도 있다. 예를 들어 당신이 이제 막 슈퍼마켓이 탄생한 시대의 대규모 가공식품 제조업자라고 가정해보자. 수없이 신제품 테스트를 했지만 시장 출시가 임박한 제품을 본격적으로 발매하기 전에 일주일 만이라도 슈퍼마켓 진열대에 진열해놓고 테스트를 해보고 싶다는 생각이 들었다. 슈퍼마켓에 가서 이런 의사를 전달하자, 업주는 체계적으로 이뤄지는 진열에 방해가 된다며 싫은 기색을 내비쳤다. 결국 시험 마케팅을 하는 대가로 약간의 비용을 지불하기로 했다.

시간이 흐르자 슈퍼마켓은 대규모 체인화되어 막강한 힘을 가지게 되었다. 시험 마케팅 비용의 지불은 관례가 되어 일주일간의 시험 마케팅 비용이 2만 달러까지 치솟았다. 당신은 이 금액이 상당히 부담스럽게 느껴졌다. 이 문제를 해결하기 위해 위원회를 소집했지만, 위원회 역시 기존 관습대로 비용을 지불하지 않는 것 외에 뾰족한 해결책을 찾아내지 못했다. 이 제안에 대해 슈퍼마켓 측은 더 이상 신제품 시험 마케팅을 위해 진열대를 제공할 수 없다고 말했다.

이 문제의 구조는 〈도표 33〉과 같이 정리할 수 있다. 위의 사례는 상당히 복잡한 이야기지만, 그림으로 나타내면 힘들지 않고 몇 문장만 사용하여 간결한 도입부로 바꿀 수 있다. 이때도 왼쪽에서 오른쪽 아래 방향으로 읽어 내려가고, 독자가 알고 있는 최신 정보를 전개한다. 이 문제와 관련하여 업계 대표들에게 연설한다고 가정하고 연설문의 도입부를 구상해보자.

상황: 알다시피 지난 몇 년 동안 우리는 슈퍼마켓 진열대에서 일주일

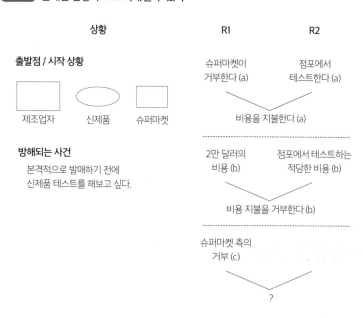

동안 신제품 시험 마케팅을 하는 대가로 업주에게 일정한 비용을 지불했습니다. 그러나 이 비용이 해마다 증가하여 현재 2만 달러에 달해 일주일 동안 진열대를 사용하는 대가치고 너무 과하다고 생각합니다. 우리는 이 문제를 슈퍼마켓 측에 알리기 위해 비용 지불을 거절했습니다. (상황, R1-a, R2-a, 해결책-a, R1-b, R2-b, 해결책-b)

전개: 불행히도 슈퍼마켓 측도 역시 우리 제품의 시험 마케팅을 거절했습니다. (R1-c)

질문: 지금 우리가 질문하고자 하는 것은 어떻게 대응해야 하는가입니다.

앞에서 설명했듯, 문제 정의 틀은 생각의 피라미드를 만드는 1단계뿐만 아니라 문제 해결 프로세스의 1단계에서도 사용된다. 이 틀은 다른 사람이 쓴 문서를 첨삭하거나, 문제점을 지적하고 수정하는 데도 매우 유용하다. 어떤 경우든 다음과 같은 프로세스를 따라야 한다.

- 앞의 예시에서 살펴본 것처럼 문제의 기본적인 사항을 그림으로 나타낸다.
- 문제 해결이라는 관점에서 현재 자신의 태도를 명확하게 한다. (해결책이 이미 제시되었는가? 혹은 수락했는가?)
- 적절한 질문을 결정한다.
- 도입부에 문제 정의가 반영되어 있는지 확인한다.
- 피라미드가 질문에 답변하고 있는지 확인한다.

위의 프로세스에 대해 좀 더 구체적으로 살펴보고, 마지막에는 실제 사례에 대입시켜보자. 정의된 문제를 토대로 문제 분석을 구조화하고, 실행 가능한 해결책을 찾는 방법은 9장에서 설명한다.

▲

문제 배치하기

▼

앞에서 살펴본 것처럼 문제를 정확하게 정의하고 해결책을 찾아내는 첫 단계는 다음 네 가지 요소를 구체적으로 정의하는 데서 시작된다.

- 출발점, 시작 상황
- 방해되는 사건
- R1(원하지 않은 결과)
- R2(원하는 결과)

이 네 가지 요소는 문제 해결의 프로세스를 하나의 극적인 이야기로 구성할 수 있도록 해주고, 또한 독자가 주어진 문제를 하나의 극적인 이야기로 받아들여 생각할 수 있게 해준다.

출발점, 시작 상황

어두운 극장에 조용히 앉아 있는 모습을 상상해보자. 막이 열리고 눈앞에는 특정한 시대의 어느 순간에 어떤 장소를 묘사하는 세트가 펼쳐진다. 이것이 출발점이자 시작 상황이다. 그런 다음 무언가가 일어나고 영화가 시작된다. 이것은 '방해하는 사건'에 해당한다. 문제를 정의하는 프로세스도 이와 같다. 다만 막이 열리면 세트가 아니라 문제가 발생한 어느 시점의 어떤 장소에 있는 자신이나 고객 기업, 업계가 보인다. 이 역시 영화에서처럼 구조와 프로세스를 쉽게 이미지화하여 그려볼 수 있다.

전형적인 시작 상황의 예 (구성의 경우)	전형적인 시작 상황의 예 (프로세스의 경우)
• 조직도 • 컴퓨터 시스템 구성 • 공장, 사무실 배치도 • 시장 분포도	• 판매 혹은 마케팅 활동 • 정보 시스템 • 행정 절차 • 유통 시스템 • 제조 과정

지금 논의하고 있는 주제를 구성하는 것, 즉 당신이 보고 있는 분야의 배치를 그림으로 그려보자. 독자가 《포천》이나 《비즈니스위크》를 읽는 일반 독자와 동일한 수준의 지식을 가지고 있다고 가정해보자. 아니면 친구에게 문제에 관해 설명한다고 해보자. 그 친구에게 당신의 말을 이해시키기 위해서는 무엇을 보여주어야 하는가?

"예전에 전국으로 가정용품을 배송하는 회사가 있었는데, 그 회사는 세 개의 창고를 보유하고 있었다…."

친구는 제품을 배송하기 위해 세워진 세 개의 창고를 자연스럽게 머릿속에 떠올릴 것이다.

혹은 당신은 이렇게 말할지도 모른다.

"우리 회사는 독자적으로 경영되는 몇 개의 사업부로 구성되어 있다. 이들 사업부에서는 공통으로 새로운 화상 처리 기술이 필요한 활동을 진행하고 있다."

그러면 친구는 다음과 같은 이미지를 갖게 될 것이다.

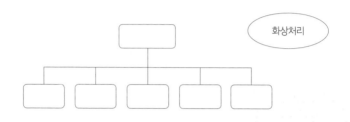

시작 장면에서는 단순하게 이미지화하고 짧게 기술하며, 문장을 추가하는 작업은 실제로 도입부를 쓸 때 하는 것이 좋다.

방해되는 사건

현재의 구조나 프로세스에 관심을 갖는 이유는 그것들이 제 기능을 다 하지 못하게 방해하는 어떤 사건이 일어나고 있기 때문이다. '방해되는 사건'이란 그런 사건, 즉 지금 일어나고 있거나 일어날지도 모르는 사건 혹은 앞으로 일어날 사건 등을 가리킨다. 이것이 시작 상황에서 기술한 기존의 안정된 상황을 위협하여 원하지 않은 결과(R1)를 가져온다. 앞의 예에서는 새로운 기술의 출현이 이에 해당한다.

방해되는 사건의 유형은 다음과 같다.

외부적 요인: 구조와 프로세스를 둘러싼 환경에서 일어난 변화

- 새로운 경쟁사의 출현
- 새로운 기술로의 전환
- 정부 방침이나 고객의 변화

내부적 요인: 회사 자체적으로 일어난 변화. 예를 들면 다음과 같다.

- 비즈니스 프로세스의 확대
- 새로운 컴퓨터 시스템의 도입
- 새로운 시장의 진출
- 생산 라인의 변경

새로운 인식: 변화의 필요성에 대한 새로운 인식 혹은 증거

- 제품과 프로세스의 품질 및 능력 저하
- 수준 이하의 결과
- 고객의 태도 변화를 의미하는 시장 보고서

예를 들어 컨설팅 보고서를 작성하는 경우에는 정보가 충분하지 않아, 왜 문제가 있다고 생각하는지 그 근거를 구체적으로 밝히지 못할 수 있다. 그러나 적어도 독자가 자신의 구조나 프로세스에서 무엇을 불만스러워하는지 파악할 수 있어야 한다.

R1 (원하지 않은 결과)

R1은 독자가 해결하고자 하거나 혹은 현재 직면하는 문제이면서 동시에 그가 이용할 개선 기회이기도 하다. R1은 일반적으로 방해되

는 사건(외부적 요인, 내부적 요인, 새로운 인식 등에 의해 발생한다)에 의해 겉으로 드러난다. 이처럼 고객의 원하지 않은 결과 때문에 컨설팅이 필요하게 되는데, 이때 R1의 근본적인 이유는 컨설팅을 의뢰한 고객 조차도 명확하게 인식하지 못할 때가 많다.

방해되는 사건이 발생함에 따라 지금까지 인식하지 못한 개선 기회를 파악하게 될 수도 있다. 그러나 대부분은 그대로 내버려 두면 다음과 같은 부정적인 결과를 초래할 가능성이 크다.

- 회사의 프로세스나 구조에 부정적인 영향을 초래한다.
- 특정 분야의 업무를 방해한다.
- 사업, 제품, 프로세스를 재고하는 계기가 된다(혹은 계기가 돼야 했다).
- 고객, 시장, 경쟁사, 핵심 역량, 프로세스, 기술 등에 대한 기존의 인식에 의문을 가지게 된다(혹은 의문을 가졌어야 한다).

이런 사건으로 인해 R1이 하나 이상 생길 수도 있지만, 그림 상에서는 R1을 최대한 간단하게 기술해야 한다. R1은 회사가 시장의 요구에 제대로 대응하지 못하거나, 시장점유율이 악화한 상황일 수도 있다. 혹은 매출이 줄어들거나, 수익률이 감소하거나, 재무 상태가 악화하는 등의 사건이 동시에 일어날 수도 있다.

R2(원하는 결과)

R2는 독자가 자신의 구조나 프로세스를 사용하여 R1을 대신 발생

하기를 바라는 결과다. (만일 R1이 개선 기회일 때 R2는 그 기회가 실현된 결과가 된다.) 독자는 미래의 특정한 시점에 R2를 실현할 수 있는지 명확하게 판단하고자 하므로, R2는 가능하면 구체적인 수치로 기술해야 한다. 원하는 결과가 구체적으로 표현되지 않으면 여러 가지 해결책 가운데 어느 것이 가장 적절한지 쉽게 결정할 수 없다.

R2는 최종 결과가 머릿속에서 명확하게 그려질 수 있도록 구체적인 수치나 표현을 사용하여 기술해야 한다. 예를 들면 다음과 같다.

- 연간 성장 목표를 달성한다.
- 제품을 시장에 출시하는 기간을 3분의 1로 줄인다.
- 슈퍼마켓에서 하는 신제품 시험 마케팅에 드는 비용은 5000달러 이하로 한다.
- 예상 수요에 대응할 수 있는 충분한 생산 능력을 갖춘다.

R2를 구체적으로 기술하지 못하거나 혹은 아예 기술하지 못할 수도 있다. 그런 경우에는 문제가 해결되었을 때 이러했으면 한다고 생각하는 일반적인 상황을 기술해도 된다. R2를 구체적으로 결정하는 작업이 문제 해결의 1단계에 해당한다.

문제를 그림으로 나타내는 작업은 자세히 파악하지 않고 눈에 보이는 대로 개략적으로 '골격'을 세우는 것이라고 할 수 있다. 이를 통해 현재의 결과와 본래 원하던 결과 사이의 차이를 파악하여 도입부를 구성한다.

9장에서 다시 설명하겠지만, 일반적으로 시작 상황, 방해되는 사건, R1, R2에 대한 정의는 문제를 해결해가는 과정에서 여러 차례 수정한다. 예를 들어 일단 자료 수집을 시작하면 외부 변화의 정도에 대해 훨씬 좋은 정보를 얻게 되고, 이에 따라 R1과 R2의 본질을 좀 더 깊이 있게 정의할 수 있다. 그러나 틀을 구성하는 각 부분 간의 기본적인 관계는 절대 바뀌지 않는다.

질문 찾기

문제의 기본적인 부분이 정리되었다면 이제 독자의 질문을 찾아야 할 차례다. 독자의 질문은 문제 분석을 시작하기 전에 독자가 얼마나 오랫동안 그 문제를 겪어왔느냐에 따라 달라진다. 독자는 단순히 R1에서 R2를 얻는 방법을 알고 싶거나 혹은 이미 그 방법을 알고 있다면 다른 질문을 할 것이다.

글을 쓸 때 사람들이 저지르는 큰 실수 가운데 하나는 독자가 문제를 해결하기 위해 이미 어떤 조치를 했는지 구체적으로 확인하지 않는 것이다. 독자가 언제 조처를 했으며 그 조치가 글에서 답변하고자 하는 독자의 질문에 어떤 영향을 미치는지 명확하게 알고 있으면, 도입부를 작성하고 논리를 구체화하는 작업이 간단해진다.

문제 정의를 참고하여 독자가 직면하는 일곱 가지 문제 상황의 예를 살펴보자. 일곱 가지 상황은 매우 일반적인 경우로서, 독자가 해결책을 찾는 프로세스의 어느 지점에 있는가에 따라 일곱 가지 중 하나에 해당한다.

일반적인 상황

1. 독자가 R1에서 R2를 얻는 방법을 모른다.
2. 독자가 R1에서 R2를 얻는 방법을 알고 있다고는 하지만, 확실하지 않다.
3. 독자가 R1에서 R2를 얻는 방법을 알고 있지만, 그 해결책을 어떻게 실행해야 하는지 모른다.

일반적인 상황의 변형

4. 독자가 R1에서 R2를 얻는 방법을 알고 있다고 생각하고 실행했지만, 어떤 이유에서인지 그 해결책이 통하지 않았다.
5. 독자가 몇 가지 해결책을 찾았지만, 그 가운데 어느 것을 실행해야 하는지 모른다.

일반적이지 않지만 가능한 형태

6. 독자가 R1을 알고 있지만, 해결책을 찾을 수 있을 만큼 R2를 명확하게 진술할 수 없다.
7. 독자가 R2는 알고 있지만, 현재 자신이 R1에 처해 있는지 명확하게 알지 못한다(전형적인 견주기 연구).

〈도표 34〉는 이상의 일곱 가지 경우에서 문제 정의의 각 부분이 어떻게 그림에 배치되고 도입부와 대응되는지 보여준다.

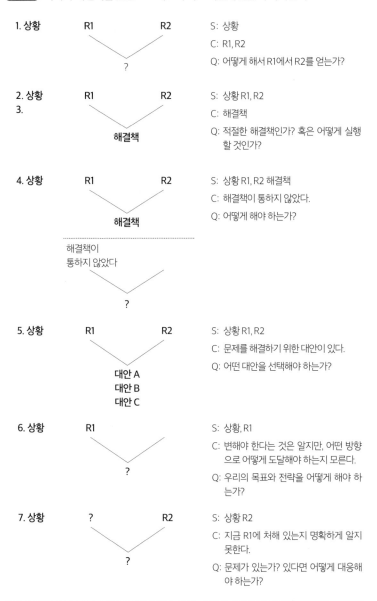

1. 상황   R1   R2

                 ?

S: 상황
C: R1, R2
Q: 어떻게 해서 R1에서 R2를 얻는가?

2. 상황   R1   R2
3.

        해결책

S: 상황 R1, R2
C: 해결책
Q: 적절한 해결책인가? 혹은 어떻게 실행할 것인가?

4. 상황   R1   R2

        해결책

해결책이
통하지 않았다

          ?

S: 상황 R1, R2 해결책
C: 해결책이 통하지 않았다.
Q: 어떻게 해야 하는가?

5. 상황   R1   R2

        대안 A
        대안 B
        대안 C

S: 상황 R1, R2
C: 문제를 해결하기 위한 대안이 있다.
Q: 어떤 대안을 선택해야 하는가?

6. 상황   R1

          ?

S: 상황, R1
C: 변해야 한다는 것은 알지만, 어떤 방향으로 어떻게 도달해야 하는지 모른다.
Q: 우리의 목표와 전략을 어떻게 해야 하는가?

7. 상황   ?   R2

          ?

S: 상황 R2
C: 지금 R1에 처해 있는지 명확하게 알지 못한다.
Q: 문제가 있는가? 있다면 어떻게 대응해야 하는가?

도입부에 옮기기

지금까지 설명한 바와 같이 대부분의 문제 정의 틀은 도입부에서 쉽게 사용할 수 있는 순서로 문제 요소를 배열한다. 단순히 왼쪽에서 오른쪽 아래 방향으로 전개해나가면 된다. 다만 독자가 가지고 있는 최신 정보는 항상 전개에 포함된다.

다음은 도입부와 〈도표 34〉에서 언급한 일곱 가지 질문에 대한 도입부와 피라미드를 나타낸 예다. 여기서는 이해하기 쉽도록 구조를 단순화시켰다.

우리는 어떻게 해야 하는가? (1)

S: 현재 시장에 X라는 마케팅 접근법을 적용하고 있다.

C: 시장은 훨씬 더 높은 성장을 기대할 수 있지만 여러 가지 문제에 직면할 것이다. X식 접근법은 한계가 있을 것 같아 걱정된다.

Q: 어떻게 바꿔야 하는가?

이 구조는 문제를 분석하고 문서를 작성하는 데 있어 가장 단순한 형태에 해당한다. 상황은 항상 현재 벌어지고 있는 일을 기술하고, 전개는 항상 독자가 R1에 있는데 R2로 가기를 원하기 때문에 발생한다. 이 구조는 현재 운영 중인 시스템을 변경하거나 혹은 업그레이드하는 방법을 설명할 때도 사용된다.

상황: 현재 시스템은 이렇게 작동하고 있다.

전개: 본래 의도한 대로 작동하지 않는다.

질문: 시스템이 본래 의도한 대로 작동하게 하려면 어떻게 해야 하는가?

여기서 찾을 수 있는 핵심적인 공통 메시지는 '변화'라고 할 수 있다. 그러나 누군가에게 무언가 새로운 것을 하라고 제안하는 경우에는 조금 다른 구조가 된다. 여기서 핵심은 '조치'가 된다.

상황: 다음은 현재 실행하고자 하는 행동이다.

전개: 그것을 실행할 수 없다.

질문: 어떻게 하면 그것을 실행할 수 있는 능력을 갖출 수 있을까?

지금 하려고 생각하는 것을 해야 하는가? (2)

S: 문제가 생길지도 모른다. 왜냐하면 업계에서 새로운 접근법이 시도되고 있기 때문이다.

C: 만일 그렇다면, 우리는 방법을 변경해야 할 것이다.

Q: 방법을 변경해야 하는가?

위와 같은 일반적인 구조는 두 가지 유형으로 변경할 수 있다.

상황: 어떤 상황과 문제가 있다.

전개: 어떤 행동을 계획하고 있다.

질문: 그것은 적절한 행동인가?

상황: X 행동을 계획하고 있다.

전개: Y 상황이 아니라면 X를 하고 싶지 않다.

질문: Y 상황인가?

하고 싶은 것을 어떻게 해야 하는가? (3)

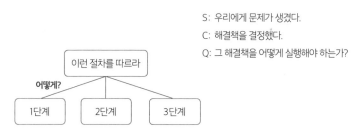

S: 우리에게 문제가 생겼다.
C: 해결책을 결정했다.
Q: 그 해결책을 어떻게 실행해야 하는가?

위와 같은 구조는 누군가에게 무엇이 어떻게 되었는지 설명할 때 사용할 수 있다.

상황: 우리에게 문제가 생겼다.

전개: X를 해서 그 문제를 해결했다.

질문: 어떻게 해서 X를 했는가?

상황: 우리는 목표를 가지고 있다(가지고 있었다).

전개: 그것을 달성하기 위해 시스템과 프로세스를 도입했다.

질문: 그것은 어떻게 작동하는가?

해결책이 통하지 않았다. 어떻게 해야 하는가? (4)

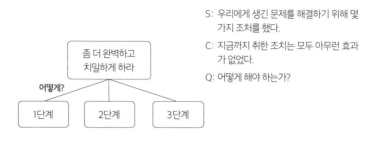

S: 우리에게 생긴 문제를 해결하기 위해 몇 가지 조처를 했다.

C: 지금까지 취한 조치는 모두 아무런 효과가 없었다.

Q: 어떻게 해야 하는가?

좀 더 완벽하고 치밀하게 하라

어떻게?

1단계　2단계　3단계

이 구조는 질문이 동일하다는 점에서 첫 번째 구조를 발전시킨 형태라고 할 수 있다. 다른 점이 있다면 문제가 이중 혹은 삼중 구조로 될 수 있으므로, 적절한 질문을 찾기 위해서는 과거로 거슬러 올라가서 그 배경을 조사해보아야 한다는 것이다.

어떤 대안을 선택해야 하는가? (5)

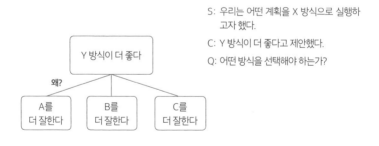

S: 우리는 어떤 계획을 X 방식으로 실행하고자 했다.

C: Y 방식이 더 좋다고 제안했다.

Q: 어떤 방식을 선택해야 하는가?

Y 방식이 더 좋다

왜?

A를 더 잘한다　B를 더 잘한다　C를 더 잘한다

대안은 항상 도입부의 전개 부분에 넣는다. 일반적으로 독자가 사전에 대안을 알고 있지 않다면 그것을 제의할 필요가 없기 때문이다. 다시 말해 독자는 대안을 가능성이 있는 행동으로 인식한 후 그에 대한 분석과 선택에 관한 판단을 기대한다. 여기서 특히 주의해야 할 점은 단순히 분석하기 위해 대안을 제시해서는 안 된다는 것이다. 예를 들어 "우리는 이 문제를 해결할 수 있는 세 가지 방법을 가지고 있다"라고 기술하고, 그 아래 핵심 단계에서 다음과 같은 내용이 계속되고 있다고 하자.

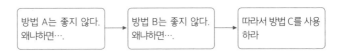

방법 C를 사용해야 하는 이유는 방법 A와 방법 B가 좋지 않기 때문이 아니라 C가 문제를 해결하기 때문이다.

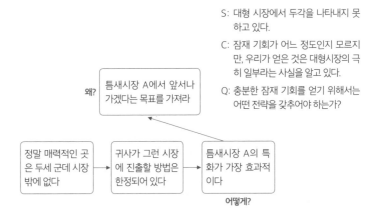

고객은 종종 자신이 행동을 취해야 한다고 이미 자각하고 있는 문제나 개선 기회에 관해 설명을 원하기도 한다. 상황이 너무 생소하거

나 가지고 있는 지식이 없어서 세부적인 목표를 설정하고 그런 목표를 달성하기 위해 어떤 행동 조처를 해야 하는지 모르는 것이다. 예를 들어 기술 혁신이나 시장 변화가 심한 업계를 생각해보자. 고객은 막연하게 이런 급격한 변화가 침체기에서 벗어날 좋은 기회라고 인식하고 있지만, 구체적으로 앞으로 상황이 어떻게 전개될 것인지 전혀 알지 못한다. 이런 경우에 컨설턴트를 채용하여 업계 분석을 의뢰한다. 컨설턴트들은 업계를 분석하고 성공 요인을 파악하여, 성공 요인에 따른 고객의 강점이 무엇인지 판단한다. 그런 강점을 바탕으로 한 효과적인 경쟁전략을 결정하여, 고객에게 최선이라고 생각하는 전략을 선정한다.

피라미드 정상에 놓일 포인트는 전략에 관한 기술이고, 핵심 단계에서는 전략을 실행하기 위한 조치를 개략적으로 묘사한다. 혹은 위의 그림에서 살펴본 것처럼 연역적 추론으로 전략을 설명할 수도 있다. 이 경우 실행 조치는 가장 나중에 나오는 상자 아래에 위치한다.

우리에게 문제가 있는가? (7)

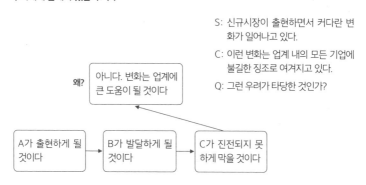

S: 신규시장이 출현하면서 커다란 변화가 일어나고 있다.
C: 이런 변화는 업계 내의 모든 기업에 불길한 징조로 여겨지고 있다.
Q: 그런 우려가 타당한 것인가?

왜? 아니다. 변화는 업계에 큰 도움이 될 것이다

A가 출현하게 될 것이다 → B가 발달하게 될 것이다 → C가 진전되지 못하게 막을 것이다

이 문서는 업계의 변화에 대한 우려를 반영하고 있다. 여기에 나타난 구조는 업계 내의 가장 뛰어난 경쟁사나, 유사한 업계의 리더 기업의 경영을 벤치마킹할 때 사용되는 전형적인 형태다.

실제 사례

문제 정의의 요소를 도입부의 각 부분에 옮겨 쓰는 작업은 그다지 어렵지 않다. 이것을 이해하기 위해 실제 사례를 통해 문제 정의부터 피라미드를 만드는 과정까지 살펴보자. 이 사례는 가정용품 판매 체인점에 관한 것으로, 문제가 발생한 상황은 다음과 같다.

이 회사는 우스터와 에번즈빌과 라스베이거스의 세 군데에 물류센터를 가지고 있으며, 이외에 DMSI라는 회사로부터 별도의 물류센터를 임대해서 사용하고 있다. 앞의 세 개의 물류센터는 490개 점포에 대한 배송 능력을 갖추고 있다고 알려졌지만, 실제로는 네 개의 물류센터를 모두 합쳐서 겨우 438개 점포에 대응하는 제품을 보관할 수 있다. 이 회사가 매년 4~5퍼센트씩 성장하고 있고 5년 이내에 198개의 신규 점포를 개점할 계획이라는 점을 고려할 때, 2년 이내에 배송 능력이 다할 것으로 예상한다.

이 회사는 배송 능력을 늘리기 위해 몇 가지 대안을 마련했다. 기존 창고 중 일부를 확장하거나 새로 창고를 짓거나 배송 처리 절차를 개선하는 것 혹은 계속해서 물류회사에 의존하는 방안 등이 있다. 이 가운데 어떤 방법을 선택하느냐에 따라 회사의 투자수익률이 달라진다.

도표 35 문제를 구조화한다

	상황	R1	R2

출발점과 시작 상황

우스터   에번즈빌   라스베이거스   임대 공간

간소한 전제품 물류 전략

이론상으로는 490개 점포의 배송 능력을
보유하고 있지만, 실제로는 438개 점포밖
에 대응하지 못한다.

방해되는 사건

• 취급 물량이 매년 4~5퍼센트 증가한다.
• 5년 이내에 198개의 신규 점포를 개점
  할 계획이다.

R1: 2년 이내에 배송
능력이 다할 것이다.

R2: 충분한 대처
능력이 있다.

• 기존 창고 중 일부를 확장한다.
• 새로 창고를 짓는다.
• 배송처리 절차를 개선한다.
• 계속해서 물류회사에 의존한다.

투자수익률에
미치는 영향이
다르다.

다음 사항을 충족하는 접근법
• 최소 자본 지출
• 최소 영업비용
• 현재와 동일한 처리 속도
• 현재와 동일한 전상품 전략

?

회사는 자본 지출과 영업 비용을 최소화하는 전략을 채택하는 반면
에, 이전과 같은 처리 속도와 전제품 전략을 유지하고자 했다.

이 문제는 〈도표 35〉처럼 배치할 수 있다. 여기서 도입부의 구조는
앞에서 설명한 〈도표 34〉의 (5) "어떤 대안을 선택해야 하는가?"를 변
형하면 된다.

상황: 우리는 문제를 가지고 있다.

전개: 문제를 해결할 수 있는 대안을 가지고 있다.

S: 490개 점포에 물건을 배송하기 위해 만들어진 세 개의 물류센터가 실제로는 임대센터까지 사용해서 438개 점포에밖에 배송할 수 없다. 매년 4~5퍼센트씩 성장하고 있고 앞으로 5년 이내에 198개의 신규 점포를 개점할 계획이므로, 2년 이내에 기존 센터의 배송 능력이 한계에 도달할 것이다. 적시에 충분한 배송 능력을 갖출 수 있는 확실한 조처를 해야 한다. 대안으로는 기존 창고 중 일부를 확장하거나 새로 창고를 짓는 등의 다양한 방법이 있고, 또한 두 개의 대안을 조합할 수도 있다.

C: 언제, 어떤 방법을 적용하는가에 따라 투자수익률이 달라진다. 현재의 처리 속도와 전제품 전략을 유지하면서, 자본 지출과 영업비용을 최소한으로 줄이는 접근법을 채택하고자 한다.

Q: 물류 전략은 어떻게 해야 하는가?

가능하면 오랫동안 네 번째 창고를 짓지 않아도 될 수 있도록 기존 창고의 배송 능력을 획기적으로 늘린다

| 1년 후에 우스터와 에번즈빌 센터를 변경한다 | 처리효율을 높이는 '빠른 회전' 기술을 도입한다 | 기존의 물류 회사와는 선택적으로 종래의 관계를 유지한다 | 3년 후에 라스베이거스 센터를 확장한다 | 5년 후에 개점할 예정으로 조지아나 캐롤라이나에 신규 센터를 건설한다 |

질문: 어떤 대안을 선택해야 하는가?

이를 통해 〈도표 36〉에 나타난 것과 같은 도입부와 피라미드를 완성할 수 있다.

문제 정의 틀은 한번 읽어보는 것으로는 이해하기 힘든 개념이다. 그렇지만 구두로 하건 문서로 하건 문제를 설명해야 할 때 활용되는 매우 유용한 도구다. 또한 지금 살펴본 것처럼 문제에 대한 해결책을 제안하는 문서에서는 간결한 도입부를 작성하는 훌륭한 안내자 역할을 한다.

문제를 정의하고 해결책을 찾는 도중에는 물론 실제 문제를 분석하는 절차가 필요하다. 문제 분석이란 문제의 원인을 파악하고, 문제를 해결하기 위해 취할 수 있는 대안을 평가하는 절차를 말한다. 여기서도 문제 정의 틀을 사용하면 효율적으로 분석을 구조화하여 적절한 해결책을 찾아낼 수 있다. 이에 대해서는 다음 장에서 자세히 설명한다.

Summary

문제 정의하기

- 문제가 발생한 분야를 그림으로 나타낸다.

- 지금까지의 안정을 깨뜨린 사건을 기술한다.

- 원하지 않은 결과(R1)을 파악한다.

- 원하는 결과(R2)를 구체적으로 기술한다.

- 문제를 해결하기 위해 어떤 행동을 취했는지 파악한다.

- 분석의 목적, 즉 분석을 통해 답변해야 할 질문을 파악한다.

정의한 내용을 도입부에 옮기기

- 정의한 내용을 왼쪽에서 오른쪽 아래 방향으로 읽어 내려간다.

- 독자에게 알려진 최신 정보는 질문을 유발하는 전개 역할을 한다.

문제 분석
구조화하기

일반적으로 문제 분석은 다음과 같이 표준화된 프로세스에 따라 진행된다.

자료 수집 → 조사 결과의 기술 → 결론 도출 → 행동 제안

효율적으로 결론을 도출하고 행동을 제안하기 위해서는 조사에 착수하기 전의 작업이 중요하다. 분석가는 조사에 착수하기 전에 초기의 자료 수집 작업을 어떻게 할 것인지 세밀하게 계획하고 구조화하여, 논리적으로 일관된 조사 결과를 얻을 수 있도록 해야 한다. 독자 입장에서 볼 때 이런 방법은 일반적인 관행과 다소 차이가 날 수도 있다. 대부분의 사람들은 먼저 조사에 착수해서 손에 넣을 수 있는 자료

를 모두 수집한 후, 여러 군데에서 수집한 사실과 수치를 모두 통합하여 그 의미를 생각한다.

물론 그 방법도 가능하지만 그렇게 되면 쓸모없는 작업이 늘어난다. 따라서 사전에 자신의 분석과 사고의 방향을 이끌어줄 원인 분석 틀와 로직트리를 만들어두어야 한다. 그렇게 되면 보다 효율적으로 문제 해결을 할 수 있을 뿐만 아니라 나중에 결과를 피라미드화하는 작업도 훨씬 수월해진다.

일반적으로 자료 수집부터 시작하는 사람들이 매우 많으므로, 우선 어떻게 해서 그렇게 되었는가에 대해 내 나름의 이유를 살펴본 후에 좀 더 효율적인 방법을 설명하겠다.

▲ 자료 수집부터 시작하기 ▼

자료 수집부터 시작하는 습관은 1950~60년대 경영 컨설팅의 초창기에서 비롯되었다. 당시만 해도 경영 컨설팅이란 업종은 상대적으로 새로운 분야였고, 컨설팅회사들은 업계와 기업에 대한 광범위한 지식을 갖고 있지 않았다. 따라서 당시의 컨설팅은 고객 기업의 문제가 무엇인가에 상관없이, 기업과 업계 전체에 대한 분석부터 시작하는 것이 일반적인 접근법이었다. 예를 들면 다음과 같다.

1. 업계의 성공 요인을 파악하기 위해 다음과 같은 사항을 조사한다.
   • 시장 특성

- 가격, 비용, 투자의 특성

- 기술적인 요구

- 업계 구조와 수익성

2. 고객 기업의 강점과 약점을 다음에 따라 평가한다.

- 판매와 시장에서의 위치

- 기술적인 위치

- 비용 구조

- 재무 여건

3. 핵심적인 성공 요인에 대한 고객 기업의 업무 능력을 비교한다.

4. 사업 기회를 이용하여 문제를 해결하는 방안을 제안한다.

여기에는 방대한 양의 자료가 필요했기 때문에 의미 있는 결론을 도출해내기 힘들었다. 사실 어느 저명한 컨설팅회사에서는 자료 수집과 분석의 60퍼센트가 쓸모없는 작업이나 마찬가지였다고 추정하기도 했다. 컨설턴트들은 수많은 '흥미로운' 사실과 도표를 만들어냈지만, 고객의 본질적인 문제와 관련된 정보는 그 가운데 극히 일부에 지나지 않았다. 대부분의 정보들이 불완전하여 가장 필요한 자료, 즉 중요한 제안 내용을 뒷받침해줄 만한 자료가 거의 없거나 전혀 없을 때도 있었다. 결국 그들은 마지막 순간에 추가 자료를 찾을 수밖에 없었는데, 비용이나 기분 면에서 그다지 유쾌하지 못한 과정이었다.

설령 완벽한 자료를 가지고 있더라도 자신의 사고를 체계화하여 최종 보고서의 형태로 명확하게 표현하는 데는 엄청난 노력이 필요했다. 우선 수집한 자료를 그루핑을 해서 그룹별로 '경영', '마케팅', '성장 전망', '과제' 등과 같은 제목을 달았다. 그러나 앞서 7장에서 살펴본 것처럼, 이런 그루핑으로부터 명확한 결론을 도출하는 것은 매우 어려운 일이다.

대부분의 컨설팅회사는 뭔가 체계적인 접근법이 필요하다고 판단하고 정보를 수집한 순서대로 표현하는 방법을 적용했다. 즉 보고서를 '조사 결과', '결론', '제안' 등의 장으로 구성하는 방법을 활용한 것이다. 그러나 컨설턴트들은 보고서를 쓰는 데 엄청난 시간을 투자하면서도 길고 지루한 보고서밖에 작성하지 못했다. 물론 그들이 작업하면서 얻은 깊이 있는 통찰을 제대로 표현하리라고는 기대할 수 없었다.

노력은 노력대로 들면서도 불만족스러운 결과가 나오자 컨설팅회사들은 이 문제에 대한 조사에 착수했다. 결국 그들은 자료를 수집하기 전에 문제 분석을 구조화해야 한다는 결론을 내렸다. (이것이 현재 일류 컨설팅회사들이 채택하고 있는 방법이다.) 어떤 의미에서 보면 그들은 고전적인 과학적 접근법을 모방하고 있다고 할 수 있다. 특히 다음과 같은 면에서 그렇다.

- 몇 가지 가설을 설정한다.
- 잘못된 가설을 버리고 올바른 가설을 설정하기 위해 가설을 실험하는 장치를 고안한다(가설이 타당한 것인지 아닌지를 판단하기 위한 점검 포인트를 설정한다).
- 가설을 증명하는 명확한 결과를 얻을 수 있을 때까지 실험(타당성을 점검한다)을 계속한다.
- 증명된 가설에 따라 원하는 행동을 제안한다.

다시 말해 문제를 일으킬 만한 이유를 가정적으로 생각해낸 다음 (소위 '가추법'으로 알려진 기술로 부록 A에서 자세히 설명한다), 그 이유를 검증하는 데 중점을 두고 자료를 수집한다. 문제의 원인을 제대로 파악했다는 확신이 들면, 비로소 문제의 원인을 제거하기 위한 창의적인 해결책을 제안할 수 있다.

물론 "그렇지만 문제를 일으킬 만한 이유를 어떻게 생각해내지요? 도저히 불가능할 것 같습니다"라고 말할 수도 있다. 그러나 문제가 발생한 분야의 '구조'(문제 정의 틀의 출발점과 시작 상황)를 비판적으로 살펴보면 반드시 그 이유를 찾을 수 있다. 다만 이 구조를 보다 깊숙히 파고들기 위해서는 적절한 진단 틀을 사용해야 한다.

요즘은 수많은 진단 틀이 고안되어 분석 작업이 매우 수월해졌으며, 수많은 로직트리가 고안되어 제안 활동을 고안하는 데 중요한 역할을 한다. 보통 이 두 가지 분석 기법의 차이는 쉽게 파악하기 힘들며, '분석 기술'이나 '과제 분석'이라고 하여 하나로 묶어서 표현한다. 그러나 다양한 상황에서 적절한 기술을 사용하기 위해서는 그 차이를 명확하게 파악하고 있어야 한다.

▲
진단 틀 짜기
▼

진단 틀은 문제가 발생한 분야에서 실제로 진행되고 있는 일을 시각화하는 데 도움이 된다. 이런 시각화 작업을 통해 집중적으로 분석해야 할 요소와 활동이 명확하게 밝혀진다. 아주 간단한 예를 들어보

자. 두통이 생겼는데 그 원인을 몰라 치료 방법을 결정할 수 없다고 가정해보자. 가장 먼저 해야 할 일은 가능성 있는 문제의 원인을 시각적으로 표현하는 것이다.

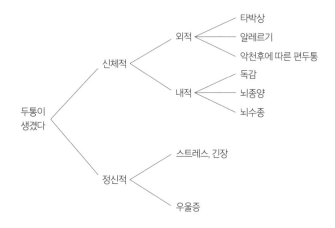

MECE에 따라 분류해보면 두통이 생긴 원인은 신체적이거나 정신적 요인 중 하나에 해당한다. 신체적 요인이라면 다시 외적인 요인과 내적인 요인으로 분류할 수 있다. 외적인 요인이라면 타박상을 입었거나, 알레르기가 있거나, 악천후로 인해 머리가 아픈 것일지도 모른다.

이런 도식화 작업을 통해 손쉽게 가능성 있는 원인을 파악할 수 있으며 열외라고 판단되는 요인부터 제거해가면 된다. 이런 방법을 통해 대상을 좁혀서 악천후에 따른 편두통으로 판명되면 뇌종양 검사를 받기 위해 억지로 약속을 잡지 않아도 될 것이다.

6장에서 무언가를 그루핑을 하면 구조, 인과관계, 분류의 세 가지 방법을 적용할 수 있다고 설명했다. 이 가운데 한 가지 혹은 조합한 방법을 사용하면 진단 틀을 만들어 문제를 일으킬 만한 원인을 파악할 수 있다.

구조 도식화하기

비즈니스나 산업 분야에는 명확한 구조가 존재한다. 다시 말해 여러 개의 단위가 특정한 기능을 실행하기 위해 시스템으로 짜여 있다. 그런 시스템이 작동하고 있는 상황이나 본래 작동해야 할 상황을 도식화하면, 그림을 통해 '예'나 '아니요' 등으로 대답해야 할 질문을 찾아내어 분석해야 할 문제의 원인을 밝혀낼 수 있다.

예를 들어 〈도표 37〉은 소비자가 제품을 구매할 수 있도록 소매업자가 영향력을 행사하는 데 필요한 판매와 마케팅 요소를 나타낸다. 여기서 시장점유율이 떨어진 원인(R1)을 논하고 있다면, 소비자의 제품 인지가 부족하기 때문인지 혹은 소비자에게 구매 동기를 충분히 불러일으키지 못하기 때문인지 판단해야 한다.

연구를 처음 시작할 때 사용되는 전형적인 분석 방법 가운데 하나는 업계에서 통용되고 있는 비즈니스 프로세스와 핵심 경향을 이해하는 것이다. 이런 작업을 통해 문제 분야를 파악하는 데 필요한 기본 지식을 습득할 수 있다. 이를 위해 업계를 세분화하면(〈도표 38〉 참조) 세분된 각 분야의 크기와 경쟁 구조를 파악할 수 있다. 또한 부가가치는 어디서 생기고, 비용은 어떻게 사용되고, 수익은 어디서 발생하고, 어느 분야가 수익에 민감하고, 자산은 어떻게 배분되고 있는지 명확하게 파악할 수 있다. 이렇게 해서 일단 개선 효과가 높은 프로세스

도표 37 업무 구조를 도식화한다

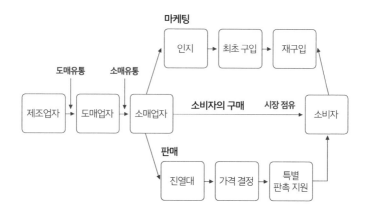

도표 38 업계 구조를 도식화한다

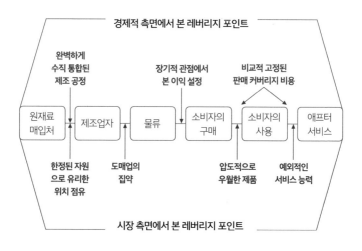

포인트를 찾은 다음, 그 결과를 바탕으로 자료를 수집하여 비즈니스 프로세스의 약점을 찾아낸다.

인과관계 추적하기

문제를 진단하는 두 번째 방법은 특정한 결과를 초래하는 인과관계의 요소와 활동을 추적하는 것이다. 이를 위해서는 재무적 구성 요소와 필요로 하는 업무 혹은 원하지 않은 활동 등에 따라 단계를 나누어야 한다.

재무 구조

이 방법은 투자 수익이 떨어진(R1) 이유를 명확하게 파악하는 경우처럼 회사의 재무 구조를 파악하고자 할 때 사용한다(〈도표 39〉 참조). 위의 표에 숫자를 집어넣으면 문제가 발생한 이유가 작년보다 낮은 매출 때문인지, 높은 비용 때문인지, 아니면 두 가지 모두 때문인지 손쉽게 파악할 수 있다. 따라서 각 요소를 세분화하여 어떤 영향을 미치는지 알아내어 최종적으로 그 영향을 구성하는 요소가 무엇인지 파악할 수 있다. 예를 들어 매출은 제품과 관련하여 품질이나 서비스, 제품 라인의 넓이 등의 영향을 받는다. 구조가 완성되면 "문제는 제품 요소에 있는가? 가격정책에 있는가?" 등의 질문을 결정한 후 그에 답하는 데 필요한 자료를 분석한다.

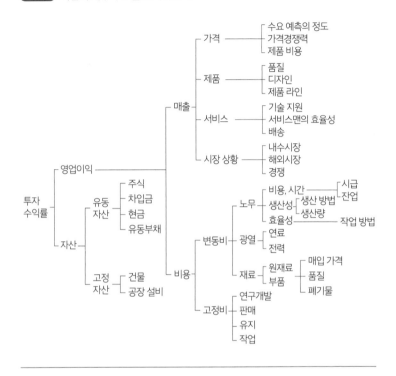

업무 구조

좀 더 직접적이면서 깊이 있는 접근법은 사업을 수행하는 데 필요한 업무를 로직트리를 이용하여 구조화하는 방법이다(〈도표 40〉 참조). 예를 들어 주당순이익에서 시작하여 기업의 재무 구조에 따라 로직트리를 나누고, 각 요소를 독립적으로 관리할 수 있는 업무로 기술한다. 그런 다음 재무 구조를 손익계정과 자산계정으로 나누고 각 항목에 해당하는 세부적인 업무를 기술한다. 이렇게 하면 혹시 문제가 생

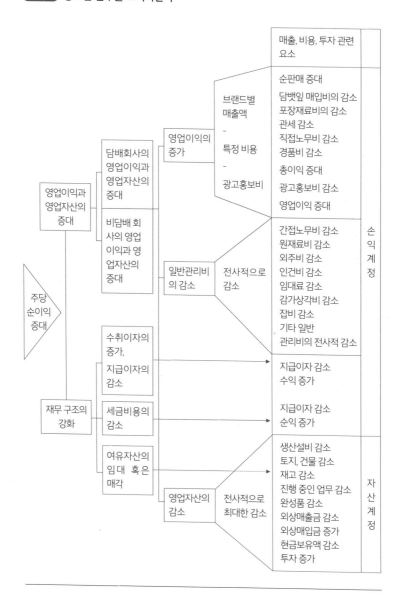

길 때 취해야 할 조치를 쉽게 파악할 수 있다.

예를 들어 담배회사의 영업이익은 매출액에서 담뱃잎 매입비, 포장재료비, 세금, 직접노무비 등의 직접재료비와 광고홍보비를 차감한 값이 된다. 이런 분류는 그 자체가 매출액 올리기, 담뱃잎 매입비 줄이기 등의 과업이 된다. 이런 식으로 사업의 핵심 업무가 파악되면, 로직트리상의 수치를 분석하여 주당순이익이 낮을 때 이를 높이기 위해 실행해야 할 업무의 우선순위를 결정할 수 있다.

활동 구조

세 번째 접근법은 로직트리를 사용하여 고비용이나 설치 시간의 지연처럼 원하지 않는 결과를 초래하는 활동을 추적하는 방법이다. 이 경우에는 원하지 않는 결과를 초래할 만한 모든 원인을 리스트화하여 적정한 계층에 연관시켜야 한다.

전화 교환기를 설치하는 작업을 예로 들어보자(〈도표 41〉 참조). 이 작업은 사전에 제조회사의 공장과 현장에서 각각 부분적으로 작업이 실행되어야 한다. 현장 작업의 요소는 작업하는 인부, 그들의 작업 환경, 설치하고자 하는 전화 교환기, 장비를 점검하는 검사 기기 그리고 단계마다 작업을 승인하는 고객으로 구성된다. 이런 요소들은 어떻게 관련되어 있는가?

〈도표 41〉에서 알 수 있듯 교환기를 설치하는 데 시간이 걸리는 것, 즉 찾아내고자 하는 원인의 결과에서 로직트리를 시작한다. 다음 단계에서는 그 결과를 일으키는 이유가 되는 것을 서로 중복되거나 빠지지 않게 가정하여 리스트화한다. 예를 들어 파트별로 직원 인원수

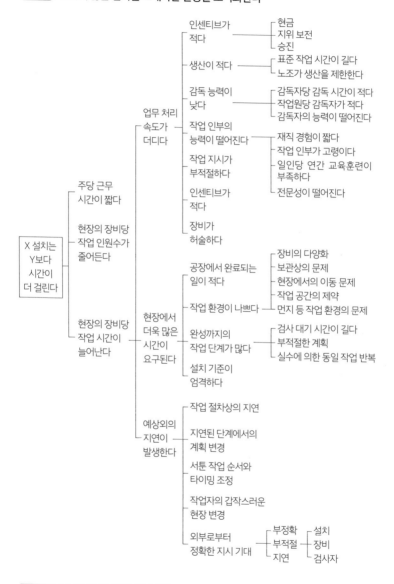

가 적다거나, 파트별로 인부 한 사람당 작업 시간이 더 걸린다거나, 주당 근무시간이 짧다는 것 등이 있다.

다음으로 각각의 가능성 있는 이유를 더욱 세분화한다. 예를 들어 파트별로 인부 한 사람당 작업 시간이 더 걸리는 이유가 무엇인지 생각해본다. 작업 인부의 업무 처리 속도가 더디거나 혹은 일 자체가 생각보다 시간이 많이 걸린다거나 혹은 예기치 못한 상황이 벌어질 수 있다. 다시 한번 각각의 가능성에 대해 그것이 발생한 이유가 무엇인지 질문을 던져본다. 이런 과정을 거치다 보면 사실을 수집하고 분석해야 하는 분야를 완벽하게 리스트로 정리할 수 있다. 전화 교환기 설치 작업에 세부적으로 관련된 당사자라면 어디에 원인이 있고, 어디서부터 조사를 시작해야 하는지 쉽게 파악할 수 있을 것이다.

가능성 있는 원인 분류하기

세 번째 접근법은 문제를 일으킬 만한 원인을 유사성에 따라 분류하는 방법이다. 이 방법은 사전에 그루핑을 하는 것이 갖가지 사실을 종합하는 데 도움이 된다는 전제 조건이 필요하다. 〈도표 42〉를 보면 '준고정 요인'이나 '변동 요인' 때문에 매출이 줄어든다는 사실을 알 수 있다. 여기서 준고정 요인 때문에 매출이 줄어든다는 가설을 설정하고 ①시장 쇠퇴 ②부적절한 점포 적용 범위 ③부적절한 점포 크기 등이 원인임을 증명하기 위해 어떤 정보가 필요한지 판단한다.

가장 좋은 방법은 첫 번째 로직트리의 가지에서 MECE 분류를 하여, 이를 토대로 다음 가지에서 가능성 있는 원인을 리스트로 만드는

가능성 있는 문제의 원인을 도식화한다

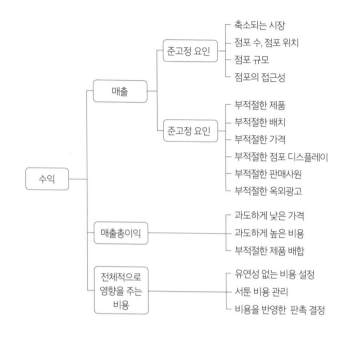

것이다. 그런 다음 각각의 원인에 대해 예, 아니요로 대답할 수 있는 질문을 던져, 어느 것을 진짜 원인으로 설정할 것인지 판단한다.

또 다른 방법은 선택형 구조로 분류하는 것이다. 원하지 않은 결과의 원인을 파악한다는 의미에서 이 로직트리도 앞에서 설명한 활동 구조와 유사하다. 그러나 이번에는 가능성 있는 원인인지를 정확하게 판단할 수 있는 단계에 도달할 때까지만 두 가지 대안을 도식화한다.

예를 들어 〈도표 43〉처럼 판매 지원이 비효율적이라면 그 원인은 점포와 본사 중 한 군데에 있다. 만일 점포가 비효율적이라면 적절한 점포와 잘못된 점포 가운데 한 군데에 문제가 있다. 만일 잘못된 점포에서 효율이 떨어진다면 잘못된 점포의 선정 자체에 문제가 있다. 만일 적절한 점포에서 문제가 생겼다면, 점포 방문 빈도가 적절한 경우와 부적절한 경우로 분류할 수 있다. 만일 점포 방문 빈도가 적절하다면 방문 활동의 내용이 적절한 경우와 그렇지 않은 경우로 분류할 수 있다.

이와 같은 선택 다이어그램은 판매 활동과 관련된 일련의 프로세스를 이미지화하여 로직트리 분류에 반영한다. 먼저 점포를 선택하고

도표 43 프로세스의 각 단계에서 선택 구조를 도식화한다

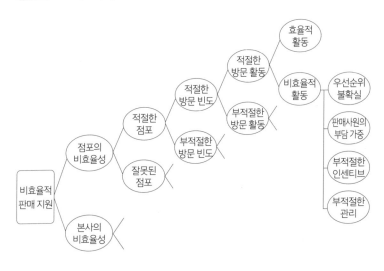

점포를 방문하여, 해야 할 일을 하는 프로세스가 된다. 물론 제대로 하는 경우와 그렇지 못한 경우가 있을 것이다. 이런 작업을 계속하다 보면, 결국에는 다음에 해야 할 분석 작업이 무엇이고 문제를 어떻게 해결해야 하는지 파악할 수 있다.

좀 더 세련된 선택 구조의 형식으로는 〈도표 44〉에 제시된 일련의 마케팅 구조가 있다(이 예시는 로버트 홀랜드Robert Holland의 도움을 받았다). 이와 같이 구조화하면 전체 분석 과정을 종합하여 명확한 순서로 표현할 수 있다는 이점이 있다.

가령 마케팅 프로그램이 적절하지 않다는 점을 시사하는 몇 가지 분석 결과가 나왔다고 해보자. 구체적으로 포장이 잘못되었거나, 광고의 초점이 빗나갔거나, 판매 촉진 활동이 분산되었거나, 구매자가 제품을 자주 사용하지 않을 수 있다. 여기서는 먼저 왼쪽에 표시된 약점이 오른쪽에 있는 약점보다 먼저 수정되어야 한다. 따라서 고객에게 제품을 좀 더 사용해달라고 설득하기 전에 판매 촉진 활동이 통제되지 않으면 아무런 소용이 없고, 판매 촉진 활동에 투자하기 전에 정확한 목표시장을 대상으로 광고를 계획하지 않으면 역시 아무런 의미가 없다.

일단 진단 틀이 개발되면 고객과 커뮤니케이션을 할 때 훌륭한 설득의 도구로 활용할 수 있다. 고객 기업에서 일어나고 있는 일을 사실과 개념의 두 가지 관점에서 설명할 수 있기 때문이다. 이제 고객은 다음과 같은 사실을 알게 된다.

- R1을 만들어내고 있는 현재의 구조와 시스템은 어떤 것인가?(현재

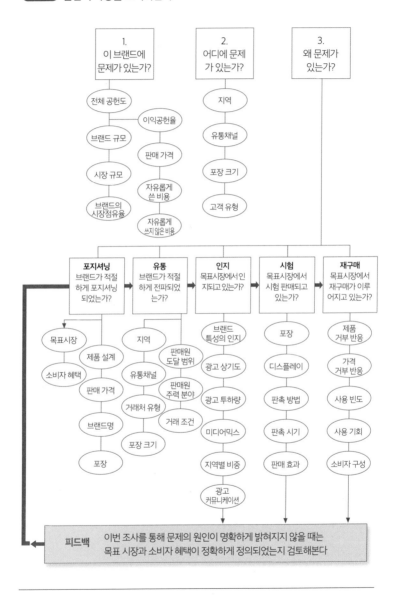

일어나고 있는 일이다.)

- R1을 만들어내고 있는 현재의 구조와 시스템은 본래 어떤 것이어야 하는가?(본래 갖춰야 할 자세다.)
- 원하는 R2를 만들어내기 위한 이상적인 구조와 시스템은 어떤 것이어야 하는가?(이것이 목적을 달성하는 데 필요한 것이다.)

첫 번째와 두 번째 사실의 경우에는 각각 이상적인 결과와 비교함으로써 변화의 필요성을 입증할 수 있다. 세 번째 경우에는 이상적인 구조와 시스템의 모습을 설명함으로써 현실에서의 약점을 밝혀낼 수 있다.

진단 틀에서 특히 주의해야 할 점은 예, 아니요로 대답하는 질문의 중요성이다. 이런 질문은 과학적으로 문제를 해결하는 사람들이 주로 이용하는 '중요한 실험'의 기능을 한다. 이 질문에 대한 대답이 문제를 일으키는 원인을 분명하게 밝히거나, 배제하는 역할을 하기 때문이다. 또한 이런 대답은 사전에 조사를 종료할 시점을 알려주는 이점이 있다.

이런 이유로 인해 진단 틀은 의사결정 트리decision tree나 퍼트 PERT(계획 내용인 프로젝트의 달성에 필요한 전 작업을 이와 관련된 내용과 순서를 기초로 하여 네트워크상으로 파악하는 것 - 옮긴이)와는 다르므로 혼동해서는 안 된다. 의사결정 트리와 퍼트는 행동의 필요성을 분명하게 밝혀주며 질문을 유발하지 않는다(〈도표 45〉 참조).

의사결정 트리

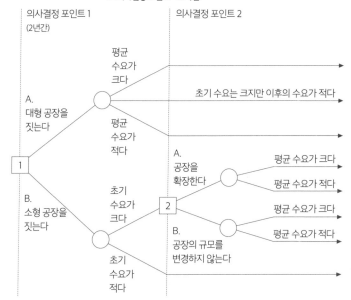

존 매기(John Magee), 《하버드비즈니스리뷰》, 1964년 7~8월

PERT

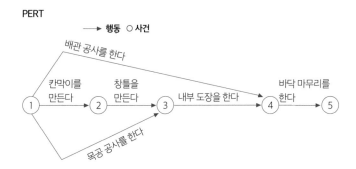

틀 적용하기

진단 틀을 설명할 때 자주 접하는 질문은 "언제, 어떤 틀을 사용해야 할지 어떻게 판단하는가? 틀 전체를 파고들어야 하는지, 아니면 부분에 한정하여 파고들어야 하는지 어떻게 알 수 있는가?"라는 것이다. 이것은 물론 현재 분석하고 있는 대상 분야에 대해 얼마나 알고 있는가에 따라 다르다.

모호한 상황에서는 문제를 훌륭하게 해결할 수 없다. 따라서 문제를 훌륭하게 해결하기 위해서는 먼저 제조, 마케팅, 정보 시스템 등의 대상 분야 전반에 대한 지식을 가지고 있어야 한다. 문제가 발생한 분야의 지식을 습득하는 데 소홀해서는 안 된다.

효과적인 문제 분석을 위해 필요한 진단 틀은 일반적으로 문제 정의의 시작 상황에 등장한다. 예를 들어 〈도표 46〉을 살펴보자. 이것은 '배로즈Barrows'라는 회사의 정보 시스템(ISD) 부문과 관련한 제안서로 매우 전형적인 형태라 할 수 있다. 여기에는 컨설턴트의 문제 정의와 함께 그가 문제 해결을 위해 설정한 활동 조치가 기재되어 있다.

고객의 문제

ISD는 신설된 부문으로, 배로즈는 이 부문에서 새로운 문제를 발견했다. 그것은 아이러니하게도 예상보다 빠른 속도로 사업이 성장하고 있다는 점이었다. 그러나 생산 계획과 통제 시스템이 새롭게 개선되

상황	R1	R2
출발점과 시작 상황  • 유망한 신규 비즈니스가 예상보다 빨리 성장하고 있다. • 새로운 시스템을 사용하고 있지만 완벽하게 만족스럽지는 못하다. - 생산 계획과 일정 관리 - 원재료 조달 계획과 관리 - 공장 내의 서류 처리와 생산 관리 - 주문 상황과 처리되지 않은 주문 보고	• 성장 기회에 대응하지 못할 수 있다. • 시스템이 본래 가지고 있는 능력을 충분히 활용하지 못할 수 있다. - 사용자 그룹이 시스템을 이해하지 못할 가능성 - 지원 그룹의 생산성 의문 • 비효율의 원인이 어디에 있는지 파악할 수 없다.	• 예상되는 성장에 대응할 수 있는 생산 능력 • 지원 그룹의 효율성과 생산성 향상
방해되는 사건 필요한 부품의 부족, 주문 처리의 지연		• 필요한 정보가 무엇인지 결정한다. • 기존의 시스템과 공정을 재평가한다. • 조기 변경을 요구하는 제안을 작성한다. • 장기적인 생산성 향상의 가능성을 파악한다. • 통제와 관련한 개선 사항을 즉시 파악한다.

었음에도, 주문을 제때 처리하지 못하여 자칫 잘못하면 성장 기회를 놓칠 위험에 처하게 되었다.

배로즈는 ISD의 사용자 그룹이 새로운 계획 관리 시스템을 이해하지 못하고 있으며, 지원 그룹도 본래의 생산 능력을 충분히 발휘하지 못하고 있을지도 모른다고 생각했다. 이에 따라 배로즈는 컨설턴트를 기용하여 생산 능력을 최대한 발휘하는 동시에 지원 그룹의 생산성을 개선하는 방법을 모색하고자 했다.

문제는 공장의 낮은 효율성과 생산성이므로, 문제의 원인은 공장에서 실행되고 있는 활동과 프로세스에서 있는 것이 분명하다. 따라서 가장 먼저 사용해야 할 진단 틀은 이런 활동과 프로세스의 전체적인 모습을 그려보는 것이라고 할 수 있다. 컨설턴트는 이와 관련된 자료를 수집하면서 규정대로 하지 않고 단순한 자료 수집 활동의 차원에서 작업을 시행하고자 했다. 그는 제안서에서 다음과 같은 자료를 수집하여 분석하겠다고 밝혔다.

- 성장 전망
- ISD 부문의 관리 목적
- 사업 정보와 사업 관리의 필요성
- 현재의 시스템과 프로세스
- 비효율적인 분야와 낮은 생산성의 원인
- 관리가 제대로 되지 않은 이유
- 재고량의 측정, 실제 재고와 장부의 차이 기록
- 현재의 경영 자원과 그 활용 방법

만일 이 컨설턴트가 일반적인 자료 수집 패턴에 따라 위의 각 분야에 대해 배로즈의 사람들을 면담한다면, 정리와 분석이 필요한 엄청난 양의 자료에 매몰되어버릴 것이다. 눈앞에 쌓여 있는 엄청난 양의 정보를 모두 소화하지 못할 뿐만 아니라, 어떤 정보가 작업 목적과 관련되어 있고 어떤 것이 무관한지 판단하는 것조차도 힘들 것이다.

그는 진단 틀을 만드는 데 필요한 자료를 수집하는 것부터 시작해서, 일단 그 틀에서 현재의 업무 구조와의 관련성을 명확하게 밝혀내는 작업에 몰두해야 한다. 이를 통해 필요한 지식을 바탕으로 현재 업무를 살펴볼 수 있을 뿐만 아니라, 문제의 원인에 대해 정확성이 높은 추측을 할 수 있다. 그 후에는 자신의 추측이 옳은지 여부를 증명하는 데 필요한 정보에 초점을 맞춰 자료 수집 작업을 하면 된다.

분석접근법

〈도표 47〉은 효율적인 자료 수집의 토대가 되는 작업 공정도의 일부분을 나타낸 것이다. 컨설턴트는 이 작업 공정도를 참고하여 약점 분야가 어디인가에 대해 신뢰할 만한 추측을 할 수 있다. 만일 약점이 있다면 어떤 일이 벌어지는지 구체적으로 가설을 설정하여, 그것을 입증하기 위해 자료 수집에 필요한 질문 사항을 구성한다. 예를 들면 다음과 같다.

1. **주문과 리드타임**: 그들은 경쟁력이 없는 리드타임을 약속하고 약속대로 제공하고 있는가?
2. **매입**: 원재료 구입과 부품 조달이 지연되거나 불필요한 비용이 발생하는가?
3. **재고 고갈**: 재고 부족과 재고 고갈이 매출에 장해가 되거나 비용 증가의 원인이 되는가?
4. **생산 능력**: 생산 능력은 수요 예측에 적절히 부합하는가?
5. **시스템 비용**: 특정 분야에 대한 관리가 시스템 전체의 균형을 깨뜨

조직을 파악하는 데 필요한 기초 자료를 수집한다

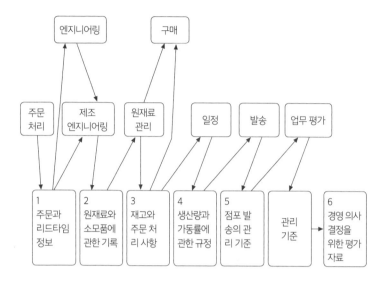

림에 따라 다른 분야의 비용이 증가하는가?

6. **관리 보고서**: 현황 및 노무관리 보고서가 필요한 관리 정보를 제공하는가?

이를 통해 컨설턴트는 "각각의 질문에 예, 아니요로 대답하기 위해서는 무엇을 알고 있어야 하는가?"라고 자문하면서, 자료 수집 작업을 계획적으로 구성할 수 있다. 결과적으로는 당초에 작성한 리스트에 포함된 정보 대부분을 알고 싶다고 생각할지도 모른다. 그러나 이런 작업을 통해 자신이 수집한 자료가 분석과 어떻게 관련되어 있고,

그 외의 자료가 필요한가를 사전에 알 수 있다. 또한 관리적 측면에서도 많은 이점이 있다. 작업을 시작하기 전에 필요한 자료의 근원을 파악하고, 자료 수집의 책임을 분담하고, 자료 수집의 일정을 계획하고, 정확한 비용을 추정할 수 있다. 이를 통해 비교적 짧은 시간 내에 효율적으로 문제의 원인에 접근할 수 있고, 여유를 가지고 창의적인 제안 작업에 임할 수 있다.

물론 앞에서 설명했듯 창의적인 문제 해결법을 고안해내는 능력은 문제의 주제에 얼마만큼 깊이 몰두하느냐에 달려 있다. 문제의 주제에 대한 깊이 있는 지식은 종종 날카로운 통찰력과 대상을 논리적으로 생각하는 차원을 뛰어넘어 놀랄 만한 대안을 가져다주기도 한다. 그러나 그런 수준의 지식과 통찰력을 가지고 있지 않으면 로직트리가 문제 해결의 단서로 매우 유용하다.

▲
로직트리 만들기
▼

로직트리는 문제 해결을 위한 여러 가지 대안을 고안하는 데 도움이 된다. 앞에서 살펴본 순차적 분석 프로세스를 다시 한번 생각해보자.

1. 문제가 있는가?
2. 문제가 어디에 있는가?
3. 왜 문제가 있는가?

4. 문제에 대해 무엇을 할 수 있는가?

5. 문제에 대해 무엇을 해야 하는가?

두 번째와 세 번째 단계는 현재의 상태를 살펴보는 것을 통해 구체화한다. 즉 물리적 플로차트와 인과관계의 구조를 이용하여 사업 요소, 활동, 직무가 어떻게 하나의 시스템으로 연결되는지를 나타낸다. 네 번째와 다섯 번째 단계는 문제 분야를 다른 각도에서 살펴본 후 로직트리를 이용하여 해결책과 그 해결책을 실행하는 것이 회사에 미치는 영향을 명확하게 밝혀준다. 문서가 작성된 후에 그루핑을 한 생각들에 결함이 있는지 파악하는 데도 이 로직트리를 이용할 수 있다.

가능한 해결책 마련하기

로직트리를 이용하면 문제 해결에 동원할 수 있는 여러 가지 활동을 논리적으로 리스트화할 수 있다. 예를 들어 앞에서 언급한 〈도표 40〉에 사용한 '업무 구조'를 떠올려보자. 과도하게 높다고 생각되는 비용 가운데 하나가 간접노무비였다. 컨설턴트는 고객에게 간접노무비를 줄일 방법을 제안해야 한다. 이를 위해 그는 로직트리를 사용하여 비용 감소의 가능성을 MECE 분류를 통해 체계적이고 논리적으로 세분화해야 한다. 〈도표 48〉은 컨설턴트가 만든 로직트리의 일부분이다.

〈도표 48〉의 내용을 설명하면 다음과 같다.

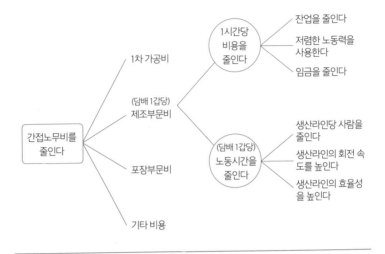

- 간접노무비를 요소별로 나눈다.

  1차 가공 프로세스

  담배 생산 부문

  포장부문

  기타

- 담배 1갑당 비용을 1시간당 비용과 담배 1갑당 시간 수로 나눈다.

$$\frac{비용}{시간} \times \frac{시간}{담배} = \frac{비용}{담배}$$

- 1시간당 비용을 줄일 방법을 기술한다.

  잔업을 줄인다.

  저렴한 노동력을 사용한다.

임금을 줄인다.

- 담배 1갑당 시간을 줄일 방법을 기술한다.

생산라인당 사람을 줄인다.

생산라인의 회전 속도를 높인다.

생산라인의 효율성을 높인다.

- 다음 단계로 나아간다.

도표 49 가능한 전략적 기회를 도식화한다

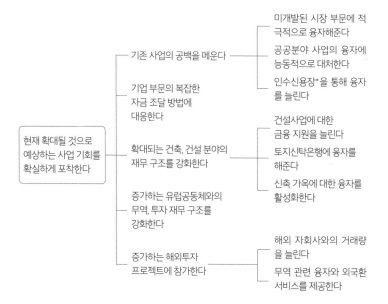

---

* 인수신용장(acceptance credits): 무역 결제에 기한부 환어음이 사용되는 경우에 발행하는 신용장이다. 이 신용장에 따라 발행된 기한부 환어음은 신용장의 발행은행이 지급을 보증하므로, 수출업자는 이 어음을 거래은행에서 할인받고 만기일 전에 대금을 회수할 수 있다.-옮긴이

이와 같이 논리적으로 가능성 있다고 생각되는 해결책을 정리한 후, 컨설턴트는 각각의 행동에 대한 이점을 계산하고 위험을 추측하여 최종적으로 제안해야 할 일련의 행동을 결정한다.

동일한 로직트리를 사용하여 전략적 기회도 리스트화할 수 있다. 〈도표 49〉는 유럽의 한 작은 나라의 전략적 성장 기회와 각각의 기회를 달성하는 데 필요한 요소를 나타낸다. 여기서도 가능하면 모든 사항을 빠짐없이 리스트화해야 한다.

그루핑된 행동의 결함 밝히기

그루핑된 행동의 결함을 밝히는 기술은 그루핑된 행동의 논리적 관계를 명확하게 해주므로, 이를 통해 작성된 문서의 논리 구조를 점검할 수 있다. 다음과 같은 이슈 리스트를 분석하는 경우가 그 좋은 예다. 이 예는 텍사스에 있는 한 회사에 제출된 제안서에서 발췌한 것으로, 이 회사는 미국 내의 건설현장에 파이프와 밸브 부속품을 배송한다.

이 회사는 납품업체로부터 제품을 매입하면, 일단 중앙 창고에 보관한 후 미국 전역에 분포된 열두 개의 지방 창고로 배송한다. 이 회사는 최근에 다른 회사에 매각된 상태로, 새로운 경영진은 2700만 달러에 달하는 중앙 창고의 재고 비용이 너무 높다고 생각하고 있다. 설상가상으로 중앙 창고에서 일부 제품에 대한 재고 부족 현상이 자주 발생함에 따라, 이 창고에서 제품을 공급받던 지방 창고들이 납품업체에 직접 주문하는 경우도 있었다. 이로 인해 중앙 창고의 재고 비용은 더욱더 늘어나게 되었다.

주요 이슈

지난번 논의를 바탕으로 현재 표면화된 몇 가지 이슈에 대해 심도 있게 검토할 필요가 있다. 이 이슈를 어떻게 해결하느냐가 개선 기회와 향후 비즈니스 전략에 중대한 영향을 미칠 것이다. 또한 이 이슈는 아직 잠정적인 것에 불과하므로, 이후에도 다른 이슈가 출현할 것으로 예상된다.

1. 현재의 재고 관리 시스템은 모든 사업요소에 대해 적절하다고 할 수 있는가? 현재 컴퓨터 처리되는 'IMPACT'형 시스템에 의해 관리되고 있다. 우리는 이 시스템에 익숙하고, 수천 품목의 재고품을 취급하는 데 매우 유용한 시스템이라고 생각한다. 그러나 중앙과 지방에서 모두 적정한 재고 수준을 결정하고 주문 처리를 수행하는 데 있어, 이 시스템이 다른 시스템에 비해 절대적으로 효율적이라고는 할 수는 없다.

2. 현재의 시스템, 프로세스, 조직의 관점에서 볼 때 고객 서비스 목적을 충족시키는 적절한 재고투자 수준은 어느 정도인가? 이것은 현재 있는 제품을 기존 프로세스를 사용하여 시장에 제공하는 경우에 필요한 재고 수준의 관점에서 판단해야 한다. 여기서 얻어지는 재고 수준을 기준으로 새로운 시스템의 도입을 통해 얻을 수 있는 개선 효과를, 현재의 시스템과 기술을 기초로 해서 개선하는 경우와 비교하여 판단할 수 있다.

3. 중앙 재고 관리는 비용 면에서 효율적인가? 파이프 부문에서는 튜브 제품과 밸브 부속품에 대해 두 가지 중앙 재고 관리 시스템이 유지되고 있다. 이 중앙 재고 관리 시스템은 사업 규모가 작고 운전자금이 한정되어 있던 시대에 확립된 것이다. 특히 대형 건설 프로젝트에 대한 재고 감소, 비용 감소, 서비스 향상을 목적으로 도입되었지만, 현재 경영진이 그 실효성에 대해 의문을 가지고 있다.

4. 쓸모없거나 회전율이 낮은 재고품은 어느 정도인가? 재고품이 과도하게 많다는 것은 문제가 있다는 의미다. 따라서 현재 재고가 과도한지 판단하는 데 분석의 초점이 맞춰져야 한다. 더욱 중요한 점은 재발 방지책을 마련하는 행위로 연결되는 과잉 재고의 근본 원인을 파악하는 것이다.

5. 재고 방침, 조직 구조, 시스템의 변화에 따라 재고 회전율이 어느 정도 개선될 수 있는가? 이것은 가장 핵심적인 이슈로, 장기적인 사업 전략에도 영향을 미칠 수 있다. 경영진은 재고 관리 시스템을 변경하여 사업의 운전자금을 줄일 수 있다면, 기꺼이 현재의 운영 시스템을 재검토할 것이다.

이 글은 문장이 장황하게 연결되어 잘 읽히지 않는다. 이 글이 잘 읽히지 않는 이유는 전달하고자 하는 내용이 필자의 머릿속에 명확하게 이미지화되어 있지 않기 때문이다. 왜 이런 일이 생길까? 문제 해결에 대한 필자의 접근법이 복잡하게 얽혀 있기 때문이다.

첫 번째로 이 리스트에 정말 제목처럼 주요 이슈가 모두 포함되어 있는지 질문해봐야 한다. 또한 이 이슈는 우리의 문제 정의와 어떤 관계가 있는지도 물어봐야 한다. 엄밀하게 말하면 '이슈'는 예, 아니요로 대답하는 질문 형식을 가리킨다. 예, 아니요로 대답하는 질문으로 표현하는 것은 구체적인 최종 결과를 향해 분석을 해나가고 있다는 뜻이다. 이 최종 결과는 우리의 문제에 대한 이해를 증명하거나 반증해준다.

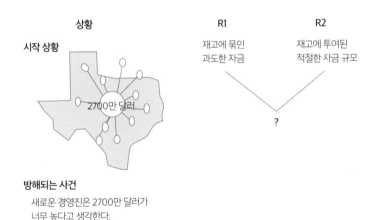

예를 들어 두 번째 포인트의 "어느 정도의 재고 투자 수준이 필요한가?"는 예, 아니요로 대답하는 질문이 아니므로 이슈라고 할 수 없

다. 이슈로 표현하려면 "현재의 재고 수준은 너무 높은가?" 혹은 "우리에게 현재 수준의 재고가 필요한가?" 등이 되어야 할 것이다. 8장에서 설명한 문제 해결 프로세스를 이해하고 있다면, 이런 표현 수정 작업은 문제가 해결되었는지 구체적으로 확인하는 기회로 받아들일 수 있다.

현재 문제는 2700만 달러의 재고 비용이 너무 높다(R1)는 데 있다. 따라서 좀 더 작은 다른 숫자(R2)를 생각해내야 한다. 가장 먼저 해야 할 일은 현재의 숫자가 실제로 너무 높은지 여부를 판단하기 위해 다른 숫자는 얼마여야 하는지 정하는 것이다.

2700만 달러가 너무 많다고 가정하면 로직트리를 이용하여 그 원인을 파악할 수 있다. 어떻게 하면 재고가 늘어나는가? 그 이유는 아마 다음과 같을 것이다.

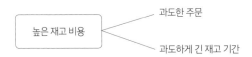

이를 통해 정확한 이슈를 완성할 수 있다. 이것은 원문의 두 번째와 네 번째 포인트와 일부 관련되어 있다.

- 중앙 재고 관리 시스템은 적절하게 주문하고 있는가?
- 중앙 재고 관리 시스템은 회전율이 낮거나, 쓸모없는 재고를 가지고 있는가?

위의 예를 통해 무엇을 배울 수 있는가? 먼저 이슈에 대해 말하는 것 자체가 오해를 불러일으킬 소지가 있다는 점을 알 수 있다. 실제로 현재 논의되고 있는 것은 컨설턴트가 고객의 문제를 해결하기 위해 거쳐야 할 '프로세스'이기 때문이다. 그렇다면 문제는 무엇인가? 중앙 재고 관리 시스템으로 인해 과도한 운전자금이 재고에 묶여 있다는 점이다. 컨설턴트가 말하고자 하는 내용은 다음과 같을 것이다.

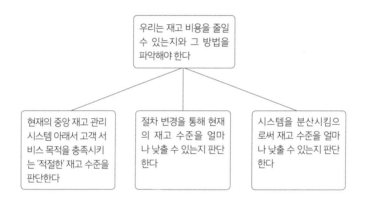

일반적으로 컨설팅 보고서에는 특별히 '이슈'라는 항목이 필요 없다고 생각한다. 이슈는 항상 문제를 해결할 때 적용하는 분석 프로세스에서 파생되는 것에 불과하다. 따라서 연구 이슈와 프로세스와 최종 결과는 결국 모두 같은 의미다.

실제로 이슈라는 관점에서 무언가를 생각하는 것은 매우 비생산적이라고 말할 수 있다. 로직트리의 가치를 재확인하기 위해 또 다른 예를 들어보자. 다음은 다른 이슈 리스트인데, 앞의 리스트에 비해 다소 복잡하다. 리스트는 실제로 질문 형식이고, 공장 내의 에너지 비용을

주요 이슈

1. 주요 공장에서 업무 개선과 저비용 엔지니어링 프로젝트를 도입함으로써, 에너지 비용을 얼마나 줄일 수 있는가?

2. 공장의 작업 프로세스를 개선하여 에너지 비용을 대폭 줄일 수 있다면, 경쟁사보다 어느 정도의 비용우위를 확보할 수 있는가?

3. 낮은 에너지 비용을 실현하기 위해 설비투자 프로그램을 실행하면, 어느 정도의 경쟁우위를 확보할 수 있는가?

4. 경쟁우위를 크게 향상할 수 있는 적절한 에너지개발계획(연구와 엔지니어링)은 무엇인가?

5. 장단기적으로, 또 비용 관리와 공급 확보의 관점에서 에너지원과 공급원의 최적 조합은 무엇인가?

6. 기존의 프로젝트 평가법과 승인 프로세스의 구조하에서, 모든 대상 공장에서 최대의 이익을 발생시키는 에너지 프로젝트를 신속하게 개발하여 실행할 수 있는가?

7. 정부 자금, 세법, 규정 등을 가장 효율적으로 활용하기 위해서는 어떤 프로젝트가 필요한가?

8. 에너지 절약 프로젝트를 효과적으로 추진하기 위해서는 어떤 인적 자원을 활용해야 하는가? 예를 들면 조직, 책임, 기술, 인재 등이 있다.

9. 에너지의 관점에서 볼 때 현재의 공장별 제품 할당은 어느 정도 손해를 보고 있는가?

10. 전사적인 에너지 전략과 그 전략을 추구하기 위한 사업 계획은 무엇인가?

줄이기 위한 대안은 무엇인지 파악하기 위한 것이다.

에너지 비용을 줄이기 위한 대안은 〈도표 50〉과 같이 될 것이다. 여기에는 관련된 이슈의 번호가 표시되어 있다. 이와 같이 도식화해보면 이슈 7, 8, 9는 주제와 무관하다는 점을 알 수 있다. 이슈 1, 2, 6은 기존 장비의 에너지 소비를 줄이는 방안과 관련있고, 이슈 3과 4는 에

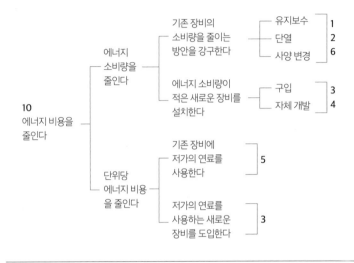

너지 소비를 줄이기 위해 새로운 장비를 설치하는 방안과 관련있다. 또 이슈 5는 기존 장비에 저가의 연료를 사용하는 방안에 대해 말하며, 이슈 3은 저가의 연료를 사용하는 새로운 장비를 도입하는 방안을 다루고 있다. 이슈 10은 전체적으로 에너지 비용을 줄이는 방안을 언급하고 있다.

생각에 대한 그루핑은 머릿속에서 일어나는 분석 행동에 근원을 두고 있다는 점을 명심해야 한다. 마찬가지로 문제를 해결하고자 할 때도 그루핑은 분석의 방향을 결정하기 위해 만든 구조에서 하나씩 도출될 것이다. 따라서 자기 생각이 이런 구조와 일치하도록 함으로써 논리적 타당성을 검증하는 데 도움을 얻을 수 있다.

이슈 분석 실시하기

진단 틀을 개발하는 프로세스를 '이슈 분석'이라고 부른다. 그러나 이슈 분석이라는 표현은 매우 광범위한 의미로 막연하게 사용되고, 다양한 로직트리까지 포함하고 있다. 이에 따라 진단 틀과 로직트리 중 어느 것을 어떻게 사용해야 하는지 혼동하게 된다. 여기서는 왜 그런 혼동이 발생하는지 좀 더 구체적으로 살펴보자.

첫 번째는 '이슈'라는 단어다. 앞에서 설명한 것처럼 엄밀하게 말하면 이슈는 예, 아니요라는 대답을 얻기 위해 만들어진 질문 형식을 취한다. 이슈issue라는 단어는 원래 법률용어의 '쟁점'에서 유래되었다. 한 가지 포인트에 대해 서로 다른 두 가지 논의가 벌어지고 있는데, 그 가운데 한쪽이 우세하게 될 것이라는 의미가 있다. 따라서 "어떻게 재구축해야 하는가?"는 이슈라고 말할 수 없다. 쟁점이 되는 문제가 없기 때문이다. "기능을 재구축해야 하는가?"는 이슈다. 전체 사고가 하나의 결정을 내릴 수준까지 충분히 발전되었기 때문이다.

예, 아니요 질문은 명확한 답변을 얻게 해준다는 의미로 문제 해결에서 매우 중요한 요인이라고 설명했다. 문제 해결 작업을 얼마나 효율적으로 할 수 있는가는 얼마나 명확한 예, 아니요 질문을 만들 수 있는가에 따라 결정된다. 따라서 언어적 혼란을 피하고자 고객이 우려하는 주제를 리스트화할 때는 '관심concern'이라는 표현을 사용하고, '이슈'라는 말은 예, 아니요 질문에 한정하여 사용할 것을 권한다.

이슈 분석의 역사

이슈 분석이란 표현은 컨설팅회사 맥킨지의 데이비드 헤르츠David Hertz와 카터 베일즈Carter Bales가 1960년대에 뉴욕시의 프로젝트를 공동으로 맡았을 때 처음 만들었다. 엄밀하게 말해 이슈 분석은 그들이 복잡한 상황에서 의사결정을 분석하기 위해 개발한 기술을 가리킨다. 이 기술은 시스템 분석의 기본 원칙으로 채택되었으며, 미국 국방부에서도 사용되었다. 이슈 분석은 다음과 같은 상황에서 행정 관리자가 자신의 대안을 명확하게 하고, 의사결정의 합리성에 대해 확신하도록 해준다.

- 신속하게 결정을 내려야 할 때
- 이점이 있는 대안이 하나 이상일 때
- 많은 변수를 조작하고 많은 목적을 고려해야 할 때
- 결과가 다양하고 때로 모순되는 기준으로 측정될 때
- 결정한 행동이 궁극적으로 다른 결정 분야에 큰 영향을 미칠 우려가 있을 때

예를 들어 뉴욕시에서 중산층을 위한 주택 건설을 계획하는 경우에는 실제로 여러 가지 대안(예를 들어 한군데에 집중하거나, 여러 군데로 분산하여 건설하는 등)이 있다. 그러나 어떤 식으로 결정하건 이미 발표한 다른 정책 분야의 방침(예를 들어 쓰레기 처리, 공기 오염 등)과 갈등이 생길 수 있다. 이슈 분석은 어떻게 하면 이 두 가지 목적이 조화를 이룰 수 있는지 그 방법을 결정하기 위해 개발되었다.

이슈 분석 프로세스의 핵심은 정책 분야에 대한 시계열 차트를 만들어, 단계별로 '중요한 의사결정 영향 변수MDV, major decision variables(각각의 행동에 영향을 미치는 환경, 경제, 행정, 사회 요인-옮긴이)'를 명확하게 밝히는 작업이다. 그 위에 몇 가지 가설을 설정하여 MDV가 목적을 달성하는 데 어느 정도 영향을 주는지 기술한다. 또 목적을 달성하는 데 필요하다고 판단되는 MDV 관점에 기초하여 최종 의사결정을 내린다.

〈도표 51〉은 중산층을 위한 주택 건설에 관한 실무 시스템 차트로, MDV를 화살표로 표시하고 있다. MDV 중 하나를 예로 들어보자. 예를 들어 입주자 선정 방침은 입주 희망자 수와 직접적으로 관련되어

도표 51 의사결정 포인트를 시스템에 표시한다

중산층을 위한 주택 건설

▶ 중요한 의사결정 영향 변수(MDV)

있으며, 나아가 시 당국이 계획하고 있는 주택 수에도 영향을 미친다. 따라서 입주자 선정 방침은 중산층을 위한 주택 건설의 이슈와 관련된 중요한 의사결정 요인이므로 실행 가능한 대안을 기준으로 평가되어야 한다. 〈도표 52〉는 이런 평가용으로 준비된 표준 양식이다.

도표 52 원하는 대안을 기준으로 주요 결정을 평가한다

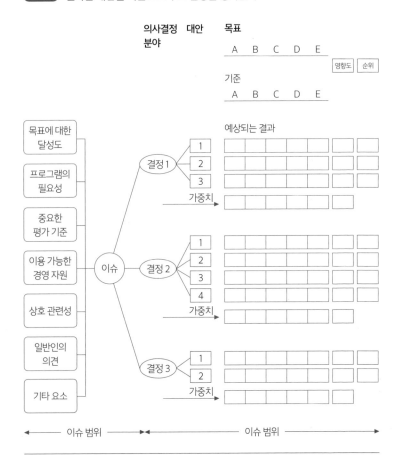

이 양식을 통해 알 수 있듯 이 기술은 일반인이 사용하기에는 너무 복잡하여 어느 순간 사라져버렸다. 그러나 물리적 시스템에 부합하는 가설을 설정하겠다는 생각은 사람들의 마음속에 강하게 자리 잡고 있었다. 이에 따라 현재는 대부분의 분석 틀이 '이슈 분석'으로 총칭되고 있고, 그런 것들을 통틀어서 '문제 해결의 핵심기법' 혹은 '일관된 팀워크의 필수 수단' 등으로 부르고 있다. 컨설턴트들은 이 회사 저 회사로 자리를 옮겨 다니지만, 이슈 분석에 대한 설명은 일반화되어 있다.

이슈 분석에 대한 오해

이슈 분석 프로세스를 사용하여 효율적으로 문제 해결을 하는 기업이 있을지도 모르지만, 내가 알기로는 아직 그런 기업은 없다. 대부분의 사람들은 이슈 분석 프로세스를 제대로 알지 못한 채 사용하고 있다. 다음은 영국의 한 시중은행이 직면한 문제 구조를 도식화한 것이다.

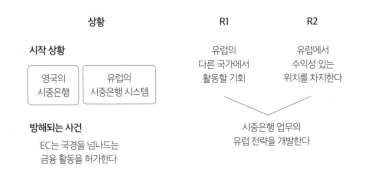

다음은 컨설팅회사가 사원에게 지도하는 '이슈 분석'의 조치다.

1. 고객의 질문에서 시작하라. (예: 유럽에 대한 우리의 전략은 어떤 것인가?)
2. 이슈 리스트를 작성하라. (예, 아니요로 대답할 수 있는 질문)
3. 가설을 설정하라. (예, 아니요 질문에 대해 상정된 대답)
4. 질문에 대답하는 데 필요한 자료를 수집하라.
5. 책임을 분담하라.
6. 결론을 도출하고 제안을 개발하라.
7. 결론과 제안의 타당성을 점검하라.

이런 접근법은 내가 이전에 칭찬한 접근법과 유사하다. 그러나 몇 가지 오해가 있어 경험이 부족한 컨설턴트들은 제대로 실행하지 못할 수도 있다.

먼저 이슈부터 짚어보면, 위의 리스트에서는 고객의 질문이 나올 수 없다. 일반적으로 고객의 질문은 R2의 내용을 반영하지만 다른 한편으로는 R1의 원인이 된 상황의 구조(이 경우는 고객의 사업 특성과 유럽 시중은행 시스템)로부터 나와야 한다. 다음으로 고객의 질문에서 이슈 리스트로 이동하는 데 커다란 공백이 있다. 나는 이런 이슈를 어디에서 얻어야 하고, 작성된 리스트의 중복 여부를 어떻게 판단해야 하는지 모르겠다.

그리고 이슈와 가설 사이에 혼란스러운 부분이 있다. 가설 설정을 3번째 조치로 계획하는 것 자체가 불필요하다. 왜냐하면 예, 아니오 질문을 가설화하더라도 분석 작업은 크게 차이가 나지 않기 때문이다. 만일 관련이 있다면 이슈는 가설에서 나온다. 왜냐하면 자신이 현재 만들고 있는 분석 틀에 문제가 존재한다는 가설을 설정하고 있기 때문이다. 그러나 이런 차이를 구별해내더라도 아무런 의미가 없다. 따라서 단순히 중요한 이슈와 부차적인 이슈라는 관점에서 생각하는 편이 훨씬 이해하기가 쉽다. 이슈는 모두 동일한 분석 트리에서 나오거나 암시되기 때문이다.

마지막으로 이 회사는 행동의 대안을 고안하는 데 사용되는 로직트리와 그런 행동을 초래하는 결과를 판정하는 데 사용되는 로직트리를 모두 이슈 분석이라고 표현하고 있다. 대안을 고안하는 데 로직트리를 사용하는 것은 합리적인 방법이라고 배웠지만, 그렇다고 해서 이것을 이슈 분석이라고 부르는 데는 다소 무리가 있다. 왜냐하면 이것은 진단 틀에 사용되는 로직트리와 다른 종류이기 때문이다.

이번 장에서 설명한 모든 기술, 즉 문제 정의, 진단 틀, 로직트리는 이중적인 기능이 있다. 하나는 문제 해결 작업상의 기능으로, 문제에 대한 해결책을 체계적이고 손쉽게 마련할 수 있도록 해준다. 고객의 실제 문제에 집중하고, 문제의 모든 원인을 밝히고, 목적에 맞는 명확한 해결책을 이끌어낼 수 있도록 해준다.

다른 하나는 보고서 작성상의 기능이다. 이런 기술은 최종 보고서를 작성할 때 사고를 조직화하고 전달하는 데 있어 수고를 크게 덜어준다. 당신이 도출해낸 결론과 제안의 근거에는 이런 기술이 부여한 논리 구조가 존재하고 있으며, 그 구조는 최소한의 노력으로 피라미드 형태로 변환할 수 있다.

많은 경우 컨설팅 보고서를 작성하는 데는 엄청난 노력이 필요한데, 가능한 수준보다 보고서가 명쾌하지 않은 이유는 그에 요구되는 사고를 초기 단계에 충분히 하지 않았다는 사실을 의미한다.

Summary

진단 틀을 이용하여 문제 분야의 구조 파악하기

- 문제 분야의 세부 구조를 도식화한다.

- 인과관계 활동을 추적한다.

- 가능성 있는 원인을 분류한다.

문제를 일으키는 구조를 증명(혹은 부정)할 수 있는 자료 수집하기

로직트리 이용하기

- 가능한 해결책을 마련하여 최적의 대안을 도출한다.

- 그루핑된 행동의 논리적 관계를 파악한다.

4부

논리적으로

표현하기

피라미드를 완성하고 생각을 전달할 준비를 갖췄으면 다음은 표현
단계다. 다양한 생각을 반복해서 그루핑을 해 피라미드 형태의 계층
구조가 구성되면 이런 생각의 구조를 독자에게 명확하게 전달하고 싶
어질 것이다. 독자가 이 생각의 구조를 쉽게 이해할 수 있는가는 시각
적으로 어떻게 배치하는가에 달려 있다. 종이 위에 글로 표현하건, 스
크린 위에 그래픽으로 표현하건 간에 모두 마찬가지다.

과거에는 모든 비즈니스 문서가 메모나 보고서 형식으로 기술되
었지만, 인쇄와 그래픽 기술이 발달함에 따라 '비주얼 프레젠테이션
visual presentation'이라는 개념이 생겨났다. 예전에는 비주얼 프레젠테
이션이라고 하면 오버헤드 프로젝터OHP나 35밀리 슬라이드를 주로
사용했다. 그러나 최근에는 누구나 컴퓨터를 이용하여 손쉽게 슬라이
드를 만들 수 있고, 살아 있는 색채를 가진 풀 모션full-motion 비디오
그래픽을 만들어 스크린에 비출 수 있다.

어떤 프레젠테이션 형식을 취하느냐는 메시지의 길이와 대상으로
하는 독자의 수에 따라 결정된다.

- 짧은 메시지를 한두 사람에게 전달하는 경우에는 메모나 보고서 등
  의 기록 형태로 표현하여 받는 사람에게 직접 메시지를 보낸다.
- 짧은 메시지를 다수의 사람들에게 전달하는 경우에는 '중점과 대시
  를 붙인 메모'나 '요약도'로 표현하여 테이블 주위에 앉아 프레젠테
  이션한다.

• 긴 메시지를 많은 사람들에게 전달하는 경우에는 슬라이드 형식으로 만들어 오버헤드 프로젝터나 컴퓨터를 이용하여 프레젠테이션 한다.

어떤 형식을 취하든 피라미드 형태의 논리 구성과 피라미드 내 생각의 관계를 시각적으로 강화하는 방향으로 종이나 스크린 위에 표현해야 한다. 독자나 청중은 내용을 머리로 이해하기 전에 먼저 그 논리를 눈으로 보기 때문에 시각 표현을 이용하면 논리의 이해를 도울 수 있다.

독자가 인쇄물을 읽는 한 사람인 경우와, 설명을 들으면서 스크린을 보는 여러 사람일 경우 논리를 시각적으로 표현하는 기술은 분명 서로 다르다. 어떤 경우이든 기술을 적용하는 데는 규칙이 있다.

4부에서는 각각의 형식을 중심으로 생각을 시각적으로 이해하기 쉽게 전달하기 위한 규칙을 설명한다. 구두나 글을 통해 독자나 청중에게 자기 생각을 이해하기 쉽고 명확하게 전달하려면 어떻게 해야 하는가에 대한 몇 가지 힌트도 제시한다.

피라미드 원칙으로
문서 작성하기

실제로 대부분의 사람들은 어떤 특정한 사람을 위해 한 페이지 정도의 메모를 작성하는 경우가 가장 많다. 이 경우 글의 길이에 상관없이 독자가 자신이 전달하고자 하는 생각을 가능하면 빨리 이해하고 받아들일 수 있기를 바랄 것이다. 가장 이상적인 형태는 독자가 글을 읽기 시작한 후 30초 이내에 전체적인 생각(도입부, 주요 요점, 핵심 단계 포인트)을 이해할 수 있도록 하는 것이다. 물론 주요 요점과 하위 계층 생각의 관계도 파악해야 할 것이다.

긴 보고서를 쓰는 경우 다양한 방법을 사용하여 피라미드 구조를 문서에 반영할 수 있다. 그중 가장 일반적인 방법은 ①계층형 제목 붙이기 ②포인트에 밑줄 긋기 ③번호 붙이기 ④들여쓰기 ⑤중점과 대시 붙이기 등이다. 보고서를 쓸 때는 처음 세 가지 방법을 사용하는 것이 좋다. 개인적으로 나는 계층형 제목 붙이기를 자주 사용하지만, 여기서는 다른 방법도 좋다는 의견을 존중하여 모든 방법에 관해 설명한다.

어떤 방법을 선택하든 독자가 이해하기 쉽게 구성하는 것이 목적임을 명심해야 한다. 다시 말해 아무리 긴 문서라고 하더라도 독자가 핵심 포인트와 그룹 포인트의 구조를 쉽게 이해할 수 있도록 구성해야 한다. 어떤 방법을 사용하든 논리 전개의 계층을 정확하게 반영하고 (〈도표 53〉 참조), 독자가 손쉽게 그룹 사이를 이동할 수 있도록 연결해주는 표현을 넣어주어야 한다.

도표 53 제목은 피라미드 내 생각의 그루핑을 반영해야 한다

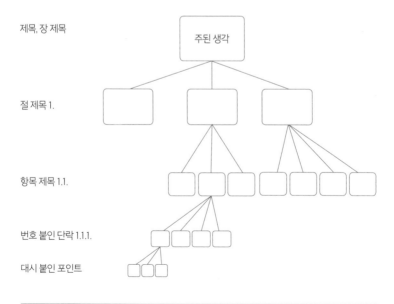

제목, 장 제목

절 제목 1.

항목 제목 1.1.

번호 붙인 단락 1.1.1.

대시 붙인 포인트

구조 강조하기

문서가 매우 짧은 경우, 구체적으로 핵심 단계 포인트를 뒷받침해 주는 단락이 두 개 이하면 독자에게 문서 전체의 포인트 구성과 관련성을 쉽게 이해시킬 수 있다. 간단히 포인트에 밑줄을 그으면 문자 그대로 포인트 구조가 눈에 띌 것이다(〈도표 54〉 참조).

도표 54 포인트를 눈에 잘 띄게 하기

To :   날짜 :
From :   주제 : 슈퍼파이트 현상 공모

TV 시청자를 위한 '슈퍼파이트 현상 공모'의 규칙과 광고 카피를 받았습니다. 검토한 후 이대로 진행해도 일정상 무리가 없는지 알려주세요. 저는 다음의 세 가지 사항이 우려됩니다.

1. 시청자들이 어떻게 규칙을 알게 되나요?
이번 회는 일반 시청자들이 단순히 TV 광고만 보고서도 현상 공모에 참여할 수 있습니다. 그런데 이 경우 참가자가 자세한 신청 규칙을 접할 기회가 없습니다. 공식적인 규칙에 따르면, 소정의 쿠폰을 사용하지 않은 참가자는 가로 3인치 세로 5인치의 백지에 손으로 '국가적 스타'라고 쓴 입장권을 가지고 있어야 합니다. 이런 규칙은 신문에만 기재되기 때문에 참여하려면 신문을 사야 합니다. 이것은 법적인 문제와도 관련이 있습니다.

2. 응모자가 예측 결과를 기입할까요?
광고 카피에는 무작위 추첨에 따라 당첨이 결정된다고 적혀 있습니다. 그러나 광고 대행사에 따르면, 당첨 대상은 결과를 정확하게 예측한 응모자라고 합니다. 이런 내용이 어디에도 기재되어 있지 않아, 현재로서는 아무도 예측 결과를 기입하지 않을

것 같습니다.

3. 광고가 명확하게 정보를 전달할 수 있을까요?
광고대행사에 시청자에게 완벽하고 명확하게 정보를 전달해야 한다고 말했습니다. 그러나 지난 시즌의 광고에서 구사했던 매우 빨리 전송하는 기술을 사용한다면, 정확한 정보를 전달하기 힘들 것 같습니다.

귀하의 고견을 기다리겠습니다. 감사합니다.

반대로 핵심 단계 포인트가 두 개 이상의 단락으로 구성된 긴 문서의 경우에는 먼저 핵심 단계 포인트를 소개한 다음에 포인트를 반영한 제목을 붙인다(〈도표 55〉 참조).

도표 55 핵심 단계 포인트를 소개한다

To :	날짜 :
From :	주제 : 8월 25일 현장 판매 회의

8월 25일 현장 판매 회의에서는 슈퍼마켓 체인점의 음료 부문의 수익을 향상하는 방안과, 그 방안을 슈퍼마켓 점주에게 프레젠테이션하는 방법을 제시할 예정입니다. 이를 위해 지역별로 문제가 있는 체인점을 알려주기 바랍니다. 다음 사항의 협조를 부탁드립니다.
- 7월 11일까지 해당되는 체인점을 선정한다.
- 8월 10일까지 필요한 자료를 수집한다.
- 8월 15일까지 내용을 정리해서 전송한다.

체인점 선정
우리의 목적에 부합하는 체인점 선정의 기준은….

계층형 제목 붙이기

계층형 제목 붙이기를 사용할 때는 피라미드 하부에 있는 포인트를 상부에 있는 포인트보다 오른쪽에 배치해야 한다. 피라미드 상의 같은 단계에 있는 생각은 시각적으로 같은 형태로 다루어야 한다(〈도표 56〉 참조). 예를 들어 핵심 단계의 생각은 장 제목을 붙여 왼쪽에서부터 써나가고, 그 아래 생각에는 절 제목을 붙이고, 다시 그 아래 생각에는 번호를 붙여 단락 제목을 붙인다. 물론 제목 스타일이 반드시 이런 형식에 따라야 할 필요는 없지만, 어떤 형식을 취하든 제목은 생각의 단계를 이해하기 쉽게 반영해야 한다.

제목을 붙일 때는 여섯 가지를 주의해야 한다.

첫째, 각 단계에서 제목은 하나 이상이어야 한다. 제목은 피라미드 내의 요약 구조의 계층을 나타내므로, 피라미드 정상을 제외하고 어떤 계층에서도 제목은 하나 이상이어야 한다. 기본적으로 상위 포인트는 여러 개의 하위 포인트를 요약한 것이다. 다시 말해 장이 하나밖에 없는 문서나, 절이 하나밖에 없는 장이나, 중점이나 대시가 붙은 포인트가 하나밖에 없는 단락은 있을 수 없다. 쉽게 말하면, 신문이나 잡지처럼 페이지를 보기 좋게 꾸미기 위해 제목을 붙이는 것이 아니다. 제목은 아래로 내려갈수록 확대되는 피라미드 형태의 논리 구성(즉 제목으로 묶인 각 그룹이 모여 전체의 생각을 구성한다)을 눈으로 확인하게 하고, 구성에 관심을 불러일으키기 위해 붙인다.

둘째, 유사한 생각은 동일한 유형으로 표현한다. 그룹 내의 생각은 모두 동일한 종류이므로 각 제목도 동일한 유형으로 표현하여 유사성을 강조해야 한다. 즉 절 제목 그룹에서 첫 번째 메시지가 동사로 끝

제목은 생각의 계층 구조와 일치해야 한다

1. 장 제목

장 제목은 번호를 붙여 중앙에 배치하고, 해당 장에서 전개될 주된 생각이 반영되도록 표현해야 한다. 장 제목 혹은 제목 바로 다음에 나오는 단락은 주된 생각을 명확하게 나타내야 함과 동시에 몇 가지 필요한 정보를 제공해야 한다. 이런 정보를 통해 필자가 자기 생각과 그것을 어떻게 전개할 것인지 기술하기 전에, 독자와 필자가 동일한 위치에 서 있다는 확신을 심어줄 수 있다. 이후 장 제목은 1장의 제목과 동일한 유형으로 표현해야 한다.

또한 이번 장에서 기술하고자 하는 중요한 생각은 사전에 조목조목 소개해두는 것이 좋다.

¶ 첫 번째 중요한 생각
¶ 두 번째 중요한 생각

절 제목

절 제목 역시 해당 절에서 전개될 생각이 반영되어야 한다. 1절의 제목은 그외의 다른 절 제목과 동일한 유형으로 표현해야 한다. 절은 다시 항목이나 혹은 포인트가 짧으면 번호를 붙인 단락으로 나눌 수 있다. 여기서도 사전에 항목의 생각을 소개해두는 것이 좋다.

¶ 첫 번째 보조적인 생각
¶ 두 번째 보조적인 생각

항목 제목

항목 제목 역시 여기서 다룰 중요한 생각이 반영되어야 하고, 제목의 표현 방식을 통일해야 한다. 항목에 나오는 생각을 더 나누려면 번호를 붙인 단락을 사용한다.

1. 번호를 붙인 단락.
   첫 번째 문장과 시작 문구는 다른 단락과의 유사성을 강조하기 위해 밑줄을 긋는다. 말하고자 하는 내용을 전달하려면 한 단락으로 부족할 수 있지만 세 단락 이상 넘어가서는 안 된다.
   • 중점으로 표시한 소단락은 단락 내의 생각을 나눌 때 사용한다.
     - 거의 사용하지 않지만, 중점을 붙인 소단락을 나눌 때 대시를 사용한다.

* * *

생각을 나누어 표현할 때는 중점이나 대시 이외에도 별표(＊)와 단락 표시(¶) 등을 이용한다. 별표는 가로로 세 개를 붙여서 페이지의 중앙에 배치하여 길이가 긴 장과 절의 결론이 나온다는 신호로 사용한다. 단락을 나타내는 ¶표시는 다섯 개 이내의 항목을 리스트로 만들 때 혹은 강조해야 할 포인트에 독자의 관심을 집중시키기 위해 사용한다.

¶ 이 표시의 단락은 요점만 간략하게 기술해야 한다.

나면, 나머지 메시지도 모두 동사로 끝나야 한다. 항목 제목 그룹에서 첫 번째 메시지가 명사로 끝나면, 나머지 메시지도 모두 명사로 끝나야 한다.

전담 CEO를 임명하라.

- 업무 조정
- 개선 계획 실행

명확한 권한 라인을 설정하라.

- 지원의 필요성에 따라 호텔을 재편성한다.
- 해외 운영 권한을 이양한다.
- 일상적인 업무 명령 체계에서 이사회를 제외한다.

하지만 위와 같이 첫 번째 그룹에서 각 항목의 제목이 모두 명사로 끝난다고 해서 다음 그룹의 항목 제목이 반드시 명사로 끝나야 하는 것은 아니다. 절과 절 사이에는 각각 메시지를 감싸고 있는 울타리가 있다는 점을 명심해야 한다. 위의 경우처럼 항목 그룹 사이가 아니라 항목 그룹 내의 메시지 사이의 병렬 관계가 강조되어야 한다.

셋째, 제목은 핵심 생각을 표현하는 데 그쳐야 한다. 제목은 내용을 상기시키는 것이 목적이지 내용을 요약해주는 것이 아니므로 최대한 간단하게 표현해야 한다. 예를 들어 위의 예에서 첫 번째 장에 "권한의 중심을 명확하게 하기 위해 전담 CEO를 임명하라"처럼 긴 제목을 붙여서는 안 된다.

넷째, 제목을 문맥의 일부로 간주해서는 안 된다. 제목은 머리보다 눈에 호소하기 위한 것으로, 제목을 주의 깊게 읽는 사람은 많지 않다. 따라서 제목이 자신의 전달하고자 하는 메시지 일부가 되어줄 것으로 기대해서는 안 된다. 예를 들어 다음과 같은 예는 피해야 한다:

전담 CEO를 임명하라.

이를 통해 일상적인 업무의 책임을 명확하게 하고….

대신에 제목 다음에 나오는 첫 문장은 새로운 주제가 시작되고 있다는 점이 확실하게 드러날 수 있도록 해야 한다. 설령 제목이 없더라도 전체 문서는 매끄럽게 읽혀야 한다. 다만 이 규칙은 번호를 붙인 단락에는 적용되지 않는다. 번호를 붙인 단락은 텍스트 일부로 읽혀야 하기 때문이다.

다섯째, 사전에 제목 그룹을 소개한다. 처음에 제목을 소개하면 다음에 나올 생각의 구성을 미리 독자에게 알려줄 수 있고, 그룹 전체에서 전달하고자 하는 요약된 생각을 강조할 수 있다. 이런 노력을 생략한다면 독자는 매우 혼란스러울 것이다. 그는 장을 끝까지 읽어도 그

장의 포인트가 무엇인지 알지 못하며, 조금 이해할 만하면 처음 부분의 내용이 생각나지 않을지도 모른다. 따라서 문서 제목 다음에 곧바로 장 제목이 나오고, 장 제목 다음에 곧바로 항목 제목이 시작되는 구조는 피해야 한다.

여섯째, 꼭 필요한 부분에만 제목을 붙인다. 이것은 제목에 관한 규칙 가운데 가장 중요할지도 모른다. 제목으로 인해 메시지가 더욱 명확해지거나, 독자가 메시지의 구분을 더욱 쉽게 받아들일 수 있을 때만 제목을 붙여야 한다. 절 제목 아래에서는 구분할 필요가 없거나 혹은 구분하면 오히려 역효과가 발생하는 때도 종종 있다.

제목을 목차로 만들면 보고서의 내용을 요약할 수 있다. 이것은 독자를 자신의 사고방식으로 끌어들이는 데 매우 효과적인 방법이다. 앞서 두 번째 주의사항에서 다룬 예제를 살펴보면 이를 쉽게 이해할 수 있다. 물론 이 기술은 피라미드 상자 안에 들어가는 생각의 내용이 명확하고 구체적으로 기술되어야 한다는 전제 조건이 필요하다. 만일 다음과 같은 목차를 사용한다면 독자는 아무런 가치를 느끼지 못할 것이다.

목차	
서론	1
배경	2
조사 결과	3
결론	15
제안	23

일반적으로 보고서 내용의 일부로 '서론'이나 '배경' 등의 제목은 필요 없다. 서론과 배경은 글을 소개하는 정보가 들어 있다는 점에서 중복되며 본질적으로 둘 다 불필요하다. 보고서의 처음에 나오는 몇 몇 단락을 서론과 배경에 맞게 바꾸는 것으로 충분하기 때문이다. 한 마디로 말해서, 제목은 '생각의 구분'을 보여주는 것을 의미한다. 그 런데 위의 예에서는 독자가 핵심 단계 계층(위의 예에서는 조사 결과 부 분)에 도달하기 전까지 생각의 핵심을 명확하게 보여주지 못한다.

포인트에 밑줄 긋기

생각의 계층 구조를 알기 쉽게 나타내는 데 일반적으로 많이 사용되는 또 다른 방법은 핵심 단계 계층 아래의 보조 포인트 전체에 밑줄을 긋는 것이다(〈도표 57〉 참조). 이보다 더 아래에 있는 보조 포인트에도 포인트 문장 전체에 밑줄을 긋지만, 번호를 붙이거나 들여쓰기를 하여 쉽게 구분할 수 있도록 한다.

그러나 이런 형식으로 문서를 작성하면 보기 좋다고 말하기 힘들다. 컴퓨터의 등장과 함께 많은 사람들이 주요 요점은 두꺼운 글자로 표시하고, 주요 요점 아래의 보조 포인트에 밑줄을 긋는 방법 등을 통해 더욱 시각적으로 깔끔하게 문서를 작성하고 있다. 예를 들면 다음과 같다.

1. 상위의 보조 포인트는 번호를 붙이고, 밑줄을 긋고, 왼쪽부터 쓴다.
    (1) 그 아래 계층에서는 들여쓰기하고, 괄호 번호를 붙이고, 밑줄을

긋는다.

<u>a. 문서가 길면 다음 계층에서는 괄호 없는 번호를 붙이고, 들</u>
<u>여쓰기하고, 밑줄을 긋는다.</u>

어떤 형식으로 작성하든 이 기술은 독자가 신속하고 쉽게 읽을 수
있게 하려고 적용한다. 이론적으로는 독자가 원한다면 주요 요점만
읽어나가도 전체 메시지를 쉽게 이해할 수 있어야 한다. 이것은 독자
로서는 환영할 만한 일이지만, 필자로서는 쉽지 않은 작업이다. 이렇
게 글을 쓰려면 세 가지 규칙을 엄격하게 지켜야 한다.

첫째, 질의응답 논리를 엄격하게 적용한다. 하위 포인트는 상위 포
인트에서 제기된 질문에 직접 답변해주어야 한다. 여기서 말을 우아
하게 꾸민다거나, 과장할 만한 여지를 두면 논리가 엉망이 되어버린
다. 만일 메시지를 과장하거나 배경을 설명할 필요가 있다면 도입부
나 결론 단락을 이용해야 한다.

둘째, 포인트 문장은 최대한 간결하게 기술한다. 독자가 서른 단어
이상 읽어야 포인트 문장의 내용을 파악할 수 있다면 그 문장은 논리
를 쉽게 이해할 수 없다는 뜻이다. 스스로 점검했을 때 포인트 문장이
열두 단어를 넘는다거나, 주어와 술어가 두 개 이상이라면 다시 한번
생각해봐야 한다.

셋째, 포인트는 논리 전개에 필요한 기술에 한하여 적용한다. 대부
분의 사람들이 이 점을 무시하고 연역법과 귀납법의 미묘한 특성을
고려하지 않은 채 단순히 포인트를 열거한다. 앞에서 설명한 바와 같
이, 포인트는 연역법에서는 네 개, 귀납법에서는 다섯 개 이상 사용해

서는 안 된다. 포인트를 그 이상 사용하면 그루핑을 할 기회를 놓쳐
전달하고자 하는 말을 재고해야 할지도 모른다.

도표 57 제목은 생각의 계층 구조와 일치하게 붙인다

제목은 주요 요점을 반영한다

상황을 설명하는 단락을 쓴다. xxx xxxxxxx xxxxxxxx xx xxx xxx xx xxxxxxxx
xxxxxxx xxxxxxx xxxxxxxx xx xxx xxx xx xxxxxxxxx xxxxxxxx xx xxx xxx
xx xxx

전개와 질문 단락을 쓴다. 경우에 따라 질문이 암시되기도 한다. xx xxx x xx xxxx
xxxxxxxx xxxx xxxxxxx xx xxxxxxxxx xx xxxxxxxx xxxxx xxxxx xx xx
xxxxxxxx xx xxxxxxx xxxx xxxxxxxxxx xxxxxxxx xx xxx xxx xx xxx

주요 포인트를 기술한다. 문서가 일곱 단락 이상 되면 핵심 단계 포인트의 리스트를
만든다.

- 첫 번째 핵심 단계 포인트
- 두 번째 핵심 단계 포인트
- 세 번째 핵심 단계 포인트

첫 번째 핵심 단계 포인트에 부합하는 제목을 붙인다

핵심 단계 포인트의 도입부와 요약을 간략하게 적는다. 여기에서도 일곱 문장 이상
되면 그다음에 각 포인트를 가운데에 조목조목 적는다. 그 후 다음과 같이 한다.

<u>1. 포인트에 번호를 붙이고, 전부 대문자로 쓰고, 밑줄을 긋는다.</u>
<u>(1) 괄호 번호를 붙이고, 들여쓰기하고, 포인트에 밑줄을 긋는다.</u>
 a. 문서가 길면 괄호 없는 번호를 붙이고, 들여쓰기한다.
  • 다음 계층에서는 포인트에 중점을 붙이고, 들여쓰기한다.
   - 다음 계층에서는 들여쓰기하고, 대시를 붙인다.

번호 붙이기

많은 기업과 행정기관에서 문서 내 구분을 강조하기 위해 제목보다 번호 붙이기를 더 많이 사용한다. 개중에는 모든 단락에 번호를 붙이는 곳도 있다. 이 방법은 어떤 화제나 제안도 쉽고 정확하게 언급할 수 있는 이점이 있다고 알려져 있다.

그러나 번호를 너무 자주 붙이면 독자가 문서에 집중할 수 없다. 단락마다 번호를 붙이면 중간에 한두 단락을 삭제할 경우 그다음에 나오는 단락은 번호를 다시 매겨야 하는 번거로움이 따르기도 한다. 워드 프로세서 프로그램을 사용하더라도 번거롭기는 마찬가지다.

신속하게 파악할 수 있다는 이유로 번호를 붙이고자 한다면, 제목과 번호를 병행해서 사용하는 것이 현명하다. 제목은 독자가 글을 읽어나가면서 생각의 요점을 재빠르게 간파할 수 있게 해준다는 이점이 있다. 제목은 한번 읽은 문서를 며칠 후에 다시 읽을 때 먼저 읽었던 내용을 다시 떠올리는 데도 매우 유용하다.

아울러 "4.1장…"이라고 하는 것보다 "4.1장의 제조업 수익에 관한 부분에서…"라고 말하면 독자가 기억을 떠올리기가 쉽다. 후자의 경우에는 앞으로 돌아가서 제목만 읽어봐도 그 내용에 관한 개략적인 내용을 떠올릴 수 있지만, 전자의 경우에는 제목만 읽어서는 내용을 기억할 수 없다.

〈도표 58〉은 안토니 제이Antony Jay의 책『효과적인 프레젠테이션 Effective Presentation』에 소개된 자료인데, 제목과 번호를 병행하여 사용하면 어떤 효과가 있는지 보여준다.

5. 단어의 전달과 선택

xxxxxx xxxxxx xx xxxxxx xxxxxxxxxxxx xxxx xxxxxxxx xxxxx xxxxxxx
xxxx xxxxxxxx xxxxx xxx xxx xxxx xxxx

xxxxxx xxxxxx xx xxxxxx xxxxxxxxxxxx xxxx xxxxxxxx xxxxx xxxxxxx
xxxx xxxxxxxx xxxxx xxx xxx xxxx xxxx

5.1. 대본이 없는 프레젠테이션의 문제점

xxxxxx xxxxxx xx xxxxxx xxxxxxxxxxxx xxxx xxxxxxxx xxxxx xxxxxxx
xxxx xxxxxxxx xxxxx xxx xxx xxxx xxxx

5.1.1. 시각적 표현

xxxxxx xxxxxx xx xxxxxx xxxxxxxxxxxx xxxx xxxxxxxx xxxxx xxxxxxx
xxxx xxxxxxxx xxxxx xxx xxx xxxx xxxx xxx x xxxxxxxx xxxx xxxxxxxx
xxxxx xxxxxxx xxxx xxxxxxxx xxxxx xxx xxx xxxx xxxx

5.1.2. 시간

Xxxxxxx xxxxxx xx xxxxxx xxxxxxxxxxxx xxxx xxxxxxxx xxxxx xxxx

5.1.3. 최선의 방법

xxxxxx xxxxxx xx xxxxxx xxxxxxxxxxxx xxxx xxxxxxxx xxxxx xxxxxxx
xxxx xxxxxxxx xxxxx xxx xxx xxxx xxxx xxx x xxxxxxxx xxxx xxxxxxxx
xxxxx xxxxxxx xxxx xxxxxxxx xxxxx xxx xxx xxxx xxxx

5.2. 문서를 소리 내어 읽지 마라

xxxxxx xxxxxx xx xxxxxx xxxxxxxxxxxx xxxx xxxxxxxx xxxxx xxxxxxx
xxxx xxxxxxxx xxxxx xxx xxx xxxx xxxx

번호를 붙이는 가장 일반적인 방법 중 하나를 소개한다.

I. 개만큼 죽음을 무릅쓰고 주인을 돕는 동물은 없다.
 1.1 다른 동물들은 위험이 닥치면 도망간다.
  1.1.1 개는 그대로 남아 있다.
   1.1.1.1 설령 그것이 죽음을 의미하더라도 그렇다.

다음에 나오는 방법이 좀 더 사용하기 쉬울 것이다.

I. 개만큼 죽음을 무릅쓰고 주인을 돕는 동물은 없다.
 1. 다른 동물들은 위험이 닥치면 도망간다.
  a. 개는 그대로 남아 있다.
   i. 설령 그것이 죽음을 의미하더라도 그렇다.

어떤 식으로 번호를 붙이든 생각의 구분이 문서에 명확하게 반영되도록 해야 한다. 따라서 메시지의 성격을 갖지 않는 도입부, 결론 혹은 연결문을 기술할 때는 번호를 붙이는 방법을 사용해서는 안 된다.

들여쓰기

때에 따라서는 문서의 길이가 너무 짧아서 생각의 구분을 강조하기 위해 제목이나 번호를 붙일 필요가 없을 수 있다. 그런데도 자기 생각을 제대로 그루핑을 해 어떤 식으로든 강조하고 싶을 때는 어떻게 해야 할까. 문서 내의 하위 포인트가 하나의 그룹으로 식별할 수 있다면 독자가 쉽게 이해할 수 있다. 예를 들어 다음의 두 메모를 비교해 보자.

프랭크 그리피스의 '창조적 사고' 세미나는 9월 둘째 주에 열 계획입니다. 앨 빔의 세미나는 9월 셋째 주에 예정되어 있습니다.

제 생각에는 도입부를 보충하기 위해 두세 장의 슬라이드가 더 필요할 것 같습니다. 참고로 도입부는 제가 생각했던 슬라이드 개념과 결부되어 있습니다. 또한 '긍정적인 언어'에 관해서도 구체적인 사례를 나타내는 슬라이드가 몇 장 필요합니다. 이 슬라이드는 프레젠테이션의 끝부분에서 그동안 설명한 내용을 정리해줄 때 사용하고, 배포용으로 사용하기 위해 인쇄도 해야 합니다.

음악 장비에 대한 슬라이드처럼 이전에 사용했던 기술 혁신의 결과를 보여주는 슬라이드는 둘째 주의 프랭크 그리피스 세미나 때 커다란 화제가 될 것이고, 셋째 주로 잡혀 있는 앨 빔 세미나에도 매우 긴요할 것입니다.
프로그램의 도입부에서 사용하려고 〈사람은 왜 창조하는가?Why Man Creates?〉라는 영화를 구입했습니다. 마지막에 '기술 혁신의 환경' 부분을 설명할 때도 슬라이드가 필요합니다.

위의 메모는 그 자체로도 이해하기 쉽지만, 다음과 같은 형태로 바꾸면 각 포인트가 훨씬 눈에 잘 들어올 것이다.

프랭크 그리피스의 '창조적 사고' 세미나는 9월 둘째 주에 열 계획입니다. 앨 빔의 세미나는 9월 셋째 주에 예정되어 있습니다. 이와 더불어 다음과 같은 슬라이드가 필요합니다.

1. **도입부에 포함된 핵심 포인트.** 제가 제안한 개념이 포함되어 있습니다.

2. **긍정적인 언어의 구체적인 예.** 이 슬라이드는 프레젠테이션의 끝부분에서 그동안 설명한 내용을 정리해줄 때 사용하고, 배포용으로 사용하기 위해 인쇄해야 합니다.

3. **이전에 사용한 기술 혁신의 결과**(예를 들어 음악 장비 등) 이 슬라이드는 둘째 주의 프랭크 그리피스 세미나 때 커다란 화제가 될 것이고, 셋째 주로 잡혀 있는 앨 빔 세미나에도 매우 긴요할 것입니다.

4. **기술 혁신 환경을 조성하는 데 필요한 조치를 나타낸 표.**

이런 방법을 사용할 때는 각각의 생각을 '동일한 기술 스타일'로 표현해야 하는 점을 기억해두어야 한다. 이를 통해 문장을 간략하고 이해하기 쉽게 만들 수 있을 뿐만 아니라, 자신이 전달하고자 하는 내용을 명확하게 말하고 있는지 점검하는 데도 도움이 된다. 예를 들어 위의 예에서 기술 스타일을 비교해보면 기술 혁신 환경의 부분에서 어떤 종류의 슬라이드가 필요한지 말하지 않았다는 점을 쉽게 간파할 수 있다.

글의 길이에 상관없이 생각의 그룹을 시각적으로 배열하여 상호 간의 유사성을 돋보이게 해주면, 독자가 그 생각을 더욱 쉽게 이해할 수 있다. '계층형 제목 붙이기'에서도 말한 바와 같이, 단락당 들여쓰기는 한 번으로 충분하며 그렇지 않으면 시각 효과가 감소한다.

중점과 대시 붙이기

들여쓰기를 약간 변형한 것으로 중점과 대시를 붙이는 방법이 있다. 이 방법은 컨설팅회사에서 진행 상황 보고서를 작성할 때 자주 사용된다. 이런 보고서는 고객 기업의 책임자들과 컨설턴트가 함께 테이블에 둘러앉아서 한 번에 한 페이지씩 읽어나가기 마련이다. 이것도 기술은 동일하며, 하위 포인트일수록 좀 더 오른쪽으로 배치해야 한다.

여기서 지켜야 할 규칙은 다른 것에 비해 덜 엄격하다. 중점과 대시를 붙이는 목적은 독자가 주요 요점을 이해하기 쉽게 하기 위해서이므로, 모든 계층에 중점과 대시를 넣겠다고 고집을 피워서는 안 된다. 독자가 천천히 읽으면서 내용을 완전히 이해할 수 있도록 하려면, 한꺼번에 너무 많은 정보를 제공해서는 안 된다.

지금까지 설명한 방법은 모두 독자의 이해를 돕기 위한 시각 효과

진행 상황 보고서 형식

1. 진행 상황 보고서는 자신의 생각을 차별화해 나타낼 수 있도록 구성해야 한다.
   - 고객이 문서를 읽는 도중에 문서에 제시된 생각에 관해 토의를 유발하는 형식으로 한다.
     - 조사 결과에 대한 고객의 즉각적인 반응을 얻기 위해
     - 당초에 의도한 대로 작업을 진행해도 되는지 확인하기 위해
   - 따라서 고객이 쉽게 읽을 수 있는 형태로 생각을 배열해야 한다.
     - 주요 요점을 신속하게 파악할 수 있게
     - 요점의 상호 관련성을 쉽게 이해할 수 있게
     - 중요한 포인트와 그렇지 않은 포인트를 명확하게 구분할 수 있게

2. 적절한 시각 효과를 발휘하기 위해 다음과 같은 규칙을 지켜야 한다.
   - 계층은 간결하고 직접적으로 기술한다.
     - 과장된 표현은 없앤다.
     - 연결해주는 표현도 없앤다.
   - 포인트는 한 문장으로 제한한다.
   - 동일한 계층의 생각은 가능하면 동일한 유형으로 표현한다.
   - 계층의 생각은 한 단계 위의 생각과 직접 관련되어야 한다.
     - 상위 계층의 생각을 설명한다.
     - 상위 계층의 생각을 뒷받침해준다.

3. 위의 규칙을 따를 생각이 없다면 이 형식을 사용하지 않는 것이 좋다.

로, 글의 논리적 관련성을 분명하게 나타내어 독자가 더욱 쉽게 글의 내용을 파악할 수 있도록 도와준다. 솔직히 말하면 이런 방법은 독자의 시간을 조금밖에 절약해주지 못한다. 그러나 매일 책상 위에 수북이 쌓인 문서를 처리해야 하는 사람이라면, 이렇게 약간의 시간을 절약하는 것만으로도 상당한 도움이 될 것이다.

▲
그룹 간의 전환 지원하기
▼

도입부를 완성한 뒤 본문을 쓸 차례가 되면 서두에서 각 핵심 단계에 대해 짤막하게 언급해주어야 한다. 긴 문서의 경우 주요 그룹의 처음이나 끝부분에서 정기적으로 쉬면서, 독자에게 현재 어디까지 이야기가 진행되었고 다음에 어떤 이야기가 나올 것인지 알려주어야 한다. 포인트에서 포인트로 넘어갈 때는 어색하지 않고 매끄럽게 연결되어야 한다. 다음과 같이 글을 쓰는 것은 되도록 피해야 한다.

이번 장에서는 우선순위의 필요성에 대해 살펴보았다. 다음 장은 이런 우선순위를 정하는 방법에 대해 살펴보겠다.

여기서 말하고자 하는 점은, 두 개의 장의 '구성'을 연결하는 것보다는 두 개의 장이 '말하는 내용'을 연결해야 한다는 것이다. 이를 위해서는 지금까지 설명한 내용을 되돌아보면서 앞으로 말하고자 하는 내용을 살펴보아야 한다. 구체적으로 장이나 절 혹은 항의 시작 부분에 연결 단락을 만들어 스토리를 만들어주거나, 지금까지 나왔던 내용을 다시 언급한다. 장이나 절의 길이가 긴 경우에는 다음 이야기로 넘어가기 전에 지금까지 나온 내용을 요약해주는 것도 좋은 방법이다. 지금부터 한 가지씩 살펴보자.

스토리 말하기

핵심 단계 포인트에 대한 독자의 관심을 불러일으키기 위해 가장 자주 사용하는 방법은, 도입부와 마찬가지로 상황 - 전개 - 질문의 스토리 구조를 만들어 핵심 단계 포인트에서 그 질문에 답변해주는 것이다. 4장에서 살펴본 것과 동일한 기술이다. 〈도표 59〉는 전사적 품질경영에 대해 강연한다고 가정하고 각 포인트의 도입 스토리를 만든 예다.

다음은 강연자가 청중을 각 포인트로 안내하기 위해 쓸 수 있는 도입부와 소개다.

벤치마킹

먼저 벤치마킹입니다. 당신의 은행에서 정말 효율적인 TQM 프로그램을 실행하기 시작했다고 가정해봅시다. 그로 인해 융자 신청 업무가 2일에서 2시간으로 줄어들었다고 합시다. 이렇게 시간이 대폭 단축되었으므로 충분히 경쟁 우위를 확보했다고 생각할 것입니다. 그러나 유감스럽게도 실제로 경쟁사와 비교해보기 전에는 경쟁 우위를 확보했다고 속단할 수 없습니다. 그러므로 정확한 벤치마킹 작업이 필요합니다.

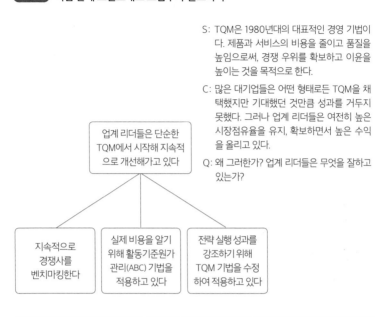

S: TQM은 1980년대의 대표적인 경영 기법이다. 제품과 서비스의 비용을 줄이고 품질을 높임으로써, 경쟁 우위를 확보하고 이윤을 높이는 것을 목적으로 한다.

C: 많은 대기업들은 어떤 형태로든 TQM을 채택했지만 기대했던 것만큼 성과를 거두지 못했다. 그러나 업계 리더들은 여전히 높은 시장점유율을 유지, 확보하면서 높은 수익을 올리고 있다.

Q: 왜 그러한가? 업계 리더들은 무엇을 잘하고 있는가?

업계 리더들은 단순한 TQM에서 시작해 지속적으로 개선해가고 있다

지속적으로 경쟁사를 벤치마킹한다

실제 비용을 알기 위해 활동기준원가관리(ABC) 기법을 적용하고 있다

전략 실행 성과를 강조하기 위해 TQM 기법을 수정하여 적용하고 있다

활동기준원가관리

벤치마킹 작업을 한 결과 당신의 은행이 업계에서 가장 뛰어난 시스템을 보유하고 있으며, 경쟁사들이 당신 은행의 시스템을 평가 기준으로 삼고 있는 것으로 판명되었습니다. 이제 당신은 이 점에 대해 자랑스럽게 생각해도 될 것입니다. 당신의 은행이 제품과 서비스를 제공하고 얻은 이익이 소요된 원가보다 높다면 정말로 큰 자랑거리가 될 것입니다. 당신 은행이 수익을 내고 있는지 판단할 수 있는 유일한 방법은 기능보다는 실제 활동에 따라 원가를 분석하는 것입니다. 그러므로 활동기준 원가 계산이 필요합니다.

전사적 품질경영

자, 당신은 벤치마킹했고, 활동 기준 원가 계산을 도입했고, 경쟁사보다 경쟁우위를 확보했다는 자신감을 갖게 되었습니다. 이제 은행 경영에 대해 여유를 가지고 안도할 수 있을까요? 만일 당신이 작업을 처음 시작할 때 사용했던 전사적 품질경영 프로세스를 아직도 사용하고 있다면 절대 안도할 수 없습니다. 현재 직면한 문제는 "계속해서 경쟁 우위를 확보하고 유지할 수 있는가?"로 전환되었기 때문입니다. 만일 당신이 현재의 경영 방식에 맞는 TQM 프로세스를 적용하고 있지 않다면 그 대답은 아마도 '아니요'일 것입니다. 그렇다면 지금까지와는 다른 TQM이란 무엇을 의미할까요?

각 사례에 문서 전체의 도입부와 동일한 상황 – 전개 – 질문의 구조가 사용되었다는 점을 알 수 있을 것이다. 물론 여기서 상황 – 전개 – 질문은 문서 전체가 아니라 새로 시작하는 스토리에만 해당할 뿐이다. 중요한 점은 어느 부분의 도입부이든, 도입부에는 독자가 이미 알고 있거나 혹은 당연히 동의한다고 생각되는 정보 이외의 다른 정보가 포함되어서는 안 된다는 것이다.

앞의 내용 참조하기

앞의 내용을 참조하는 기술은, 간단하게 말해 연결된 피라미드의 앞부분에서 단어나 어구, 주된 생각을 뽑아내어 다음에 나올 문장에 사용하는 것을 말한다. 이처럼 단락에서 단락으로 전환하는 기술은 누구나 잘 알고 있을 것이다. 예를 들면 다음과 같다.

임원 중에 그룹 전체의 업무를 총괄 관리하는 총괄 CEO가 한 명도 없다. 임원과 간부들에게 리더십과 조정 능력이 결여된 경우에는…. (문제를 열거한다).

총괄 CEO가 없을 경우 발생하는 문제는 권한 위임이 중복되거나 애매하게 되어 복잡성이 증가하는….

새로운 장을 시작하거나 새로운 절을 시작할 때도 동일한 기술을 사용할 수 있다. 예를 들어 어느 장에서 리츠리안 호텔 체인은 호텔 이외에도 레스토랑, 조리 서비스 등을 소유하고 있지만, 그런 다각화의 이점을 충분히 활용하지 못하고 있다고 기술했다고 하자. 다음 장에서 이런 문제가 발생하게 된 원인은 구조적인 약점에 있다고 기술하려 한다. 이 경우 피라미드는 〈도표 60〉과 같이 될 것이다.

앞의 내용을 참조하는 기술을 통해 메시지 사이를 연결하면 다음과 같이 된다.

(a)와 (b) 장 사이

현재의 경영 체제는 그룹 전체의 경영 자원을 활용하는 데 있어 크게 두 가지 장애 요인을 가지고 있다.

도표 60 메시지를 연결하는 말이 필요하다

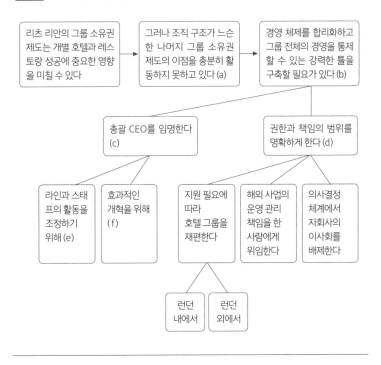

(c)와 (d) 절 사이

그룹 총괄 CEO를 임명할 뿐만 아니라 권한과 책임을 명확하게 하려
면 경영 체제도 여러 가지 변화를 꾀해야 한다.

(e)와 (f) 보조 포인트 사이

경영 총괄 CEO가 존재하면 라인과 스태프 간의 활동을 효과적으로
조정할 수 있고, 개혁에 필요한 견실하고 강력하면서도 냉엄한 압력을

행사할 수 있다.

여기서 요점은 메시지와 메시지 사이를 매끄럽고 명확하게 연결하기 위해, 핵심이 되는 단어나 어절을 찾아 다음에 나올 장의 주요 요점과 연결하는 것이다. 그러나 이미 글 전체의 도입부에서 간단하게 설명을 했다면 여기서는 스토리 형식으로 설명할 필요가 없다. 독자는 이미 포인트를 이해할 수 있을 만큼 충분한 정보를 가지고 있기 때문이다. 그렇다고 하더라도 각 장에서 전개하는 생각의 그루핑을 소개해야 하고, 그것이 어떻게 그 장의 포인트를 뒷받침하고 있는지 설명해야 한다.

장과 절 요약하기

장이나 절이 지나치게 길고 복잡한 경우에는 다음으로 넘어가기 전에 잠시 멈추고 완벽하게 요약하고 싶다고 생각할 수 있다. 이와 관련해서는 4장에서 언급한 도입부에 관한 요약을 참조하기 바란다.

다음은 앞에서 설명한 리츠리안 호텔의 끝부분에 들어갈 요약 내용을 예시한 것이다.

요약하자면 이번 장에서 제안된 경영 체제는 리츠 리안 이사회, 그룹 총괄 CEO, 그룹의 세 가지 주요 사업을 담당하는 세 명의 집행 책임자로 구성되어 있다. 이런 인력 배치와 지시, 명령 체계를 통해 장기적인 관점에서 그룹 전체의 경영 체제를 구축할 수 있다. 관리와 책임을 중시하는 경영 체제를 효율적으로 만들어야만 비로소 이 보고서에서 지적하고 있는 그룹 경영의 개선 기회를 실현할 수 있다.

결론을 요약하는 것 자체는 그다지 어려운 일이 아니다. 다만 앞에서 나온 내용을 똑같이 반복해서는 안 되며, 중요한 부분과 어조를 최대한 교묘하게 재현해야 한다. 요약 내용은 이미 피라미드 상자 안에 존재하므로 독자를 위해 그것을 통합하면 된다.

전체적인 결론 만들기

이론적으로는 적절한 도입부를 쓰고, 문서 전체를 피라미드 원칙에 따라 구성했다면 결론은 필요하지 않다. 글의 첫 부분에서 이미 독자의 질문이 무엇인지 분명하게 기술했고, 그것에 대해 흠잡을 데 없는 논리로 충분하게 답변하고 있기 때문이다. 그런데도 단순히 필요한 내용만 쓰고 끝내기보다는 우아하게 마무리하고 싶다는 생각이 들지도 모른다. 간단하게 메모한 후 "궁금한 점이 있으면 언제든지 연락하세요"라는 말을 덧붙이는 것도 이런 이유 때문이다.

메모보다 길이가 긴 글을 끝마칠 때 자주 사용하는 방법은 마지막 페이지의 중간에 여러 개의 별표(*)를 가로로 배치하여 마무리 신호를 보내는 것이다. 별표 아래에 "결론에서는…"라는 말로 마지막 단락을 시작하여 글의 주된 요점을 다시 한번 강조한다. 그러나 이 방법을 사용할 때는 이미 앞에서 설명했던 내용을 똑같이 반복해서 말해서는 안 된다. 예를 들면 다음과 같다.

이 보고서는 회사의 조직 개편에 대한 제안을 정리하고, 각 부서가 취해야 할 구체적인 조치를 명시했다.

이보다는 독자에게 지금까지 기술한 내용을 요약해주면서 '적절한 감동'을 줄 수 있는 결론을 써야 한다. 충분하지는 않지만, 아리스토텔레스는 결론을 쓰는 방법에 대해 그렇게 조언하고 있다.

비즈니스 문서의 결론에 적절한 감동이 필요한가에 대해 의문을 가질 수도 있다. 그러나 독자에게 다음에 해야 할 행동을 환기해주는 것은 당연하다. 예를 들어 보고서에서 얻은 새로운 지식을 활용하여 독자가 다음에 무엇을 생각해야 하는가 혹은 무엇을 얻을 수 있는지 암시해주고 싶다고 생각하는 것은 당연하다. 이것은 구체적으로 철학적 통찰이나 혹은 다음 행동에 대한 처방전 역할을 할 수 있다. 에이브러햄 링컨은 두 번째 대통령 취임 연설에서 이 두 가지를 활용하고 있다.

어떤 사람에게도 악의적 마음을 품지 않고, 만인에 대해 자비로움을 갖고, 올바른 것을 하겠다는 결의를 다지고, 신이 우리에게 부여한 올바른 것을 보는 힘을 갖고, 우리에게 남겨진 일을 마지막까지 완수하도록 노력합시다. 그것은 국민의 상처를 아우르고, 전쟁에 참여한 사람과 그의 미망인과 자식들을 돌보고, 우리 자신과 전국 방방곡곡에 공정하고 영원한 평화를 이루고 보존할 수 있는 일이라면 무엇이든지 열심히 하는 것입니다.

글의 주제와 독자에 따라 표현을 달리해야 할 수도 있으므로 문서마다 적절한 결론이 다를 수도 있다. 예를 들어 항공회사의 경영자에게 새로운 고객 수 예측 시스템의 도입을 다소 고양된 어조로 강요한다면 그는 몹시 기분이 상할 것이다. 그러나 항공 업계의 규제 완화와 같이 그가 이미 절실하게 느끼고 있는 주제에 대해서는 감정적인 호소를 해도 쉽게 받아들일 것이다.

그러나 어쩔 수 없이 결론을 첨가하는 경우에는 일반적으로 자신의 메시지가 얼마나 중요한지 되새겨보고 싶다고 생각하기 때문일 것이다. 다음은 어떤 보고서의 결론 단락을 예시한 것이다. 이 보고서는 기술 문헌의 실시간 검색을 목적으로 한 범유럽 컴퓨터 시스템을 구축하는 것이 기술적으로 가능하다고 말하고 있다.

> 이 시스템이 성공적으로 도입되면 산업계, 학계의 모든 사용자는 유럽 내의 과학기술 정보에 더욱 편리하게 접근할 수 있을 것입니다. 정보 공유의 시장도 생겨날 것입니다. 다시 말해 모든 사용자는 각국 정보원뿐만 아니라 존재하는 모든 정보원을 마음껏 이용할 수 있게 됩니다. 이것은 기술 표준화뿐만 아니라 완전히 새로운 기술 표준의 개발을 촉진할 것입니다. 우리는 이 계획에 큰 기대를 하고 있습니다. 아무쪼록 당신과 함께 작업해보고 싶습니다.

다음 단계 기술하기

이미 짐작했을지도 모르지만, 나는 대부분의 사람들에게 요약이나 결론을 쓰지 말라고 말한다. 그 이유는 요약이나 결론을 잘 쓰기가 어

렵기 때문이다. 현실적으로는 결론이나 요약이 없어도 괜찮다. 그러
나 다음 단계의 메시지에 대한 조언이 필요한 경우처럼 어쩔 수 없이
결론이 필요할 때도 있다.

긴 문서를 쓸 경우 독자가 해야 할 일련의 행동에 대해 제안하게 된
다. 독자가 그 제안을 받아들일 것으로 생각한다면 '앞으로의 조치'를
기술해야 한다. 예를 들어 독자가 그 제안을 받아들이면 그가 해야 할
일이 생긴다. 이 경우 그가 무엇을 해야 하는지 알려주기 위해 '앞으
로의 조치'라는 결론을 설정한다. 이때 지켜야 할 규칙은 여기서 기술
한 내용이 독자에게 질문을 유도해서는 안 된다는 것이다. 독자가 취
해야 할 행동은 논리적으로 명쾌해야 한다.

예를 들어 당신이 고객에게 어떤 회사를 매수할 것을 제안했는데
고객이 그 제안을 받아들이는 상황을 생각해보자. 왜 그 회사를 매수
해야 하는지 30페이지에 걸쳐 설명한 후에 고객을 설득했다고 가정
해보자. 이런 경우에는 마지막에 '앞으로의 조치'라는 제목의 결론을
다음과 같이 기술해야 한다.

이 회사의 매수가 적절하다고 생각한다면 다음과 같은 행동을 취해야
한다.

1. 대상 기업의 소유주에게 연락해서 점심을 제안하라.

2. 은행에 연락해서 필요할 때 언제든지 사용할 수 있도록 매수 자금
   을 확보해둬라.

3. 세부적인 실무 사항을 처리하기 위해 사내에서 인수위원회를 소집
   하라.

분명히 독자는 "왜 내가 회사 소유주에게 저녁이 아니라 점심을 먹자고 해야 하지?"와 같은 질문을 던지지는 않을 것이다. 이것은 자명한 사항으로 망설임 없이 받아들일 것이다. 만일 독자의 머릿속에 질문이 생기는 포인트가 있다면, 그것을 전체 문서의 중간에 넣고 다른 메시지와 수평, 수직적으로 조화를 이루고 있는지 확인해야 한다.

이번 장에서 다룬 문서 구성에 관한 내용은 독자의 사고 프로세스를 최대한 쉽게 만들어주기 위한 것이다. 독자는 분석과 논리적 사고에 대해 훈련받은 적이 거의 없으므로, 설령 주제가 자신의 회사이더라도 필자보다 이해력이 떨어질 수밖에 없다. 필자와 독자는 필자의 생각을 이해하는 면에 있어서 절대로 동일한 수준에 있지 않다.

따라서 길이가 긴 장을 끝내고 다음으로 넘어갈 때, 독자는 이해하는 정도에 있어서 당신이 원하는 수준에 있지 않다고 생각해야 한다. 다양한 문단과 단락의 전환기법은 독자가 필자가 이야기하고자 하는 바를 이해하려고 할 때, 독자의 생각과 이해도를 필자가 원래 원했던 수준과 위치로 돌려놓는다. 이것이 꼭 필요한 곳에서 우아하게 행해진다면 유용한 훈련이 될 것이다.

Summary

피라미드 원칙으로 문서 작성하기

- 제목 붙이기, 밑줄 긋기, 번호 붙이기, 들여쓰기를 이용해 구조를 강조한다.

- 스토리 말하기, 앞의 내용 참조하기 등을 통해 피라미드 내 그룹 간의 전환을 지원한다.

피라미드 원칙으로
프레젠테이션하기

선택할 수만 있다면 대부분의 사람들은 피라미드의 아이디어를 글보다는 말로 전달하려고 할 것이다. 내심 시각적 프레젠테이션은 슬라이드 형식으로 된 보고서일 뿐이라고 추정하기 때문이다. 따라서 사람들은 서서 설명할, 몇 가지 도표를 덧붙인 깔끔한 텍스트 슬라이드로 피라미드를 옮겨놓으면 시각적 프레젠테이션이 완성된다고 생각한다. 과연 그럴까?

문제는 분위기가 아주 편하지 않아서 다른 곳에서 듣고 싶다고 생각하면서 앉아있고는 하는 실제 청중을 대상으로 시각적 프레젠테이션을 해야 한다는 점이다. 이런 청중은 예측 불가능한 반응을 보일 수도 있고, 아주 쉽게 산만해지기도 한다. 그러므로 당신은 그들의 반응을 예측하고, 그들의 관심을 사로잡고, 그들이 당신의 메시지를 듣고 싶게 만드는 데 역량을 집중해야 한다. 다시 말해 그들을 접대해야 한다. 덧붙여 비즈니스 프레젠테이션을 하면서 청중을 접대하려면 다른 어떤 형식의 접대와도 같은 종류의 예술성을 발휘해야 한다.

당신은 '쇼'를 해야 한다. 쇼를 하려면 스타, 대본, 스토리보드, 기술적으로 뛰어난 시각적 요소와 함께 타이밍, 속도, 서스펜스 등의 무형적 요소를 고려해야 한다. 갑자기 당신에겐 '슬라이드 형식의 보고'와

지도 원칙

다음 지도 원칙은 새로운 프로페셔널 헬스케어 섹터Professional Health Care Sector의 새로운 공급망 설계의 기반이 됐다.

1. 공급망은 프로페셔널 섹터가 감당 가능한 비용 내에서 최종 소비자에게 최대한의 만족감을 선사할 수 있게 설계돼야 한다.

2. 공급망 리엔지니어링 작업은 미래 지향적인 성격을 띠어야 한다. 즉 어떤 새로운 비전 및(혹은) 공급망 공정 설계 시 의료 정책 및 제공자(납부자) 반응이 미치는 영향을 고려해야 한다.

3. 프로페셔널 섹터 제품에만 있는 특성을 감안하여 공급망을 설계해야 한다.

4. 모든 이해당사자에게 경제적 책임과 서비스 평가 방법을 제공할 수 있게 공정이 설계돼야 한다.

5. 공급망 활동을 관리하는 역할과 책임은 그들을 가장 효과적이고 효율적으로 수행할 수 있는 공급망 참여자에게 부여돼야 한다.

6. 섹터 전반에서 흔하고 차별화되어 있지 않으면서, 통합이 양질의 서비스를 유지해주면서 상당한 비용 절감 효과를 낼 수 있는 활동들은 한 사업부로 통합시켜야 한다.

7. 기업별로 독특하고 차별화되어 있고, 최대한의 비용 분산 효과를 내면서도 품질 보증이 가능한 활동들은 섹터 내 개별 기업들이 관리해야 한다.

는 전혀 차원이 다른 일련의 기술이 필요하다. 그렇지만 비즈니스 프레젠테이션 목적으로 제작된 전형적인 슬라이드는 위의 상자에 들어 있는 것처럼 보이는 경향이 있다.

우선 우리는 이것이 통찰력을 갖고 명확하게 정리된 일련의 관련 아이디어들이라기보다는 그냥 목록임을 알 수 있다. 게다가 어쨌든 일곱 개는 너무 많다. 그러나 이런 종류의 슬라이드 50~60개로 무장한 발표자가 각 슬라이드에 적힌 말 하나씩을 청중에게 읽어줬다간 청중은 지겨워 죽으려고 할 것이다. 심지어 발표자가 화면상에 나타난 말을 바꿔서 했다간 집단 혼란이 일어나기도 한다.

우리가 보고 있는 건 시각적 프레젠테이션이 아니라, 슬라이드 디자인 전문가인 진 젤라즈니Gene Zelazny가 말한 '시각적 설명visual recitation'에 불과하다. 그러나 슬라이드 제작자들은 "이렇게 설명해야 우리가 아무것도 잊어버리지 않는다", "프레젠테이션 끝에 유인물을 나눠줄 것이다"라면서 시각적 설명을 옹호한다.

비즈니스 발표자에게 효과적인 접대자가 되는 기술을 익히게 만들기가 만만치 않다. 대중 연설과 청중 접대 방법을 열심히 훈련해야 한다. 그리고 실제로 직원들에게 이 분야와 관련된 강좌를 제공하는 기업도 많다. 그러나 비즈니스 프레젠테이션의 설계 책임자는 비즈니스 청중의 주의를 유지하는 데 필요한 다음과 같은 최소한의 기본을 이해하고, 실행할 수 있어야 한다.

• 가장 중요한 아이디어만 넣어서 적절히 묶고 요약하고, 가능한 한 간략하게 설명한 텍스트 슬라이드

- 명확한 도표들(차트, 표, 혹은 다이어그램)로 뒷받침
- 꼼꼼히 따져보고 만든 스토리보드와 대본의 반영

프레젠테이션을 할 때는 두 가지 종류의 슬라이드[텍스트와 도표(차트, 표, 혹은 다이어그램)]를 사용하는데, 도표와 텍스트의 사용 비율을 각각 90퍼센트와 10퍼센트로 하는 게 이상적이다. 그들의 역할은 다음과 같다.

1. 프레젠테이션(텍스트 슬라이드)의 구조를 명확히 드러낸다.
2. 결론, 권고 사항, 혹은 다음 단계(텍스트 슬라이드) 등 중요한 생각 그룹을 강조한다.
3. 말만 갖고서 쉽고 명확하게 만들 수 없는 관계를 보여준다(도표).

나는 이번 장에서 적절한 슬라이드를 디자인하고, 효과적인 프레젠테이션을 할 수 있는 복잡한 방법을 설명하려고 애쓰지는 않을 것이다. 그런 방법이 궁금하다면 젤라즈니의 명저 『맥킨지, 차트의 기술』의 일독을 권한다. 나는 이번 장의 많은 부분을 이 책을 참고해서 썼다. (젤라즈니는 오랫동안 맥킨지의 비주얼 커뮤니케이션 디렉터를 지냈다.) 나는 젤라즈니가 텍스트 슬라이드와 도표 슬라이드를 디자인하기 위해 개발한 몇 가지 규칙을 알려줄 생각이다. 또한 프레젠테이션용 슬라이드를 설계할 때 피라미드에서 스토리보드 혹은 대본으로 이동하면서 써야 할 방법도 설명해줄 것이다.

텍스트 슬라이드 디자인하기

라이브 프레젠테이션용 텍스트 슬라이드를 디자인할 때는 무엇보다 쇼의 주인공이 메시지를 전달하는 화자인 바로 '당신'이라는 사실을 의식하고 있어야 한다. 프레젠테이션 장소에서 가장 흥미로운 건 슬라이드가 아니라 항상 당신이어야 한다. 슬라이드는 단순한 시각적 보조물에 불과하며, 그들의 기능은 주로 프레젠테이션을 계속 이어가게 해주는 데 그친다. 따라서 당신은 당신이 큰소리로 하는 말과 화면에서 보여주는 것을 명확히 구별할 수 있기를 원한다.

당신이 하는 말

이 차이를 부연 설명하기 위해 일부 대본과 그것에 어울리는 슬라이드를 보여주겠다. 이것은 위에서 언급한 첫 번째 종류의 텍스트 슬라이드 사례다.

대본　　현실

　　　　잭슨푸드는 극도로 심각한 재고 부족 사태를 겪고 있다. 결국 주문을 제대로 맞추지 못하면서 PMG 사업의 시장 점유율은 하락할 것이다.

　　　　¶ 제조 결함이 재고 부족을 일으킨 일부 원인이다.

　　　　¶ 일관성이 없거나 부적절하게 관리된 공급망 공정 탓에 제조

상의 문제가 한층 심각해졌다.

¶ 공급망과 제조 공정이 재고 부족 사태를 완화하거나 우선순위가 높은 고객과 제품에 확실히 집중할 수 있게 정비되어 있지 않다.

슬라이드
> **현실**
> **심각한 재고 부족 수준**
> ─────────
> • 제조상의 문제
> • 허술한 공급망 공정
> • 취약한 제조 혹은 공급망 정비

최고의 텍스트 슬라이드는 가능한 한 극명하고 단순하게 메시지를 전달한다. 그들은 구두로 전달 가능하고, 그럴 필요가 하는 전개나 도입 지점에서 말(혹은 슬라이드)을 낭비하지 않는다. 이것은 물론 프레젠테이션에 참석해본 적이 없는 누군가는 슬라이드를 유인물만큼 쉽게 이해하지 못할 수 있다는 의미다. 이런 문제를 해결하기 위해 혹자는 슬라이드를 대면 페이지에 나온 대본 텍스트와 함께 묶어놓는다. 일석이조의 효과를 내는 방법이다. 그러나 그럴 경우 대본은 전개 부분을 생략한 채 개요 형식으로 작성해야 한다.

텍스트 슬라이드는 〈도표 61〉에 나온 것처럼 피라미드의 주요 요점을 강조하는 것으로 제한하는 게 최선임을 명심해야 한다.

슬라이드를 사용해 피라미드의 주요 요점 강조하기

슬라이드는 대략 다음과 같이 피라미드를 반영한다.

당신이 보여주는 것

개별 텍스트 슬라이드에 적을 내용을 결정할 때 다음과 같은 지침을 기억하면 유용하다.

1. **한 번에 한 가지 아이디어를 제시하고 뒷받침하라.** 후속 슬라이드에서 보다 충분히 발전시킬 요약이나 포인트 목록처럼 일련의 포인트들을 열거할 때만 이 규칙의 예외가 인정된다.
2. **캡션이 아닌 문장을 사용하라.** 당신은 보통 아이디어를 전달하기 위해 한두 단어를 사용할지, 아니면 아이디어에 대해 간단한 설명을 해줄지 선택할 수 있다.

판매 전망 vs. 판매 전망이 양호하다

후자의 형식은 청중이 당신이 하는 말의 요점에 대해 오판할 여지를 주지 않는다.

3. **텍스트를 간결하게 유지하라.** 슬라이드 한 장에 약 6줄 내지는 약 30단어를 넘지 않게 넣으려고 노력하라. 아이디어에 이보다 더 많은 텍스트가 들어가면 슬라이드 양을 늘릴지 고민해보라.
4. **간단한 단어와 숫자를 써라.** 긴 단어, 기술적인 용어, 복잡한 문구는 보는 이의 주의를 분산시킨다. 그럴 경우 그는 화자인 당신에 집중하지 않는다. 또한 가능한 한 숫자를 간단하게 표기해야 한다. 4876987달러보다 490만 달러가 더 쉽게 눈에 들어온다.
5. **글자 크기를 읽기 좋게 만들어라.** 32라는 숫자가 믿음직한 기준 역할을 한다.

화면과 그것에서 가장 멀리 떨어져 있는 사람 사이의 거리(피트)를 알고 있다면 이 거리를 32로 나눠서 읽을 수 있는 최소한의 글자 크기(인치)를 구할 수 있다. 예를 들어 거리가 16피트(약 4.9

미터)라면 이것을 32로 나누면 0.5인치(1.27센티미터)가 나온다. 16피트 떨어진 곳에서 글자가 보이려면 화면상 글자의 세로 길이가 0.5인치는 되어야 한다는 뜻이다.

반대로 화면에 쓸 글자 크기를 알고 있다면 그 크기에 32를 곱해서 글자를 읽을 수 있는 최대한의 거리를 구할 수 있다. 글자의 세로 길이가 0.75인치(1.9센티미터)라면, 0.75인치 곱하기 32를 하면 된다. 그러면 24피트(7.3미터)가 나온다. 글자의 세로 길이를 0.75인치로 하면 24피트를 넘는 거리에선 그것이 보이지 않는다는 뜻이다.

읽기 힘든 슬라이드를 이용해도 된다고 생각하는 유일한 때는 특정 상황의 복잡함을 일부러 보여주고 싶을 때뿐이다. 그런 경우 그렇다는 사실을 인정하라. 그래야 청중이 무의식적으로 슬라이드 내용을 읽으려고 애쓰지 않는다. 하지만 젤라즈니는 이 점에선 나와 생각이 다르다. 그는 다음과 같이 말했다.

나는 청중에게 슬라이드를 읽을 수 없으니 굳이 애써 그것을 읽으려고 하지 말라고 인정하면 마음이 불편하다. 그것이 책임 회피라는 생각이 든다. 화면에 띄워서 보여줄 만큼 중요한 내용이라면, 그것을 읽을 수 있게 만드는 게 중요하다. 게다가 복잡한 내용을 읽을 수조차 없게 만들면 그런 내용임을 무례하게 드러내 주는 게 된다.

6. **흥미롭게 볼 수 있게 슬라이드를 디자인하라.** 레이아웃, 유형 선택, 색깔을 사용하면 관심이 높아진다. 젤라즈니가 사용한 가장

흥미로운 기술 중 하나는 텍스트 슬라이드의 전달 효과를 높이는 기술이다. 모든 텍스트 슬라이드가 비슷하게 보이는 경향이 있는 이상 텍스트 슬라이드만 계속해서 나열하면 지루한 느낌을 줄 수 있다. 그러나 텍스트 슬라이드를 데이터나 차트보다는 말이 담긴 도표로 간주하면, 논의하고 있는 생각들 사이의 관계를 보여줌으로써 슬라이드를 시각적으로 한층 더 흥미롭게 디자인할 수 있다. 〈도표 62〉가 좋은 사례다.

도표 62 시각적으로 흥미롭게 텍스트 슬라이드를 디자인하라

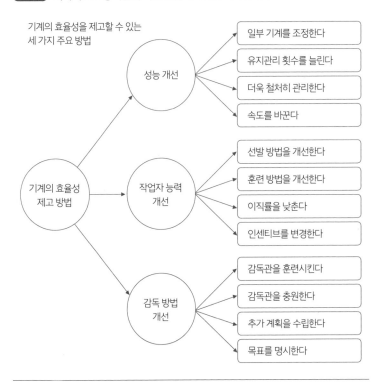

7. **관심을 높이려면 '쌓기식**build**' 슬라이드를 사용하라.** 관심을 높이거나 복잡한 내용을 다루기 위한 또 다른 기술은 슬라이드의 여러 부분을 하나씩 보여주는 것이다. 이렇게 하면 슬라이드를 보여주면서 설명해나갈 수 있다. 그러면 청중은 전체 슬라이드를 봐도 큰 부담을 느끼지 않는다. 예를 들어 〈도표 62〉의 내용을 이런 식으로 설명하면 좋을 수 있다. 첫 번째 원만 보여준 뒤 세 개의 원을 추가로 보여주고, 이어 상자들을 보여주는 식이다.

▲
도표 슬라이드 디자인하기
▼

텍스트 슬라이드는 '말'이란 익숙한 커뮤니케이션 매체를 사용한다. 그러나 도표 슬라이드(차트, 그래프, 표 및 다이어그램)는 '시각적 관계'라는 그와 전혀 다른 커뮤니케이션 방법을 사용한다. 이것은 청중에게 말로만 효과적으로 전달할 수 없는 많은 데이터와 복잡한 관계를 설명하는 데 유용하다.

일반적으로 도표 슬라이드는 최대한 간결하고 읽기 쉽게 메시지를 전달해줘야 한다. 청중에겐 그것을 연구하고, 그 안에 든 다양한 요소들의 의미를 따져볼 시간이 없다. 따라서 도표나 그래프가 지나치게 복잡하거나, 자세하거나, 어수선하다면 당신은 그것의 메시지에 대해 논의하기보다는 그것을 설명하는 데 귀중한 시간을 낭비하게 될 것이다. 화자가 아이디어를 발전시켜 나가면서 명확해지는 가끔은 더 복잡한 도표나 차트도 예외가 아니다. 하지만 당신은 한두 개 이상의 아이디어를 프레젠테이션에서 넣길 원하지 않을 것이다.

도표 슬라이드는 일반적으로 파이, 막대, 기둥, 곡선 혹은 점으로 구성된 차트를 사용하여 구조나 공정 내지는 디스플레이 자료의 일부를 시각적으로 보여준다. 도표와 차트는 다음 다섯 가지 질문에 답하는 데 쓰이는 경향이 있다(〈도표 63〉부터 〈도표 67〉까지 참조).

- 구성 요소들은 무엇인가?
- 양을 (전체와 부분별 및 추이) 어떻게 비교할 것인가?
- 무엇이 어떻게 바뀌었나?
- 항목의 분배 방식은?
- 항목들의 상호 관련성은?

도표가 대답해주길 원하는 질문을 정하고, 그 질문에 대한 답을 차트 제목으로 적고, 내용을 가장 적절하게 보여줄 차트 형식을 선택하

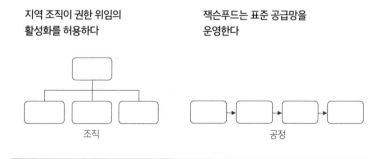

도표 63 구성 요소들은 무엇인가?

지역 조직이 권한 위임의
활성화를 허용하다

잭슨푸드는 표준 공급망을
운영한다

조직

공정

도표 64 양을 어떻게 비교할 것인가?

웨스턴 리전이 이익의 절반 가까이를 올린다	통조림 제품의 수익성이 가장 낮다	한 해를 제외하고 매년 비용이 감소했다
		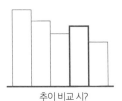
전체 대비로?	제품별 비교 시?	추이 비교 시?

도표 65 무엇이 어떻게 바뀌었나?

판매는 더 이상 늘지 않지만, 비용은 증가하고 있다	경쟁 때문에 격차가 좁혀졌다
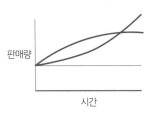	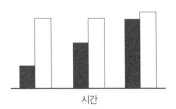

는 게 요령이다.

반드시 차트나 다이어그램의 제목이 완전한 문장이나 동사가 포함된 문구 중 하나로 메시지를 직접 전달할 수 있게 해야 한다. 그래야 차트가 그것을 보는 사람에게 주는 시각적 인상이 당신이 전달하고 싶은 메시지와 부합하는지를 확인할 수 있다. "지역별로 올린 이익"

도표 66 항목의 분배 방식은?

도표 66 항목의 분배 방식은?

대부분의 주문 액수가
1000달러를 넘는다

주문이 대부분 매월 중순에
몰린다

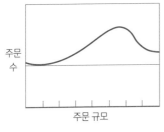
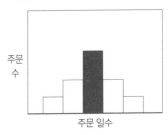

주문
수

주문 규모

주문
수

주문 일수

도표 67 항목들의 상호 관련성은?

비용 상승과 초과 근무 증가 사이에
관련성이 없는 것 같다

회사 규모와 접수 주문 규모 사이에
명백한 관련성이 없다

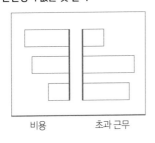
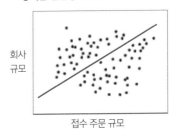

비용   초과 근무

회사
규모

접수 주문 규모

은 "웨스턴 리전이 이익의 절반 가까이를 올린다"만큼 정보를 주지
못한다.

　그냥 내버려 두면 보는 사람마다 개인별 관점, 배경, 혹은 관심사항
에 따라서 각자 다른 관계에 집중하게 되므로 차트의 핵심을 말해주

면 혼란이 일어날 가능성을 최소한도로 줄일 수 있다. 이렇게 해서 보는 사람을 당신이 강조하고 싶은 데이터의 내용에 즉시 집중하게 만들 수 있다.

▲

스토리보드 짜기

▼

텍스트와 도표 슬라이드의 요건을 이해했다면 이제 전체 프레젠테이션을 설계할 준비가 끝났다. 피라미드로부터 프레젠테이션으로 이동하는 방법은 다음과 같다.

1. **도입부를 전부 적어라.** 말하려는 순서에 따라 해야 할 말을 모두 적어라. 이렇게 해야 이야기를 시작할 때 확실히 아무것도 빠트리지 않고, 대답하려는 질문이 진정으로 청중에게 가치가 있는지를 재차 확인할 수 있다.
2. **빈 스토리보드 양식을 사용하라.** 그리고 각 빈 슬라이드의 정상에 가로로 시각적으로 부연 설명하고 싶은 도입부의 요점과 함께 핵심 단계와 그 아래 단계의 요점을 적어라.
3. **각 요점마다 부연 설명할 시각적 방식을 대략적으로 적어라.** 보통 이때 실제 숫자가 아니라 포함하려는 데이터의 유형뿐만 아니라 당신과 디자이너가 볼 당신이 보여주고 싶은 종류의 관계가 담긴 메모를 암시해주면 된다.
4. 슬라이드들이 하나의 이야기처럼 흐를 수 있게 슬라이드마다 **해**

줄 말을 적어둬라.

5. 슬라이드 디자인을 끝낸 뒤, 적절히 그려 달라고 주문하라.

6. 반복적으로 **예행연습**을 한다!

가장 단순한 형태의 스토리보드는 종이 한 장을 옆으로 접어서 여러 부분으로 나눠놓은 것이다. 나눠진 각 부분이 빈 슬라이드에 해당한다. 거기에 슬라이드로 만들려는 구체적 요점들을 적어놓고, 텍스트 슬라이드로 표현할 슬라이드와 그래픽을 써서 설명할 슬라이드가 무엇인지 표시해놓을 수 있다.

부연 설명하자면 〈도표 68〉은 전형적인 피라미드를 보여주고, 〈도표 69〉는 처음 몇 장의 슬라이드가 스토리보드 양식에서 어떤 모양이 될 수 있었는지를 보여준다. 이때 각 슬라이드마다 정상에는 슬라이드로 설명하려는 내용의 요점이 담긴 문장 내지 문구를 적어두면 좋다는 걸 명심하라. 이것은 프레젠테이션을 하는 당신과 그것을 듣는 청중에게 상기시켜주는 것 역할을 한다. 시간 길이와 상관없이 스크린 위에 슬라이드를 띄워놓았을 때 특히 더 그렇다.

이번 장에서는 피라미드 내 요점들을 시각적 프레젠테이션 양식으로 전환하기 위한 일반적인 단계들만을 설명했다. 당신의 목적에 맞는 흥미롭고 효과적인 프레젠테이션을 만드는 데 필요한 자세한 계획과 분석은 전혀 다루지 못했다. 이를 위해 1970년에 출간된 안토니 제이의 명저 『효과적인 프레젠테이션』을 추천하고 싶다.

이 책은 청중, 무대 연출, 프레젠테이션 기술, 예행연습 구상 방법을

공급망을 경쟁 우위가 있는
중대 서비스로 전환하기
위해 애써야 한다

S: 잭슨푸드의 공급망 운영비는 1200만 달러다. 다른 곳에 비해 높고, 비효율적이다. 심각한 재고 부족, 정시 배달과 주문 처리 불량, 대규모 이월 주문과 외상이 발생한다.

C: 주문량을 늘리기 위해 거래 조건을 변경해 공급망 비용 및 배달 시스템 개선에 필요한 조치를 취했다. 비용과 효율성에는 거의 차이가 없었다. 재무 성과에 미칠 영향이 걱정된다.

D: 재무 성과를 높이기 위해 해야 할 일은 무엇인가?

일관되고 신뢰할 만한 수준의 고객 서비스를 제공하기 위해 즉시 조치를 취한다	공급망의 각 단계별로 확실한 비용 절감을 추구한다	장기 개선을 이루는 데 필요한 기술과 경험을 개발한다	지속적인 경쟁 우위 확보할 수 있게 공급망을 운영한다
• A급 고객에게 집중한다 • 주문 관리 활동을 개편한다	• 유통망을 단순화한다 • 계획을 통일한다 • 조달 활동을 통합한다 • 조직을 정비한다	• 장기 계획 수립 • 판매 전망 • 조달	• 가장 빠른 공급사 확보 • 가장 빠른 혁신사 확보 • 함께 일할 최고의 회사 확보

1. **현실: 고비용과 저급 고객 서비스** • 제조상 문제 • 허술한 공급망 공정 • 취약한 제조 • 공급망 정비	2. **지금까지 취해진 개선 활동:** 비효율적이었다 • 소량 주문에도 병목현상 발생 • 주문 처리에 장시간 소요 • 복잡한 유통망 • 부정확한 예측

| 3.
전략
공급망을 중요 경쟁 우위 확보원으로 전환 | 4.
최우선 과제: 공급망 안정화
• 일관되고 신뢰할 수 있는 수준의 고객 서비스 달성
• 전체 공급망 비용 축소
• 장기 개선을 이루는 데 필요한 기술과 경험 개발 |

5.
확실하고 지속적인 성과 개선 프로젝트 착수

공급망의 경쟁 우위 확보	가장 빠른 공급사 확보	• 공급망 압축 • 시간과 비용 제거
	가장 빠른 혁신사 확보	• 신기술 개발 • 최단 기간 마케팅이 가능한 신제품 개발 • 서비스 혁신
	함께 일할 최고 의 회사 확보	• 협업 관계 유지 • 전략적 공급자 연합 결성

| 6
**일관되면서도 신뢰할 수 있는 수준의 고객
서비스 달성**
• A급 고객에 집중한다
• 주문 관리 활동을 개편한다 | 7
50퍼센트의 고객이 전체 주문액의 95퍼센트 주문
 |

| 8
다수의 소량 주문
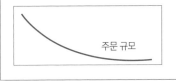 | 9
10퍼센트의 제품이 전체 주문액의 60퍼센트 차지
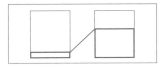 |

주문 규모

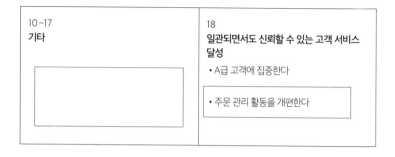

10~17 **기타**	18 **일관되면서도 신뢰할 수 있는 고객 서비스 달성** • A급 고객에 집중한다 • 주문 관리 활동을 개편한다

자세하게 알려준다. 갖가지 통찰로 가득한 책이다. 나는 특히 "프레젠테이션은 그것을 들으려고 참석한 사람들을 '보살피는', 사람들이 베푸는 호의다"라는 말을 좋아한다. 마음속에 담아둘 만한 주옥같은 말이다.

Summary

피라미드 원칙으로 프레젠테이션하기

- 프레젠테이션용 텍스트 슬라이드를 디자인할 때는 메시지를 전달하는 '당신'이 주인공이라는 사실을 기억한다.

- 도표 슬라이드는 최대한 간결하고 읽기 쉽게 메시지를 작성해야 한다. 청중에겐 그것을 연구하고, 그 안에 든 다양한 요소들의 의미를 따져볼 시간이 없다.

- 스토리보드를 짤 때는 각 슬라이드마다 정상에는 슬라이드로 설명하려는 내용의 요점이 담긴 문구를 적어두면 좋다.

피라미드 원칙으로
문장 표현하기

이 책의 서두에서 뭔가를 글로 쓰는 작업은 두 가지 단계로 이루어진다고 말했다. 먼저 자신이 전달하고자 하는 포인트를 결정한 다음에 그것을 말로 바꾼다. 피라미드 구조를 만들고 그룹 내의 생각을 재점검하면, 자신이 전달하고자 하는 포인트뿐만 아니라 어떤 순서로 전달해야 하는가도 분명해진다. 이제 남은 것은 그것을 말로 옮기는 작업이다.

이론적으로 보면 이 작업은 비교적 쉽다. 보통의 비즈니스 필자라면 피라미드 형태의 포인트를 유려한 문장과 간결한 단락으로 바꿔, 메시지를 명확하고 생생하게 전달하여 독자의 관심을 끌 수 있어야 한다. 그러나 안타깝게도 언제나 그렇게 되는 것은 아니다. 평균 수준의 문서도 간결하고 유려한 표현과는 거리가 먼 장황하고 의미 없는 말로 가득 찬 경우가 허다하다. 이로 인해 단락은 미로가 되고, 글의 주제는 한없이 지루해진다. 예를 들면 다음과 같다.

- 개선 가능성이 있는 주요 분야는 현장 영업 인력의 배치(및 조직)와 관련된 비용효과를 개선하는 것으로, 이를 통해 유통 환경의 변화에 따라 소매점 및 유통 단계에서의 영업의 역할을 재정의한다.

- 비상시 대응책은 프로젝트 그룹이 제출한 대체 잠정안을 토대로 만들어도 상관없지만, 특별 프로그램과 임의 지출 항목에 대한 비상시 계획과 우선순위라는 일람 형식으로 준비되어야 한다.

- 기존 시스템에서는 정확한 자금 분석에 대한 필요성이 높지만, 현재의 시스템에서는 원하는 만큼 정확한 분석을 수행할 수 없다. 현시점에서는 향후 예측 시 적절하게 고려되지 않는 정보를 수용함으로써 이 문제에 대한 개선을 도모할 수 있다.

이 문장들은 뛰어난 문제 해결 기술을 가진 명석하고 논리정연한 생각을 가진 사람들이 쓴 것이다. 이 사람들은 모두 자기 생각을 완벽하게 이해되도록 말로 설명할 수 있다. 그러나 그들은 자기 생각을 글로 쓸 때 건조한 표현과 어려운 전문용어를 많이 사용할수록 보다 존경받는다는 믿음을 가지고 있는 듯하다. 이런 믿음은 한마디로 '어불성설'이라고 할 수 있다. 뛰어난 생각에 졸렬한 언어라는 옷을 입혀서는 안 된다. 물론 전문가를 상대로 전문적인 내용을 전달할 때는 전문

용어를 사용하는 것이 당연하다. 그러나 그런 때도 난해한 전문용어로 가득 채우고 복잡하고 이해하기 힘든 문체를 사용할 필요가 없는데 많은 사람들은 마치 유행처럼 그런 잘못에 빠져들고 있다.

필자가 독자에게 자기 생각을 명확하게 전달하고 또 독자가 그런 필자의 생각을 즐겁게 받아들일 수 있는 글을 써야 한다. 이런 충고는 대부분의 글쓰기에 관한 책에 나와 있지만 실천하는 것은 말처럼 쉽지가 않다. 이때 처음에 자신의 메시지를 생각해낼 때 사용했던 이미지를 시각화하는 기술이 도움이 될 수 있다.

지금까지 설명한 바와 같이 개념적인 것을 생각할 때는 항상 말이 아닌 이미지를 사용하는 것이 더 효율적이다. 이미지는 방대한 양의 사실을 하나의 단일한 추상적 모양으로 종합할 수 있기 때문이다. 사람은 한번에 7~8가지 이상의 항목을 생각해낼 수 없으므로, 이미지를 통해 방대한 양의 사실을 종합할 수 있다면 매우 유용할 것이다. 만일 방대한 양의 사실을 종합할 만한 능력이 없다면 두세 가지의 기본 사실만 가지고 결정을 내릴 수밖에 없다.

7~8가지 추상적 개념을 나열하기보다는 그것들을 전체적으로 포괄하는 하나의 이미지로 표현해야 한다. 그러면 눈앞에 방대한 양의 복잡하고 자세한 정보가 있더라도 머릿속에서 간단하게 조작할 수 있다. 예를 들어 다음 그림을 살펴보자. 말보다는 이미지로 표현했을 때 세 가지 선의 상호관계를 훨씬 쉽게 이해할 수 있다.

관계

A	▬▬▬▬▬▬	A는 B보다 길다.
B	▬▬▬▬▬	B는 C보다 길다.
C	▬▬▬	따라서 A는 C보다 길다.

명확한 문장을 만들기 위해서는 자신이 지금부터 기술하고자 하는 내용을 먼저 '보는seeing' 단계부터 시작해야 한다. 이를 통해 이미지가 파악되면 그것을 그대로 언어로 표현하면 된다. 독자는 글로 쓴 언어를 읽고 다시 자신의 머릿속에서 이미지를 만들어서 필자의 생각을 이해하며, 그런 과정 자체를 즐긴다.

지금까지 설명한 과정이 실제로 얼마나 효과적인지 증명하기 위해 먼저 잘 쓴 글을 읽을 때 얼마나 쉽게 이미지를 떠올릴 수 있는지 보여주도록 하겠다. 그러고 나서 나쁜 글을 다시 고쳐 쓸 수 있도록 글에서 숨겨져 있는 이미지를 찾아내는 방법을 살펴보겠다.

▲

이미지 만들기

▼

다음은 미국의 사상가 헨리 데이비드 소로Henry David Thoreau의 에세이 『월든Walden』에서 발췌한 글이다. 이 글을 읽고 나면 머릿속에 무엇이 떠오르는지 알아보자.

1845년 3월이 끝나갈 무렵 나는 도끼 하나를 빌려 내가 집을 지으려고 했던 장소 부근에 있는 월든 연못 옆의 숲속으로 가서, 목재로 쓸 크고 단단한 소나무들을 베기 시작했다. 내가 작업한 곳은 소나무 숲으로 둘러싸인 쾌적한 언덕이었는데, 숲 사이로 연못과 함께 소나무와 호두나무가 자라고 있는 조그만 들판이 보였다. 연못 위의 얼음은 아직 녹지 않았지만, 얼음 사이의 벌어진 틈으로 보이는 물빛은 탁했다.

머릿속에 그림이 그려지고 글을 읽어 내려갈수록 그림의 윤곽이 또렷해지지 않는가? 이때 머릿속에 그려진 그림이 바로 이미지다. 그러나 이것은 사진과 같은 이미지라기보다는 소위 말하는 '메모리 이미지memory image'로서, 간단히 말해 자세히 읽어 내려갈수록 상세한 윤곽이 만들어지는 이미지를 의미한다.

소로의 글을 읽으면 우선 1845년 3월이 끝나갈 무렵의 하루가 보인다. 그리고 소로가 다른 사람으로부터 빌린 도끼를 손에 쥐고 숲을 향해 걸어가고 있는 모습이 보인다. 소나무 숲이 보이고, 소로는 소나무를 자르기 시작한다. 언덕이 나오고, 갑자기 언덕 위에 늘어선 나무들이 보인다. 소로가 똑바로 서서 연못과 들판과 얼음을 바라보는 모습도 보인다.

당신의 머릿속에 그려진 이미지가 반드시 이와 같다고 할 수는 없다. 중요한 것은 당신이 소로의 글을 읽어 내려가면서 문장을 입체적으로 짜 맞추고 있었다는 사실이다. 이렇게 짜 맞춘 작업의 결과가 바로 메모리 이미지며, 이 글을 읽으면서 얻은 정보를 요약하고 있다. 당신은 이해하는 과정 일부로서 이미지를 짜 맞추는 것이며, 짜 맞춰진 이미지는 읽은 내용을 기억하는 데 도움이 된다.

이제 이 책을 내려놓고 읽은 내용을 기억해보자. 아마 읽은 내용을 한 단어 한 단어 기억해낼 수는 없을지 몰라도, 이미지를 떠올리면 그 이미지로부터 연상되는 내용을 읽어낼 수 있을 것이다. 그 내용은 소로의 글의 내용과 대체로 비슷할 것이다.

이미지로 기억력을 증진할 수 있다는 점은 다양한 차원의 메모리 연구를 통해 증명되었다. 물론 연구에 따르면, 사람들은 감정적 기호에 따라 어떤 것은 세세한 부분까지 기억하고 또 어떤 것은 아무것도 기억하지 못하기도 한다. 그러나 메모리 이미지는 문서의 기록과 그것을 통해 얻은 정보를 제공해준다. 다시 말해 독자가 한마디 한마디 읽어 내려가면서 짜 맞추고 있는 기억을 이끌어낼 수 있다.

이것은 무엇을 읽고, 이해하고, 기억하기 위해 필요한 절차다. 물론 어떤 문서는 다른 문서에 비해 이미지화하기가 더 어려울 수도 있다. 특히 제시된 생각이 추상적일 경우에는 이미지의 골격만 얻게 될지도 모른다. 그러나 어떤 형식으로든 독자가 자신이 읽은 내용을 시각화할 수 없다면, 다시 말해서 읽은 내용을 머릿속에 떠올릴 수 없다면 그 글을 이해했다고 말할 수 없다.

또 다른 예를 들어보자. 다음은 국제부흥개발은행IBRD, international bank for reconstruction and development이 대출금리를 고정금리에서 변동금리로 바꾸는 것에 대한 논란을 담은 글이다.

> 대출금리의 가산금리에 포함된 위험충당금이 너무 높을 경우, 차후 대출금리의 인하 조치를 통해 전체적으로 과도한 은행 수익을 대출자에게 환원할 수 있을 것이다. 그렇게 되면 은행이 대출 위험을 과도하게 평가하고 그에 따라 반영구적으로 '과도한' 수익을 올리려고 할 경우에만 고정금리 대출자에게 별도의 비용을 전가할 것이다. 그러나 이런 가능성은 작아 보인다.

위에서 논의된 개념은 매우 추상적이지만 '가산금리', '과도', '인하' 등의 단어를 통해 각 단어의 관계를 명확하게 이미지화할 수 있다. 이미지로 나타내고자 한다면, 다음과 같이 네 개의 선과 두 개의 화살표만 가지고도 그림을 그릴 수 있다. (나는 단어를 덧붙였지만, 굳이 그럴 필요는 없다.)

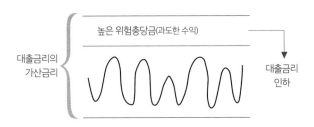

이처럼 이미지의 골격만 표현하는 것도 중요하다. 다시 말해 세밀한 사진과 같은 이미지가 필요한 것이 아니라 논의되고 있는 내용의 관계 구조를 감각적으로 파악하는 것이 중요하다. 이때는 일반적으로 원, 직선, 타원, 삼각형 등의 기하학적 도형을 이용하여 도식화하거나 스케치한 후 방향과 상호관계를 쉽게 알 수 있도록 화살표 등을 붙여주면 된다.

이런 이미지의 골격을 보면 다소 유치하다고 생각될지도 모른다. 그러나 아인슈타인 이래로 이미지화에 관해 설명한 과거의 위대한 '시각적 사상가들visual thinkers'은 모두 이렇게 모호하고 추상적인 의식을 시각적으로 이미지화하여 표현하는 것의 중요성을 강조했다.

이미지를 말로 옮기기

나쁜 글을 고쳐 쓸 때는 이미지를 만드는 기본 원칙만 지켜도 큰 효과를 얻을 수 있다. 이번 장의 첫머리에서 언급한 첫 번째 예를 통해 이를 증명해보겠다. 이 글을 읽어보면 머릿속에 이미지가 그려지지 않기 때문에 독자는 뭔가 근거가 될 만한 것을 찾게 된다. 다시 한번 첫 번째 예의 시작 부분을 살펴보자.

- 개선 가능성이 있는 주요 분야는
  현장 영업 인력의 배치(및 조직)와
  관련된 비용 효과를 개선하는 것이다.

비용 효과에 도달할 무렵에는 지금까지 읽은 부분이 머릿속에 남아 있지 않다. 다음 문장을 더 읽어보자.

- 이를 통해 유통 환경의 변화에 따라
  소매점 및 유통 단계에서의
  영업의 역할을 재정의한다.

지금까지 읽은 부분 중 다른 단어에 비해 상대적으로 구체적인 키워드는 무엇인가? '영업 인력', '소매점' 그리고 '유통 환경의 변화' 등이 될 것이다. 이런 단어들의 관계를 그림으로 그리면 어떻게 될까?

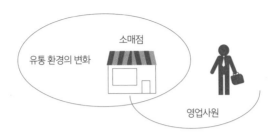

이 그림을 보면 논의되고 있는 주된 관계는 영업사원과 소매점의 관계처럼 보인다. 아마 필자는 다음과 같은 말을 하고 싶었을 것이다.

- 우리는 새로운 유통 환경에 적응하기 위해 영업 인력을 재배치해야 한다.

여기서 중요한 점은 명사를 찾아 명사들 사이의 관계를 파악한 다음, 그 관계를 시각적인 이미지로 표현하는 것이다. 위의 예 다음에 나온 두 번째와 세 번째 예에도 이 기술을 적용해보자.

- 비상시 대응책은 프로젝트 그룹이 제출한
  대체 잠정안을 토대로 만들어도 상관없지만,
  특별 프로그램과 임의 지출 항목에 대한
  비상시 계획과 우선순위라는 일람 형식으로 준비되어야 한다.

여기서 키워드는 '비상시 대응책', '대체 잠정안', '비상시 계획과 우선순위의 일람'일 것이다(이 단어들이 어떤 의미가 있는가는 논외로 한다). 필자는 이 단어들을 어떤 식으로 연결하고자 했던 것일까?

필자가 독자에게 요구하고자 했던 것은 일종의 비상시 계획임이 분명하다. 이 경우 필자는 다음과 같은 내용을 표현하고자 했을 수도 있다.

- 계획에 비상시의 대응이 필요할 때는 우선순위에 따라 대응 명 세표를 만든 후 그 안에 대응 활동을 간결하게 기록한다.

한 가지 예를 더 살펴보자.

- 기존 시스템에서는

정확한 자금 분석에 대한 필요성이 높지만,

현재의 시스템에서는 원하는 만큼

정확한 분석을 수행할 수 없다.

현시점에서는 향후 예측 시

적절하게 고려되지 않는 정보를 수용함으로써

이 문제에 대한 개선을 도모할 수 있다.

지금까지 했던 것처럼 위의 예에서 키워드를 찾아보면 '정확하지 않은 자금 분석', '시스템', '개선', '정보'가 될 것이다. 이런 단어들은 다음과 같이 연결할 수 있을 것이다.

위의 그림을 통해 적절한 정보가 있으면 정확한 분석을 할 수 있다는 사실을 알 수 있다. 따라서 위의 예는 다음과 같이 바꿔 쓸 수 있다.

- 우리의 현 시스템에 XXX와 같은 정보를 넣는다면 정확한 자금 분석을 수행할 수 있다.
  (필자에게 물어보지 않았기 때문에 'XXX와 같은 정보'에 들어갈 '예측 시 적절하게 고려되지 않는 정보'가 무엇인지 알 수 없다.)

요약하자면 명확한 글을 쓰는 가장 좋은 방법은 자기 생각에 내재한 관계를 이미지화해보는 것이다. 머릿속에서 명확한 이미지를 그릴 수 있다면 역시 명확한 문장으로 옮길 수 있고, 그 글을 읽는 독자도 쉽게 글의 의미를 이해하고 받아들일 것이다. 아울러 독자는 읽은 내용을 이미지 형태로 머릿속에 기억해둘 수 있을 것이다.

글을 읽을 때는 한 단어씩 읽지만 머릿속에 그 많은 단어들을 모두 저장하는 데는 한계가 있으므로, 읽은 내용을 이미지 형태로 기억해두어야 한다. 읽은 내용에서 이미지를 이끌어냄으로써 독자는 그것을 큰 덩어리로 생생하게 간직할 수 있다. 다시 말해 독자의 머릿속에 효율적으로 처리할 수 있으면서도 생각해내기 쉬운 형태로 읽은 내용을 간직하는 것이다.

마지막으로 지금보다 좀 더 여유로운 시대에 살았던 내 친척 윌리엄 민토William Minto 교수의 말을 인용한다.

글을 쓰는 사람은 한 번에 한 사람만 통과할 수 있는 비좁은 틈에 자신이 이끄는 대대의 병사들을 한 명씩 통과시키는 사령관과 같다. 독자는 그 틈을 통과해 나온 사병을 다시 정렬하고 배치해야 한다. 글의 주제가 아무리 중요하고 복잡하더라도, 오직 이런 방법을 통해서만 독자에게 글이 전달되어야 한다. 그런 의미에서 보면 질서와 배치 면에 있어 필자가 독자에게 얼마나 많은 신세를 지고 있는지 알 수 있다. 과거의 웅변가들이 (필자의) 말의 적절함과 교묘함 등은 물론이거니와, 영광스럽게도 우리가 쓴 글에 관심을 두는 독자들의 질서와 배치 작업이 중요하다는 점을 크게 강조했던 것도 바로 그런 이유 때문이다.

Summary

피라미드 원칙으로 문장 표현하기

• 전달하고자 하는 내용을 이미지를 통해 시각적으로 표현한다.

• 표현된 이미지를 그대로 말로 옮긴다.

구조가 없는 상황에서
문제 해결하기

8장에서 문제 해결은 엄격한 논리를 적용하여 원하지 않은 결과를 만든 구조적인 원인을 찾아내어 명확하게 밝히는 특징을 가지고 있었다. 따라서 이론적으로는 구조에 수정을 가하면 항상 문제를 해결할 수 있다. 만일 원하지 않은 결과가 생겼는데 그 원인이 구조에 있다면 실제로 그렇게 말할 수 있다.

그러나 앞에서도 설명한 바와 같이 또 다른 종류의 문제 상황이 있다. 즉 결과가 좋지 않다는 것이 아니라 결과를 설명할 수 없다는 것이 문제일 경우이다. 결과를 설명할 수 없는 이유는 다음의 세 가지 가운데 하나다.

• 구조가 아직 형성되지 않았기 때문: 예를 들어 전화의 발명이나 해

저 터널의 발명처럼 무언가 새로운 것을 설명하고자 하는 경우
- 구조가 보이지 않기 때문: 예를 들어 뇌나 DNA처럼 분석 대상으로 구조의 결과만 존재하는 경우
- 구조가 결과를 설명할 수 없기 때문: 예를 들어 아리스토텔레스의 '힘'의 정의로는 폭탄의 힘을 설명할 수 없을 경우. 혹은 모든 방법을 다 동원하여 처리해도 장비에 녹이 슬 경우

통상적인 문제 해결 업무를 처리하는 도중에도 이처럼 구조가 없는 상황에 직면할 수 있다. 그런 상황에서는 지금까지 설명했던 것 이상의 '시각적 사고의 기술'이 요구되지만, 다행히도 추론과정은 모두 대동소이하다.

이런 경우에 필요한 또 하나의 추론방식이 바로 '가추법'이다. 가추법은 문제 해결 과정을 설명하기 위해 1890년에 찰스 샌더스 퍼스 Charles Sanders Peirce가 처음으로 만든 개념이다. 그는 자신이 발견한 추론방식이 문제 해결에 필요한 논리적 추론방식인 연역법이나 귀납법과 비슷한 면이 있다는 점을 강조하기 위해 가추법이라는 이름을 붙였다.

지금부터 가추법의 두 가지 형식을 살펴보고, 두 번째 형식의 사용법에 대해 알아보자.

분석적 가추법

퍼스는 전체적인 논리 전개의 과정은 항상 다음과 같은 세 가지 기

본 요소를 다룬다는 사실을 알아냈다.

1. 규칙(세상의 사물이 만들어진 방식에 대한 믿음)
2. 사례(세상에 존재하는 관찰된 사실)
3. 결과(규칙과 사례를 적용할 때 예상되는 사건)

언제, 어떤 방법으로 추론을 전개해나갈 것인가는 추론 과정의 어디서부터 시작하여 어떤 추가 정보를 가지고 있느냐에 따라 결정된다. 예를 들어 설명해보자.

연역법

규칙 — 가격이 너무 높으면 매출이 줄어들 것이다.	만일 A라면 B이다.
사례 — 가격을 너무 높게 책정했다.	A이다.
결과 — 그러므로 매출이 줄어들 것이다.	필연적으로 B이다.

귀납법

사례 — 가격을 올렸다.	A
결과 — 매출이 줄어들었다.	B
규칙 — 매출이 줄어든 이유는 아마 가격이 너무 높게 책정되었기 때문일 것이다.	만일 A라면 아마 B일 것이다.

가추법

결과 — 매출이 줄어들었다.	B
규칙 — 매출이 줄어든 이유 중 하나는	만일 A라면
가격이 높기 때문이다.	B이다.
사례 — 실제로 가격이 높은지	그렇다면
점검해보자.	A일 것이다.

지금까지 일관되게 말해온 것처럼 분석적 문제 해결은 원하지 않은 결과를 파악하고(결과), 상황의 구조와 결과의 원인을 찾아내어(규칙), 그것이 맞는지 점검하는 것(사례)의 세 가지 절차로 구성되어 있다. 이것은 위에서 설명한 가추법의 추론 과정과 정확히 일치한다는 사실을 알 수 있다.

가추법은 연역법이나 귀납법과 다르지만(그 차이를 이해하는 것이 중요하다)이 세 가지 추론법은 밀접하게 관련되어 있다. 따라서 복잡한 문제 해결 상황에서는 이 세 가지 추론법을 교대로 사용할 수 있다. 앞에서 설명한 바와 같이, 어떤 형식을 사용하는가와 그로부터 기대되는 결과는 프로세스의 어디서부터 시작하느냐에 따라 다르다(〈예시 A-1〉참조).

예시 A-1 어디서부터 시작하는가에 따라 추론 형식이 결정된다

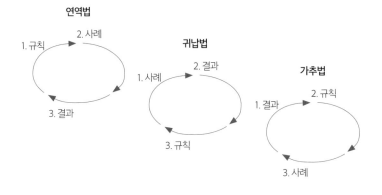

과학적 가추법

8장에서 설명했던 분석적 문제 해결법과 지금 설명하고 있는 소위 창조적이거나 과학적 문제 해결법의 차이는, 우리는 결과를 창조하는 구조를 알고 있지만, 과학자는 그렇지 못하다는 점이다. 즉 우리는 기본 요소 가운데 두 가지를 가지고 있고, 그것에 근거하여 세 번째 요소를 추론해낼 수 있다. 그러나 과학자는 세 번째 요소를 추론해내기 전에 두 번째 요소를 만들어야 한다.

세 번째 요소를 추론해내야 할 경우 과학자는 예전부터 전해 내려오는 과학적 방법을 따른다.

• 결과를 설명하는 구조에 대해 가설을 세운다.

- 가설을 입증하거나 배제하기 위해 실험을 고안한다.
- 분명한 예, 아니요의 대답을 얻기 위해 실험을 한다.
- 어떤 가능성이 남아 있는지 명확하게 밝히기 위해 가설을 추가하거나, 가설의 가설을 만들어 지금까지의 절차를 반복한다.

과학적 가추법의 특징은 가설을 세우고 실험을 고안하는 것이다. 이 두 가지 활동은 고도의 시각적 사고를 요구한다.

가설 만들기

과학적 가설은 아무것도 없는 상황에서는 얻을 수 없고, 문제를 발생하게 만든 상황의 구조적 요소를 검토해야만 직접적인 힌트를 얻을 수 있다. 예를 들어 멀리 떨어져 있는 사람들끼리 소리치지 않고 의사소통을 할 방법을 찾고 싶은 것이 문제라면, 목소리를 크게 하거나 청력을 높이는 방법을 생각하게 될 것이다. 이때 만들 수 있는 가설에는 자신이 상상하고 있는 가능성이 반영되어야 한다.

그렇다면 가능성을 효율적으로 상상하기 위해서는 어떤 방법을 취해야 할까? 유감스럽게도 여기에는 구체적인 처방전 같은 것은 없다. 다만 문제에 대한 지식과 세상에 대한 지식 사이에서 뭔가를 '유추'해내는 일종의 타고난 자질과 같은 것이 필요할 따름이다. 알렉산더 그레이엄 벨Alexander Graham Bell이 전화기를 발명한 것도 그런 자질을 타고났기 때문일 것이다.

인간의 귀 뼈는 그것에 영향을 주는 얇고 섬세한 막과 비교해볼 때 상대적으로 두껍다는 사실이 갑자기 생각났다. 그렇게 섬세한 막이 두꺼운 뼈를 움직일 수 있다면, 더 두껍고 튼튼한 막이 철 조각을 움직이지 못할 이유가 없다는 생각이 불현듯 떠올랐다.

왜 어떤 사람에게는 이처럼 적절한 유추가 떠오르는데, 또 어떤 사람에게는 그렇지 않은가에 대해서는 아무도 답을 알지 못한다. 확실한 것은, 문제 상황에 대한 모든 전제를 풀어헤치고 다시 조사하면 도움이 되는 것과 마찬가지로, 문제 상황에 대한 모든 것을 알면 적절한 유추를 생각해내는 데 도움이 된다는 사실이다. 다만 유추 과정에 관해 쓴 많은 글들을 통해 알 수 있는 것은 어떤 유추든 항상 시각적 이미지라는 점이다.

실험 고안하기

가설이 만들어지면 이를 통해 가설의 타당성을 검증하기 위한 실험을 고안해야 한다. 여기서도 시각적 사고가 요구된다. "만일 이 가설이 적절하다면 그 결과 때문에 어떤 일이 생길까? 실제로 그런 결과가 생기는지 증명할 수 있는 실험을 해보자." 이것을 가추법으로 기술하면 다음과 같다.

결과: 예상치 못한 사실 A를 관찰했다.
규칙: B의 경우이기 때문에 A가 일어날지도 모른다.

사례: B의 경우라면 그 결과로 당연히 C도 일어날 것이다.

실제로 C가 일어나는지 점검해보자.

갈릴레오와 포탄에 얽힌 이야기에서 이에 대한 좀 더 쉬운 예를 찾아볼 수 있다.

결과: 아리스토텔레스는 속도를 만드는 것은 힘이라고 말했다. 그의 말에 따르면, 힘의 작용이 멈추면 물체는 움직이지 않는다. 그러나 대포를 쏘면 힘이 멈춘 후에도 포탄이 날아간다. 아리스토텔레스가 말하는 힘과 움직임의 관련성은 틀린 것이 분명하다.

규칙: 포탄 하나를 가지고 있다가 떨어뜨려 보면 힘과 움직임의 관계를 관찰할 수 있다. 그런 상황에는 다음과 같은 세 가지 요소가 존재한다.

- 포탄의 중량
- 낙하 거리
- 낙하 시간

이를 통해 세 가지 가설을 만들 수 있다.

1. 속도는 힘이 작용하는 물체의 중량에 비례한다.

2. 속도는 힘이 작용할 때 물체가 움직이는 거리에 비례한다.

3. 속도는 힘이 작용하는 시간에 비례한다.

사례: 세 번째 가설이 옳다면 이동 거리는 시간의 제곱에 비례한다. 다시 말해 물체가 1초 동안에 1의 거리를 이동한다면, 2초 동안에는 4, 3초 동안에는 9의 거리를 각각 이동하게 된다. 공 하나를

경사진 면에 놓고 굴려보자. 이를 통해 시간과 거리를 측정할 수 있으므로 세 번째 가설이 옳은지 여부를 파악할 수 있다.

새로운 규칙: 그대로다. 따라서 힘은 속도의 변화를 만들어낸다.

실험을 구성할 때는 그것을 통해 명확하게 예, 아니요의 대답을 이끌어낼 수 있어야 한다. 상황의 조건을 부분적으로 바꿔서 단지 '무슨 일이 일어나는지 보는 것'만으로는 충분하지 않다. 실험의 결과에 따라 가설을 유지할 것인지, 아니면 버릴 것인지 명확하게 기술할 수 있어야 한다.

이런 요구를 최대한 엄밀하게 적용해온 과학계에서는 지난 80년 동안 지식의 위대한 진보가 일어났다. 찰스 다윈의 말을 빌리자면 다음과 같다.

> 모든 관찰 결과는 뭔가가 쓸모 있으려면 어떤 시각을 뒷받침하거나 혹은 반대하지 않으면 안 된다는 점을 아무도 알지 못하니 정말로 기이하다.

가추법의 두 가지 형식을 정리한 〈예시 A-2〉를 통해 알 수 있듯 두 가지 형식은 공통된 패턴을 따르고 있다. 이 패턴은 문제를 생각하고, 해결책을 빨리 찾을 수 있는 돌파구를 마련하는 안내자로서 큰 도움이 될 것이다. 이 패턴을 통해 시간을 낭비하지 않고, 관련 없는 것에 얽매이지 않고, 최소한의 조치만 따르면서 확실하고 엄격하게 자기 생각을 발전시켜나갈 수 있을 것이다.

예시 A-2 분석적 문제 해결과 과학적 문제 해결은 동일한 패턴을 따른다

기본 프로세스	분석적 문제 해결	과학적 문제 해결
1.문제는 무엇인가	현재 결과와 바라는 결과의 차이를 시각화한다	이론적으로 얻을 수 있는 결과와 현실적으로 얻은 결과의 불일치를 명확히 밝힌다
2.문제가 어디에 있는가	결과를 만들고 있는 현재 상황을 구성하는 요소를 시각화한다	불일치 원인이 될 수 있는 기존 이론상의 가설을 기술한다
3.왜 문제가 있는가	각 요소를 분석해 왜 그것이 문제를 일으키는지 명확히 밝힌다	그 불일치를 없애고 결과를 설명할 수 있는 대안 구조에 대한 가설을 세운다
4.문제에 대해 무엇을 할 수 있는가	원하는 결과를 얻을 수 있는 변경안을 논리 체계를 세워 적어본다	부적절한 가설을 없애기 위해 실험을 한다
5.문제 해결을 위해 무엇을 해야 하는가	가장 만족스러운 결과를 이끌어낼 수 있도록 변경안을 통합해 새로운 구조를 만든다	실험에서 얻은 결과를 토대로 논리를 다시 세운다

각 단계는 말 그대로 '눈으로 볼 수 있는see' 명확한 최종 결과를 만들어내야 하며, 이렇게 만들어진 이미지는 이후 분석이 진행되어야할 방향을 명확하게 나타내준다. 문제가 해결되면 이미지는 나침반이되어 어떤 방향으로 논의를 전개해야 하는지 혹은 어떤 단어를 선택하면 좋을지 알려주는 안내자 역할을 한다.

허버트 이먼Herbert Simon은 문제를 해결하는 것은 해결책을 쉽게 찾아내기 위해 문제를 표현하는 것에 지나지 않는다고 말했다. 나는 사이먼이 말한 문제의 표현이 효율적으로 창조되고 이용될 수 있게

하려고, 그 프로세스를 이 책의 독자들에게 이해시키려고자 노력했다. 우리는 이제 그 어느 때보다 창조적이고 효율적으로 생각할 수 있을 것이다. 또한 우리가 필요로 하는 프로세스를 명확하게 알고 있다면 프로세스를 실제로 적용해볼 수 있을 것이다.

도입부

사례

시먼스앤드스미스

시먼스앤드스미스Simmons & Smith는 멤브레인, 분석 테스트 기기, 일반 여과장치를 각각 별도의 시장에서 판매하고 있다. 이 회사는 분자생물학에 관한 지식을 가진 판매사원을 보유하고 있으며, 이 중 23퍼센트는 딜러다. 시먼스앤드스미스는 분자생물학 시장에서 판매사원들의 뛰어난 자질 덕분에 NC 멤브레인 마케팅에 두각을 나타냈지만, 비분자생물학 제품과 세분시장에서는 그만큼의 두각을 나타내지 못했다.

NC 멤브레인에 대한 분자생물학 시장이 3년 이내에 두 배로 성장할 것으로 예상하는 가운데, 다른 시장들도 이에 못지않은 속도로 빠르게 성장할 것으로 전망되고 있다. 시먼스앤드스미스는 판매사원의 규모가 작으므로 다른 시장뿐만 아니라 멤브레인 시장에서도 이런 빠른 성장에 대응하기 어렵다는 점을 우려하고 있다. 딜러의 경우 30퍼센트에 이르는 수수료를 지급해야 하므로, 당신은 딜러 수를 늘리는 방안을 원하지 않는다. 또 딜러들이 종합적인 NC 제품을 제공하면서 분자생물학 시장에서 당신과 경쟁을 시작했다는 점에 대해서 우려하고 있다.

(시먼스앤드스미스는 분자생물학과 멤브레인 시장을 지키고, 다른 시장에서도 높은 수익성을 올리기 위해 어떻게 해야 하는가?)

우리는 시먼스앤드스미스가 시장별로 독립적인 유통채널을 가지고 있어야 한다고 생각한다.

디프랙션피직스

IBM의 EPOS 시스템에 스캐너를 공급하는 회사인 디프랙션피직스 Diffraction Physics는 유럽 시장에서 스캐너 판매 1위를 기록하는 업체다. 이 회사는 높은 기술력으로 널리 알려져 있으며, 이로 인해 스캐너를 고가로 팔고 있다.

그러나 NCR·ICL이 훨씬 저렴한 가격으로 스캐너를 팔기 시작했다. 번들 형식의 판매가 아니라 개별 판매이며, 앞으로 이런 경향이 시장에서 정착되면 주문자생산방식OEM은 완전히 사라지고, 공격적인 가격 인하 경쟁이 촉발될 것이다.

우리는 NCR·ICL이 디프랙션피직스를 얼마나 위협할지 파악하기 위해 시장조사를 했다. 또한 디프랙션피직스가 직접 판매를 단행해도 괜찮은지 알아보기로 했다.

우리는 디프랙션피직스가 업계의 장기적인 추세에 뒤처지지 않기 위해서는 NCR·ICL과 마찬가지로 번들 형식이 아니라 개별적으로 스캐너를 팔아야 한다는 결론에 도달했다.

산 세바스티아노

국방부의 예산 감축 정책의 영향으로 텍사스 남부 지역의 경제 회복이 둔화한 탓에 산 세바스티아노는 시민들에게 충분한 일자리를 만들어줄 수 없어 고민이다. 그 외에 여러 가지 요소들이 일자리 증가를 제약하고 있다. 시 당국은 실업률이 상승하는 것을 막기 위해 적극적으로 경제 개발 노력을 벌여나가기로 했다.

그러나 산 세바스티아노가 많은 장점과 경쟁우위를 가지고 있지만, 인프라의 약점으로 인해 기업들을 쉽게 끌어들이지 못하고 있다. 우리는 이런 문제점을 극복하고 경제 개발에 적극적으로 나서기 위해 시가 무엇을 해야 하는지 결정할 수 있도록 현재 상황을 분석해달라는 요청을 받았다.

우리는 시 당국이 지역 차원에서 취할 수 있는 행동부터 시작해야 한다고 생각한다.

애니엘스키 항공

유럽의 운송 시스템에 대한 규제가 풀리기 시작함에 따라, 외국 기업들의 진입을 가로막던 허용 기준이 상당히 완화되었고 국영 철도와 항공 기업들을 보호하던 규제 역시 풀리고 있다. 이밖에도 선적 서류도 간소화되었고, 국경을 통과할 때 받던 검사도 줄어들었거나 사라졌다. 그런데도 이런 변화의 속도와 정도 및 규제 완화에 대한 파장효과를 줄일 방법에 대한 논란이 계속되고 있다.

(규제 완화에 따른 파장은 정확히 무엇일까?)

우리는 규제 완화가 문제가 되기보다는 진정한 공동 시장을 창조하는 데 핵심 촉매제가 될 것으로 믿는다.

콜팩스의 슈퍼마켓

콜팩스Colefax가 새로 도입한 판매 보충 시스템SABRE은 처음에 본사의 메인프레임 시스템으로 활용될 것으로 예상되었다. 그러나 모든 데이터의 입력과 시스템의 주된 활용이 지사 차원에서 이뤄지고 있으므로, 이 시스템이 지사에 맞게 설계되었다면 좀 더 실질적으로 비용을 절감하면서 융통성 있게 사용될 수 있을지도 모른다는 의문이 제기되었다. 이에 따라 콜팩스에 가장 적합한 아키텍처가 무엇인지 결정하기 위해 위원회를 설립했다.

이 문제에 대해 분석을 끝낸 결과 우리는 콜팩스가 SABRE를 본사보다는 지사에 맞는 시스템으로 만들면 더 좋은 효과를 얻을 것이라는 결론을 내렸다.

잭슨푸드

잭슨푸드는 공급망 운영비로 매년 약 1200만 달러를 쓰고 있다. 이 비용은 경쟁사에 비해 크게 높은 편인데도, 공급 시스템은 극도로 비효율적이다. 결과적으로 이 회사는 재고 부족과 그에 따른 배달 차질 및 대규모 외상 거래와 이월 주문 등으로 어려움을 겪고 있다. PMG 사업에서 이처럼 주문을 제대로 소화하지 못하면 시장점유율을 잃고 말 것이다.

잭슨푸드는 최근 주문 사이즈를 늘리고, 배달 지점의 숫자를 줄이기 위한 목적으로 거래 조건을 바꾸는 조처를 했다. 그러나 이런 조치에도 불구하고 공급망의 비용 절감이나 효율 면에서는 별다른 차이가 없었다. 그리고 높은 비용에도 불구하고 계속해서 낮은 수준의 서비스가 제공되면 회사의 재무 구조에도 심각한 영향이 미칠 것이 분명하다.

잭슨푸드가 현재와 미래에 재정적인 안정을 유지하려면 공급망을 경쟁우위의 원천으로 보기 시작하고, 업계에서 가장 효율적인 공급업체로 거듭나기 위한 장기 계획 차원에서 비용과 서비스 개선을 목표로 삼아야 할 것이다.

논리적 글쓰기의 즐거움

"어떻게 하면 논리적인 글을 쓸 수 있을까?" 직장에서 프레젠테이션을 준비하는 비즈니스맨이건, 대학에서 보고서를 작성하는 학생이건, 대학에 가기 위해 논술을 준비하는 학생이건, 비교적 긴 글을 써본 사람이라면 누구나 한 번쯤 고민해봤을 문제다. 글을 쓰는 일을 업業으로 하는 나 역시 늘 이런 고민 속에 파묻혀 산다고 해도 과언이 아니다. 그래서 글쓰기는 내게 늘 부담이며, 나를 압박한다.

바바라 민토의 책을 읽기 전 나는 이 책이 글쓰기의 부담을 조금이나마 덜어줄 수 있기를 바랐다. 아울러 민토가 책에서 밝힌 것처럼 내가 쓴 글이 사람들에게 쉽게 이해될 수 있도록 만드는 유용한 방법을 찾게 되길 바랐다. 책을 읽고 번역을 끝낸 지금, 내 기대는 절대 헛되지 않았음을 단언한다. 적어도 내 글이건 남의 글이건 비판적인 시각에서 바라보고 고칠 수 있다는 자신감을 얻게 됐다는 점에서 그렇다.

비판적인 안목의 밑바탕은 민토가 제시해준 '피라미드 형태의 글쓰기 구조'다. 이 구조는 연역법과 귀납법 등의 논리적 추론이란 고전적인 무기를 십분 활용하여 군더더기 없이 논리적으로 세련되고 말끔한 '잘 빚어진 항아리' 같은 글을 쓸 수 있게 만들어주는 뼈대다.

글쓰기에 관해 관심을 가져본 사람들이라면 관련 도서를 한두 권쯤은 읽어봤을 것이다. 그런 사람들에게 이 책에서 소개하는 피라미드 형태의 글쓰기는 이미 익숙한 전제 조건이 되어 있을지도 모른다. 나 역시 예외가 아니다. 그러나 무엇보다도 민토의 책이 갖는 중요한 의미는 피라미드 형태의 글쓰기의 원전이라는 점이다. 음식에서도 원조의 맛을 능가하는 맛을 찾기 힘든 것처럼, 논리적 글쓰기 역시 민토의 원전을 따라갈 책을 찾기 힘들다. 따라서 이 책이 갖는 권위와 무게감은 다른 유사한 책들과의 비교를 거부한다. 이 책의 개정판을 지금 다시 출간하는 것도 아직까지 많은 독자들이 이 책을 찾아 읽고 가장 믿음직한 교본으로 삼고 있기 때문이다.

민토의 말대로 글의 스타일은 바꾸기 힘들다. 예를 들어 만연체 문장의 글쓰기에 익숙한 사람에게 단문을 쓰라고 하면 쉽게 고쳐지지 않는다. 처음에는 고쳐지는 듯하다가 며칠 지나지 않아서 습관이 되살아난다. 오랜 세월 동안 체득되었기에 쉽사리 버리지 못하는 것이 스타일이다. 반면 글의 구조는 스타일보다 단기간 내에 바꿀 수 있다. 또 글의 구조를 바꿈으로써 얻을 수 있는 전달 효과는 스타일을 바꿈으로써 얻어지는 전달 효과보다 훨씬 크다. 책에 나온 예문들이 정말 그런지 확인시켜줄 것이다.

책을 읽으면서 가장 공감이 갔던 부분은 도입부의 중요성이다. 자기 혼자만 쓰고 읽는 일기가 아니라 독자를 상정하고 쓴 글이라면 독자가 이해할 수 있는 글을 써야 하는 건 당연하다. 독자는 민토의 말대로 한가하지 않다. 필자는 글을 왜 썼는지 글을 쓴 목적과 의도를 독자에게 정확히 전달하여 궁금증을 불러일으켜야 한다는 것이 민토의 생각이다. 독자는 읽고 싶지 않은 글을 읽으려고 하던 일을 멈추고 자신의 귀중한 시간을 할애할 만큼 어리석지 않기 때문이다. 그렇다면 독자가 읽도록 만드는 글을 쓰는 방법은 무엇인가? 그 정답이 이 책에 나와 있다.

이 책의 번역은 절대 녹록지 않았다. 문장 하나하나의 난이도가 상당할 뿐만 아니라 모든 문장이 촘촘한 실타래처럼 얽히고설켜 있어, 어느 것 하나 잘못 번역했다가는 글의 흐름이 뒤엉킬지 모른다는 우려와 걱정이 컸다. 마치 벽돌 한 장을 빼면 와르르 무너져버릴 것 같은 집을 짓는 심정으로 번역에 몰두했다. 한줄 한줄 정확한 번역을 위해 원서와 더불어 일본어 역서도 적극적으로 참조했음을 밝혀둔다.

흔히 이론과 실제는 다르다고 말한다. 글쓰기 역시 예외가 아니다. 글은 써봐야 는다는 말이 있다. 많이 써본 사람만이 글을 잘 쓸 수 있다. 그렇지만 무작정 많이 써본다고 해서 반드시 는다고 할 수 없는 것도 또한 글쓰기다. 따라서 좋은 글쓰기 방법이 있으면 이를 적극적으로 활용하는 것이 바람직하다. 이런 점에서 이 책이 논리적으로 잘 읽히는 좋은 글을 쓰고 싶은 사람들에게 유용한 길잡이가 될 것이다.

이진원

바바라 민토, 논리의 기술

개정 1판 1쇄 발행 2019년 8월 19일
개정 1판 10쇄 발행 2024년 11월 25일

지은이 바바라 민토
옮긴이 이진원
감　수 최정규
펴낸이 신경렬

상무 강용구
기획편집부 이다희 신유미
마케팅 최성은
디자인 신나은
경영지원 김정숙 김윤하

펴낸곳 (주)더난콘텐츠그룹
출판등록 2011년 6월 2일 제2011-000158호
주소 04043 서울시 마포구 양화로12길 16, 7층(서교동, 더난빌딩)
전화 (02)325-2525 ㅣ **팩스** (02)325-9007
이메일 book@thenanbiz.com ㅣ **홈페이지** www.thenanbiz.com

ISBN 978-89-8405-971-9 03320